머나먼 수도의 길, 삼층천

머나먼 수도의 길, 삼층천

발행일	2025년 10월 17일
지은이	임동훈
펴낸이	손형국
펴낸곳	(주)북랩
출판등록	2004. 12. 1(제2012-000051호)
주소	서울특별시 금천구 가산디지털 1로 168, 우림라이온스밸리 B동 B111호, B113~115호
홈페이지	www.book.co.kr
전화번호	(02)2026-5777 팩스 (02)3159-9637
ISBN	979-11-7224-917-5 03230 (종이책) 979-11-7224-918-2 05230 (전자책)

잘못된 책은 구입한 곳에서 교환해드립니다.
이 책은 저작권법에 따라 보호받는 저작물이므로 무단 전재와 복제를 금합니다.
본 도서는 (주)북랩이 보유한 리코 인쇄 장비 등 자체 생산 인프라를 통해 제작되었습니다.

작가 연락처 문의 ▶ ask.book.co.kr
전용 게시판에 문의를 남기시면 저자에게 직접 전달됩니다.

(주)북랩 성공출판의 파트너

북랩 홈페이지와 SNS에서 다양한 출판 솔루션을 만나 보세요!

홈페이지 book.co.kr   •   **블로그** blog.naver.com/essaybook   •   **출판문의** text@book.co.kr
카톡채널 북랩

정화에서 조명, 합일로
일상에서 실천하는 삼층천 로드맵

머나먼 수도의 길,
삼층천

임동훈 지음

서시

주여,
저를 평화의 도구로 사용하여 주소서.
미움이 있는 곳에 사랑을
다툼이 있는 곳에 용서를
분열이 있는 곳에 일치를
의심이 있는 곳에 믿음을
거짓이 있는 곳에 진실을
절망이 있는 곳에 희망을
어둠이 있는 곳에 광명을
슬픔이 있는 곳에 기쁨을 안겨 주게 하소서.

위로받기보다는 위로하고
이해받기보다는 이해하며
사랑받기보다는 사랑하게 하소서.

우리는
줌으로써 받고
잊음으로써 찾고
용서함으로써 용서받고
죽음으로써 영생을 얻기 때문입니다.

— 아시시의 성 프란치스코, 「평화를 구하는 기도」

'너희에게 평화가 있기를!'
요한 20:19

서언

'우짜든 좋노?'

'우짜스까 잉!'

엘림원[1]Elim園 입구에 세워진 십자가상의 경구다. 이는 경상도 지방과 전라도 지방의 사투리다. 한반도에서, 그 반의 남쪽에서, 동서로 나뉜 작은 땅에서, 서로 알아듣기 어려운 방언을 쓰고 있다. 하지만 한반도 평화와 조국 통일을 추구하는 우리의 마음이나 생각은 다르지 않다.

"그러면 우리가 어찌해야 좋습니까?"(사도행전 2:37)

그 십자가 가로대 좌측과 우측에 수도자의 영성을 드러내

---

[1] 500평 남짓 되는 사과 과수원이다. 2021년부터 농사를 짓고 있지만, 2025년 봄에 작은 골방 기도실과 화장실, 주방, 쉼터 등을 설치해 은수처hermitage 엘림원으로 사용하고 있다.

는 글이 있다.

"기도하고 일하라!"

라틴어 'Ora et Labora!'[2]의 번역으로 베네딕트 규칙 제48조의 교훈이다. 십자가 세로대 아래 '엘림院 Hermitage'[3]라는 표지판 문구도 있다. 농막 공사하고 남은 유 바U bar 조각을 붙여 만든 것이다. 자투리 자재로 만든 쉼터의 입구 벽에도 "기도하고 일하라!"라는 시트지 표어가 붙어 있다. 그렇다. 우리는 기도하고 일할 수밖에 없다.

십자가 위에는 어린 수사슴의 해골이 을씨년스럽게 걸려 있다. 낮은 바닥을 돋우기 위해 강변에서 모래를 채취하다가 첫 삽에 올라왔다. 자세히 모르기는 해도, 하나님의 무슨 계시가 깃든 것으로 생각되었다. 그 머리 양쪽에 바싹 마른 녹각이 마치 기도하는 농부의 거친 손처럼 솟아 있다.

"세상 법은 없지만 하늘 원리는 있습니다."
"가진 것도 없지만 필요한 것도 없습니다."
"텔레비전이 아니라 하늘 비전을 봅니다."

---

[2] '기도하고 일하라'라는 뜻의 라틴어다.
[3] 은수처 또는 은둔소를 말한다.

"모든 것을 내려놓고 주님만 바라봅니다."
"이제 비우고 버리고 벗어나 기도합니다."

시대를 초월해 수도자들이 한 말이다. 우리는 하나님과의 신령한 합일을 추구한다. 하지만 그 방법은 다양하다. 어떤 이는 수도원에서, 어떤 이는 은둔소에서, 어떤 이는 대자연 속에서, 어떤 이는 사회생활을 하면서, 자신의 은사를 최대한 발휘함으로써 하나님의 영광을 드러낸다. 우리의 영성은 각자의 은사에 따라 그 색깔을 달리한다. 그때그때 사정과 형편에 따라서도, 하나님께서 선히 여기시는 도구로 다목적이고 복합적으로 사용하신다.

"일단 수실에 들어가 앉으십시오. 그 수실이 모든 것을 일러 줄 것입니다."

수도자의 말이다. 예수에 의한, 예수를 위한, 예수의 인생 가이드는 주어지지 않았다. 예수는 하나님 아버지만 바라보고 하루하루 기도하고 일했을 뿐이다. 무슨 일정표나 계획을 세우지 않았다는 말이다. 예수가 스스로 판단하고 행동한 일은 사실상 하나도 없다. 오직 아버지의 뜻, 하늘 원리가 그 삶이자 일상이었다. 따라서 우리도 하루하루 기도하고 일할 뿐이다. 딱히 다른 방법이 없다.

"회개 없는 기도는 가짜요, 수행 없는 수도는 허구다."

수도자는 의식주 생활을 청빈하게 하고, 항상 정결한 마음과 몸을 유지하며, 하나님의 말씀에 온전히 순종해야 한다. 성무일도로 시작하여 하루하루 자급자족하며 즐겁게 살아간다. 이는 모든 수도원이 추구하는 공통 명제요, 온 세상 구도자에게 주어진 절체절명의 사명이다.

신자는 죽어서 하나님의 나라에 들어가지만, 수도자는 살아서 하나님의 나라를 보고 누린다. 우리는 예수의 심장으로, 예수의 영성에 따라서, 예수의 그 길을 걸어간다. 수도는 예수로 살고 예수로 죽는 일이다.

"기도는 하늘의 복을 가져오고 노동은 땅의 복을 가져온다."

— 미셸 드 몽테뉴

이것이 수도의 원리요, 자연의 이치다. 사심 없는 곳이 수도처요, 욕심 없는 곳이 기도처다. 사심은 사리 판단을 흐리게 만들고, 욕심은 하나님의 임재와 역사를 가로막는다. 예수의 인생이 우리의 인생이다. 우리는 신랑 되신 예수의 신부로 늘 단장하고 살아야 한다.

"주의 선한 도구가 되어라. 우리는 주의 손에 들린 몽당연필일 뿐이다."

— 마더 테레사

예수의 평화는 세상이 주는 평화와 다르다. 지상 최고의 선물이요, 인류 최대의 은총이다. 창세 이래 이보다 더 크고 놀라운 은혜가 주어진 적이 없다. 하나님께서 그 아들을 평화의 왕으로 삼으시고 우리에게 보내 주셨기 때문이다.

"지극히 높은 곳에서는 하나님께 영광이요, 땅에서는 하나님의 은총을 입은 사람들에게 평화로다."(누가 2:14)

죽음을 이기고 부활하신 예수님이 제자들에게 나타나 첫 일성으로 자신의 평화를 받으라고 하셨다. 세상의 평화는 몸에 주어지는 팍스pax[4]의 산물이지만, 예수의 평화는 마음에 주어지는 샬롬shalom[5]의 선물이다. 그리스도 안에서의 평화

---

[4] 라틴어로 '세상의 평화'다. 문자적으로 분쟁이나 다툼이 없이 서로 우호적이고 완전한 조화를 이루는 상태를 말하지만, 기울어진 힘에 따라 이기적이고 외적인 평화가 될 수밖에 없다. B.C. 27년부터 A.D. 180년까지 이어진 로마의 평화Pax Romana가 그 기원이다.

[5] 히브리어로 주님의 평화다. 마음속에서 우러나오는 이타적이고 완전한 상태로 '안녕하세요!', '잘 가세요!' 등의 유대인 인사말로 발전했다. 헬라어 평화는 에이레네Eirene로 그리스 신화에 나오는 평화의 여신이다.

는 인류 최고의 지향점이요, 마지막 선택지다. 하지만 사람들은 세상의 평화를 추구하면서 전쟁과 죽음도 마다치 않는다.

"내 평화를 너희에게 준다. 내가 주는 평화는 세상이 주는 평화와 다르다. 걱정하거나 두려워하지 마라."(요한 4:27)

예수는 만유의 구원자요, 만민의 구세주다. 십자가에 못 박혀 돌아가심으로써 영원한 속죄와 평화를 완성하셨다.

"그가 찔림은 우리의 허물 때문이요, 그가 상함은 우리의 죄악 때문이라. 그가 징계를 받음으로 우리는 평화를 누리고, 그가 채찍에 맞음으로 우리가 나음을 받았도다."
(이사야 53:5)

이제 우리는 누구나 예수 그리스도를 믿음으로 구원을 받고 하나님의 자녀가 된다.

"그를 영접하는 사람들, 곧 그 이름을 믿는 사람들에게는 하나님의 자녀가 되는 특권을 주셨다."(요한 1:12)

사도 요한은 영원 전부터 하나님과 함께 계시고, 모든 방면에서 하나님과 똑같은 로고스logos⁶로 예수 그리스도를 소개한다. 만물이 그로 말미암아 지어졌고, 그 안에 있는 생명이 바로 우리의 빛이라고 했다(요한 1:1~5).

노자老子⁷도 『도덕경道德經』 제42장에서 말했다.

"도생일 일생이 이생삼 삼생만물道生一 一生二 二生三 三生萬物⁸이요, 물부음이포양 충기이위화萬物負陰而抱陽 沖氣以爲和⁹이니라."

여기서 그리스 철학의 로고스가 중국 철학의 도道로 나온다. 융화는 전쟁을 방지하고 평화를 유지하는 최고의 전령이다. 융화의 벗은 조화요, 조화의 짝은 겸손이다. 오만한 마음과 거만한 말씨가 전쟁의 원흉이다. 겸손한 맘과 온유한 말이 평화의 사자다.

러셀Bertrand Russell, 1872~1970¹⁰이 성경을 100번 읽고 나서

---

6   하나님의 말씀이나 이성, 이치, 논리 등을 포괄적으로 의미하는 그리스 철학의 개념이다. 성경에서는 하나님의 아들로서 예수 그리스도를 지칭한다.
7   중국 춘추시대의 사상가로 도가의 창시자다.
8   무극無極이 태극太極을 낳고, 태극이 음양陰陽을 낳고, 음양이 만물萬物을 낳는다.
9   만물은 음을 짊어지고 양을 껴안으며, 그 기운이 교류하여 융화融和를 이룬다.
10 1950년 노벨 문학상을 받은 유대인 사상가요 철학자다.

『나는 왜 그리스도인이 아닌가?』라는 책을 썼다고 한다. 그는 유대의 민족주의자로 히틀러를 자극해 유대인 학살에 결정적인 동기를 부여했다. 러셀은 대학에서 히틀러를 가르쳤고, 히틀러는 그의 자서전에 이렇게 썼다.

"내가 어릴 때 러셀을 만나지 않았다면 유대인에 대한 그런 증오는 없었을 것이다."

2021년부터 농부로 일하며 목회했다. 그동안 수입은 없고 빚만 더 늘어나 기도하며 노동에 매진했다. 교회 사역을 마치기 전에, 수실에 들어가 앉기 전에, 지난 45년간 이어진 빚을 모두 갚기 위해, 그야말로 주님의 긍휼을 구하며 간절히 기도했다.

"농사가 천복이다!"

컨테이너 농막을 설치하고, 쉴 만한 마루를 깔고, 누구나 보란 듯이 '엘림원'이라는 시트지 간판을 붙였다. 2021년부터 이웃 농부의 조언을 들으며, 인터넷을 통해 공부도 하고, 정식으로 농사를 짓기 시작했다. 품삯이 비싸 품꾼을 쓸 여유가 없었다. 전지 전정을 비롯해 열매솎기, 방제, 제초, 관수, 시비 등 150여 그루의 사과나무를 열심히 가꾸었다. 처음에는 판로를 몰라 어려움을 겪었지만, 2년 차부터 공판장을 이용해 그 시름을 덜었다.

2021년 여름, 옥수수를 스무 자루쯤 따서 서울까지 갖다주었다. 가을에는 배추와 무를 수확해 김장하고 남은 것을 나누었다. 복숭아와 자두, 조생종과 중생종 사과를 조금 수확해 팔았으나 별로 도움이 되지 않았다. 하지만 그해 가을, 만생종 사과를 수확해 판매했다.

영덕군 기독교연합회 목회자들의 도움을 받았다. 3주 만에 판매를 마치고 저녁을 같이 먹었다. 1000만 원 정도의 순수익이 생겼다. 캐피탈 등 제2금융권에서 빌린 고리의 빚을 먼저 갚았다. 입술도 부풀고 몸살까지 앓았으나 1주 정도 쉬고 나니 깨끗이 회복되었다. 난생처음으로 기도의 힘과 노동의 가치를 맛보았다.

2022년은 한 걸음 더 앞으로 나아갔다. 그동안 코로나 후유증으로 장애를 입은 자매가 다소 회복되어 약간의 도움을 받았다. 자매가 택배로 사과를 판매하여 1500만 원 정도의 수익을 올렸다. 500만 원을 보태 2000만 원 정도의 사채를 갚았다. 글쟁이 활동과 목회 활동은 자연히 뒤로 미뤄졌다.

2024년 영덕교육청 프로그램으로 『나의 기록』이라는 소책자를 아홉 명이 공동으로 발간했다. 2025년 초까지 약 5년간에 걸쳐 기독 신문사에 연재하던 칼럼을 99회로 마무리했다. 그 사이 충주봉쇄수도원 수도학교 수업도 마쳤다. 다소간의 시간과 물질적인 여유가 생겼다. 머나먼 수도의 길, '삼층천'을 향해 발걸음을 옮기기 시작했다.

삼층천은 1980년 천상으로 이끌려 올라가서 본 그 맑고 푸른 하늘을 말한다. 기도하는 가운데 토머스 머튼Thomas Merton, 1915~1968[11]의 『칠층산』에서 영감을 받았다. 처음에는 '오층산'이나 '구층산'으로 하면 어떨까 하고 생각했었다. 이는 하나님만 아실 일이지만, 어쩌면 그의 '칠층산'보다 더 가파르고 험난한 '구층산'을 넘고 넘어 내가 여기까지 왔는지도 모른다고 여겼기 때문이다.

성경 말씀은 다양한 번역본을 무작위로 인용했으며, 우리말로 이해하기 어려운 부분은 필자가 임의로 편집한 것도 있다.

이 작은 책이 구도자의 길을 걸으며 수도 영성을 추구하는 순례자들에게 다소나마 도움이 된다면 더 이상 바랄 것이 없

---

[11] 가톨릭 사제로서 트라피스트 수도원의 종신 수도사다.

겠습니다. 우리 주 예수 그리스도의 은총이 여러분과 늘 함께 하시기를 빕니다. 아멘.

2025년 9월

Elim Hermitage에서, 은수자 임동훈

차례

서시   6
서언   7

제1편 — 청년기   21

뿌리 / 윗대 / 조부 1 / 조부 2 / 조부 3 / 조모 1 / 조모 2
조모 3 / 조모 4 / 외조모 / 외조부 / 아버지 1 / 아버지 2
어머니 1 / 어머니 2 / 고모 / 어? 누구야! / 티테디오스
사랑의 내음 / 아모르 파티 / 다이모니아 / 카르페 디엠
아스케시스 / 타르타로스 / 카오스모스 / 이마고데이
하마르티아 / 디오니소스 / 아디아포라 / 디아볼로스
네팔리우스 / 메타노이아 / 필라델피아

제2편 — 중년기   137

파라노이아 / 거짓과 진실 / 오만과 편견 / 아드 폰테스
낭패와 교활 / 오욕의 세월 / 애잔한 여행 / 노매드랜드
삶의 뒷골목 / 미니멀리즘 / 파라다이스 / 긍휼의 은총

안드로포스 / 생명의 원리 / 창조적 영성 / 알레데이아
메멘토 모리 / 모노게네스 / 마음과 믿음 / 테네브리스
파르마키아 / 아데모네오 / 아마데이스 / 스토케이아 / 아멤프토이
샐리의 법칙 / 예수 선 상서 / 주님의 평화 / 목사님 위로
마카리오스 / 애증의 물결 / 포옹과 포용 / 음녀의 바람

제3편 — 노년기 253

아토스 영성 / 하늘의 소리 / 죽음의 천사 / 아파테이아
역설의 진리 / 고달픈 은혜 / 고립의 시대 / 도 우트 데스
절망과 희망 / 일체유심조 / 야고보의 길 / 영혼 연금술
필로칼리아 / 편견과 왜곡 / 기도와 노동 / 홈런 순례자
켈트인 영성 / 일상의 기도 / 다석의 신앙 / 부활의 소망
바보 장기려 / 사소한 것들 / 창조와 과학 / 십자가 사명
사람과 동물 / 죄수와 판사 / 교회와 재정 / 의사와 판사
나의 나 된 것 / 목적과 목표 / 쉼 없는 기도 / 기독인의 삶
오푸스 데이

후기 363
후시 365

제1편

청년기

뿌리

'나는 누구인가? 어디서 와서 어디로 가는가?'

이는 지상 최고의 질문이요 인류 최대의 난제다. 하지만 크리스천으로서 그 대답은 아주 간단하고 명료하다.

"나는 하나님의 자녀로서 그 본향은 하나님의 나라이다. 하나님의 품에서 나왔다가 하나님의 품으로 돌아간다."

우리는 하나님의 생명을 받아서 영원히 산다. 지상에서 순례자의 여행을 마치면 다시 하늘나라로 돌아간다. 우리의 몸은 부모를 통해 태어나고, 부모는 조부모를 통해 태어나고, 조부모는 증조부모를 통해 태어난다. 이렇게 최초의 조상, 아담과 하와까지 거슬러 올라간다. 아담과 하와의 몸은 흙으로 지어졌다. 그 후손인 우리의 몸도 당연히 흙이니 흙으로 돌아간다. 하지만 우리의 영은 하나님의 것이다.

1970년대 중반으로 기억된다. 우리 집에서 오랫동안 보관해 오던 족보와 문중에서 새로 나온 계보를 비교하면서 나의 뿌리에 대해 살펴볼 기회가 있었다. 내친김에 울진에 있는 시조의 선영도 찾아가 보았다. 선묘 아래는 사당이, 사당 아래는 선산을 관리하는 종친이 살고 있었다.

얼마 후 추석을 맞아 아버지와 함께 그 선묘를 다시 찾았다. 아버지는 비문을 손으로 짚어 가며 한 자 한 자 차근차

근 읽어 보고, 양복 안주머니에서 소주를 한 병 꺼내 두 잔 부어 올리고 두 번 절했다. 그리고 감격에 찬 어조로 크게 소리쳤다.

"여기에 합장된 어른들이 우리 시조가 맞다!"

임씨 성姓은 수풀 임林씨와 맡길 임任씨가 있다. 수풀 임씨는 중국 서하에 살던 비간比干이, 은나라 주왕의 폭정을 못 이겨 죽음을 무릅쓰고 직간하다가 참형을 당한바, 그 아들 견堅이 장림산長林山, 백두산에 은거하면서 창시했다고 전해진다. 평택平澤, 울진蔚珍, 나주羅州 등 30여 본관이 있다. 맡길 임씨는 임온任溫을 시조로 하는 풍천豊川을 비롯해 장흥長興, 과천果川, 진주晉州 등의 분파가 있다.

평택 임씨는 도시조 팔급八及이, 당나라 문종 때 동래팔학사東來八學士 가운데 한 사람으로 8세기경 신라에 들어와 팽성(평택) 용주방에 세거한바, 그 후손이 본관을 평택으로 했다. 그는 신라의 조정에서 이부상서를 지냈다.

울진 임씨는 팔급의 14대손 우祐를 시조로 하여 평택 임씨에서 분적, 본관을 울진으로 했다. 그는 고려 고종 원년1214년 등과하여, 용호좌윤을 거쳐 은청광록대부에 올라 중부상서에 이르렀고, 몽골의 침략을 막아 큰 공을 세운바, 호종공신에 올라 울릉군에 봉해졌다. 그리고 나주 임씨는 1218년 고려의 대장군 임비林庇를 시조로 했다.

구약 시대의 이스라엘 백성과 마찬가지로 우리 조상도 대를 이어야 한다는 고정관념에 사로잡혀 있었다. 내가 태어나기 7년 전에 백부는 이미 세상을 떠났고, 백부의 아들도 그보다 먼저 죽어 사실상 백부의 대는 끊어졌다. 하지만 장자의 대를 이어야 한다는 생각으로 나를 백부의 아들로 족보에 등재했다. 이러한 관례는 이스라엘뿐만 아니라 고대사회의 여러 나라에 있었다.

우리는 하나님께서 그 생명을 부어주신 아담과 하와를 우리의 조상으로 받아들인다. 하지만 누구누구를 거쳐서 여기까지 오게 되었는지는 아무도 모른다. 그럼에도 분명한 사실은, 하나님께서 인류의 모든 민족을 한 혈통으로 만들어 온 땅에 살도록 하셨으며, 각 나라의 연대와 그들의 국경을 미리 정하셨다는 것이다.

"그대는 어리석은 논쟁과 족보 이야기와 분쟁과 율법에 대한 다툼을 피하십시오. 이는 무익하고 헛된 것입니다."(디도서 3:9)

윗대

"용서는 하되 잊지는 말자!"

화성 제암리 3·1운동 순국 기념관 벽에 걸린 표어다. 1919년 4월 15일, 15세 이상의 주민 29명을 교회당에 가두고 불을 지른 일본군의 만행, 이른바 '제암리 학살 사건'을 우리는 똑똑히 기억하고 있다. 일본이 늦게 사과는 했으나 결코 잊어서는 안 된다는 말이다.

중국에도 난징南京 대학살 사건이 있었다. 1937년 중일전쟁 때, 5만 명의 일본군이 두 달간에 걸쳐 무자비한 약탈과 방화, 강간 등으로 양민 30만 명을 죽였다. 그 기념관에 "전사불망 후사지사前事不忘 後事之師"[12]라는 경구가 있다. 이스라엘 통곡의 벽 입구에도 "용서하되 잊지 마라!Forgive but don't forget!"라는 팻말이 있다. 1943년부터 2년간 독일군이 아우슈비츠 등에서 수백만 명의 유대인을 학살했다.

조부는 조선 말 태어나 일본군에 의해 무참히 도륙당하는 동학농민군을 보았고, 러일전쟁에서 승리한 일본이 강제로 맺은 을사늑약과 한일 병합 조약 등에 따른 국권 피탈을 목격

---

[12] 옛일을 잊지 않아야 후일의 스승이 된다는 말이다.

했으며, 일제강점기 36년간의 온갖 수탈과 박해도 고스란히 받았다.

1945년 극적으로 해방을 맞긴 하지만 극심한 가뭄으로 심각한 굶주림을 피할 수 없었고, 1950년 일어난 한국전쟁으로 애달프고 고단한 인생길을 걸었다. 그때 아들 여섯을 손수 땅에 묻었으며, 50세가 넘어 낳은 늦둥이 하나만 겨우 건질 수 있었다.

증조부는 19세기 중반에 사촌 동생과 함께 고조부가 살던 마을을 떠나 영양 화천으로 이주했다. 마을은 금세 임씨 골목을 이루었다. 증조부와 그 아들 삼 형제, 사촌과 그 자손이 마을을 일구고 살다가 거기서 모두 뼈를 묻었다. 하지만 그 아랫대는 대가 끊기거나 고향을 떠나 뿔뿔이 흩어졌다.

백조부는 아들과 함께 일제강점기에 죽었으며, 그 손자도 한국전쟁 중에 죽어 증손자 둘을 남겼는데 막둥이는 유복자였다. 백조부의 며느리와 손자며느리 고부는, 마치 성경 속의 나오미와 룻처럼, 고조부가 살던 고향으로 다시 돌아갔다.

중조부도 일제 치하에 죽어 그 외동딸은 우리 조부모의 손에서 자라나 청송으로 출가했으며, 조부의 외아들인 내 아버지만 그 마을을 지키다가 끝내 고향을 떠남으로써 윗대의 선영만 거기 남게 되었다.

증조부의 사촌도 손자만 하나 남기고 아들과 함께 일제강점기에 죽은바, 그 손자는 일찌감치 마을을 떠나 여기저기 떠돌아다니며 집시처럼 살았다. 나는 어릴 때 조모의 손을 잡고 머나먼 산길을 걸어 그의 집을 찾아간 적이 있다. 산비탈 외딴집에서 아이들 일곱과 아홉 식구가 정말 어렵게 살고 있었다. 거적때기 문을 들치고 기어서 들어가는 토담집이었다. 그가 우리 집을 찾을 때까지 무엇을 하여 어떻게 먹고 사는지 몰랐다.

나에게 팔촌 아저씨가 되는 그 집의 살림살이는 정말 구차했다. 내 조모는 늘 그의 가족 생계를 걱정했다. 그러다가 그는 들에서 쓰러져 더 이상 일어나지 못했다. 그 아들 중에 둘째가 나와 동갑으로 지금 양주에 살고 있다. 그 윗대가 독자로 쭉 이어져 내가 가장 가까운 그의 친척 십촌 형이다.

2020년은 국권 피탈을 당한 지 110년째다. 서대문형무소(경성 감옥) 사형장 입구에 아직도 큰 미루나무가 서 있다. 형장의 이슬로 사라진 애국지사의 통한사를 고스란히 지켜보았다. 그래서 사람들은 '통곡의 나무'라 부른다. 용서의 의미는 분노에 사로잡히지 않는다는 것이다.

독일 철학자, 쇼펜하우어Schopenhauer, 1788~1860는 용서하고 잊으면 비싼 대가를 치르고 얻은 경험을 버리는 것이라 했으며, 미국 신경정신과 의사, 토머스 사스Thomas Szasz, 1920~2012는 용서하지 않고 잊지 않는 사람은 어리석지만, 용서는 하되 잊지 않는 사람은 지혜롭다고 했다.

'불망국치不忘国耻!'

우리는 일본군의 만행을 절대 잊어서는 안 된다. 하지만 예수님이 자신을 십자가에 못 박은 로마 군인을 위해 기도하신 것처럼, 용서의 진정한 의미도 알아야 한다. 사랑은 용서에서 출발하고 용서는 사랑으로 결실한다.

"너희는 스스로 조심하라. 만일 네 형제가 죄를 범하거든 경고하고, 회개하거든 용서하라."(누가복음 17:3)

조부 1

"병이사립兵以詐立"

'전쟁은 속임수의 싸움'이다. 손무孫武, B.C. 544~496[13]의 말이다. 온 세상이 코로나19 감염증으로 전쟁을 치렀다. 우리나라도 예외가 아니었다. 의사와 간호사, 군인과 경찰, 소방관과 공무원이 일선에서 사투를 벌였다. 신종 바이러스는 변이를

---

13 중국 춘추시대의 최고 전략가로서 『손자병법』 13편을 지었다.

거듭하며 면역 항체를 속이고 슬그머니 다가오는바, 인류 최대의 적이다.

'코로나는 코리아를 이길 수 없습니다!'

코로나 확산으로 모두가 공황에 빠졌을 때, 우리나라 방역 책임자가 선포했다. 이로써 우리는 안도의 한숨을 내쉬며 정부의 방침을 믿고 따를 수 있었다.

"가서만금家書萬金"

'집에서 온 편지 한 통이 금보다 낫다.'라는 뜻이다. 조부는 1888년, 조선 말기에 태어나 대한제국의 태동과 멸망, 일제강점기, 미군정, 한국전쟁, 4·19혁명과 자유당 붕괴 등을 지켜보며 살았다. 5·16군사정변 이듬해 1962년 작고하여 내 기억은 희미하지만, 1959년 사라호 태풍 때 쓰러져 3년간의 병시중을 받았다. 큰 들의 우리 논이 태풍으로 유실한바, 이후 조부의 모습은 잘 보이지 않았다.

우리 집은 양지바른 언덕 위의 작은 초가삼간이었다. 조부가 산에서 소나무를 베어다가 손수 지었다. 배나무, 감나무, 대추나무, 앵두나무, 고욤나무 등 유실수도 산에서 직접 캐어다가 심었다.

조부는 사랑방에서 홀로 지냈다. 외출할 때는 참빗으로 머리를 빗고 의관을 갖추었다. 단발령이 내려진 지 꽤 오래되었으나 여전히 상투를 틀고, 탕건에 갓을 쓰고, 흰 바지저고리에 두루마기를 입고, 발목에 대님을 매고, 짚신을 신고, 괴나리봇짐을 지고 길을 나섰다. 일할 때는 종아리에 행전行纏을 바싹 동여맸으며, 비가 올 때는 삿갓을 쓰고 도롱이를 걸쳤다.

어느 날부터 조부는 머리를 빡빡 깎고 고무신을 신었다. 일가친척뿐만 아니라 주변 지인들의 대소사에 빠지지 않고 다녀왔으며, 그때마다 어머니를 불러 작은 봉지를 건네주었다. 당시 떡과 고기, 과일 등을 조금씩 싸주는 음복 풍습이 있었다. 아련한 옛날이야기 같지만, 가끔은 그때 그 시절의 미풍양속이 그립다.

세계보건기구WHO가 코로나19 확산으로 팬데믹pandemic을 선언했다. 1968년 홍콩 독감과 2009년 돼지독감에 이어서 세 번째다. 모든 나라와 민족이 하나라는 인류애의 시험대 앞에 섰다. 천하보다 귀한 생명을 살리는 일이요, 인류의 생존을 위한 치열한 싸움이다. 지구도 하나, 인류도 하나, 우리는 모두 공동 운명체이다. 민족적 반감이나 경제적 이해타산, 종교적 신념 등은 일단 내려놓아야 한다. 지금은 "서로 사랑하라" (요한복음 13:34) 하신 주님의 새 계명을 실천할 때다.

"사필귀정事必歸正"**14**

우리는 이웃 사랑의 계명을 솔선수범함으로써 코로나19 방역에 우수한 성적을 낸바, 세계 130개 나라에서 마스크와 진단키트, 인공호흡기 등 의료용품의 지원이 쇄도하고, 역학조사와 방역 대책, 자문 인력까지 요청받고 있다. 한국인은 위대하다. 정말 대단하다.
"누가 진정한 친구인지 이번에 비로소 알았다!"
우즈베키스탄이 우리의 도움을 받고 한국 대사관에 전한 말이다.

"급난지붕急難之朋"**15**
"인지상정人之常情"**16**

에티오피아는 한국전쟁에 전투병을 파병한 아프리카의 유일한 나라이다. 그들도 비상시국을 선포하고 우리의 도움을 구했다.

---

14 모든 일은 반드시 바른길로 돌아간다는 말이다.
15 어려울 때 돕는 친구가 진정한 친구라는 말이다.
16 사람이 가져야 할 마음이나 감정, 태도를 말한다.

"전화위복轉禍爲福"[17]

한국의 저력은 위기 속에서 늘 빛이 났다. 세계 경제는 재편될 것이며 사회질서와 문화까지 개조될 것이다. 한국은 IT 강국으로서 제4차 산업혁명을 주도할 것이다.

"지성감천至誠感天"[18]

하나님의 법정은 항상 공정하고 공평하다. 정직한 자의 정의를 끝까지 보증하신다. 하나님을 공경하고 사랑하는 만큼 이웃을 배려하고 사랑하는 마음이 중요하다. 그래서 바울은 사람이 무엇을 심든지 그대로 거둘 것이라고 했다(갈라디아서 6:7).

"눈물을 흘리며 씨를 뿌리는 사람은 기쁨으로 단을 거둘 것이다."(시편 126:5)

---

[17] 화가 변하여 도리어 복이 된다는 말이다.
[18] 정성을 다하면 하늘이 감동하여 복을 준다는 말이다.

조부 2

'교회에 나가고 싶어도 돈이 없어요!'

이웃 마을 축호逐戶 전도를 나갔을 때 농아인 할머니가 수화로 한 말이다. 우리 교회는 헌금 없는 예배를 드린다고 했으나 받아들이지 않았다. 교회도 돈이 필요하며 돈을 내야 대우를 받는다고 했다.

이는 틀린 말이 아니다. 예배는 하나님에 대한 성심의 표현인바 예물이 필요하다. 하지만 기복적 십일조나 의례적 헌금 등은 하나님께서 기뻐하시지 않는다. 오히려 가증하게 여기신다. 송양지인宋襄之仁[19]의 어리석은 대의명분이 아니라 하나님의 마음을 제대로 아는 것이 중요하다.

"개신교 사장님들, 제발 영업 몇 주만 멈춰 주세요!"

코로나19 확산으로 불교와 천주교는 정부의 방침에 적극 따랐으나 일부 개신교가 협조하지 않고 계속 문제를 일으키자 한 네티즌이 인터넷에 올린 글이다. 금세 검색 순위 상위에 랭크되었다. 부끄럽고 민망했다. 예배는 돈에 비길 수 없는 숭고한 가치가 있지만 교회를 영업소로 만든 자들의 책임은 클 수

---

[19] 너무 착하기만 해도 실속이 없다는 말이다. 중국 춘추시대의 송나라 양공이 어짊으로 적을 불쌍히 여겼던바, 오히려 초나라에 패배하여 비웃음을 받았다는 고사에서 유래했다.

밖에 없다.

조부는 평생 나무꾼으로 자가용 지게를 가지고 다녔다. 들이나 밭에서 일하고 집으로 돌아올 때도 항상 나무를 조금씩 지고 왔다. 주로 가시투성이 아카시아, 고갱이 소나무 둥치, 비틀어지고 꾸불꾸불한 잡목 등이었다. 알고 보니 그런 나무가 화력이 좋았다. 어떤 것은 도끼로 패지 못해 모탕으로 사용했다. 어설픈 가시덤불을 손도끼로 토막토막 쪼아 가지런히 쌓아 두고 직접 군불을 땠다. 상방 아궁이 앞에서 쪼그리고 앉아 군불을 지피던 조부의 모습이 지금도 눈에 선하다. 그 손도끼는 얼마 전까지 아버지가 쓰다가 지금은 알 도끼로 교회 보일러실에 보관하고 있다. 조부의 유일한 유품으로 고철장수에게 주고 싶지 않았다.

내가 어릴 때 누렇게 바랜 백부의 사진을 보았다. 벚꽃이 만발한 일본 동경의 어느 거리에서 007 가방을 들고, 금색 양복에 넥타이를 매고, 뭔가 상념에 젖어 하늘을 쳐다보고 있었다. 눈망울이 또록또록하고 쌍꺼풀이 진 잘생긴 청년이었다. 하지만 1944년, 모두가 학수고대하던 조국 광복을 목전에 두고 26세의 나이로 세상을 등졌다. 조부는 그를 뒷밭에 묻었고, 나는 그의 양자로 아버지와 함께 그 산소를 돌보았다.

조부는 장날마다 좋은 장작만 골라 한 짐 지고 6킬로미터 남짓 되는 읍내에 가서 팔았다. 지인들과 탁주를 마시며 세상 살아가는 이야기를 나누다가 해 질 녘 집으로 돌아왔다. 지겟가지에는 항상 간고등어 한 손이 짚에 묶여 매달려 있었다. 어머니는 매일 아침 반 토막씩 구워 조부의 밥상에 올렸다. 그래서 내 아버지도 평소 간고등어를 즐겨 드셨다.

어느 날 하루는 조부가 점방에 나왔다. 할머니와 내가 따로 살고 있는 신작로 판잣집이다. 할머니가 뭐라고 한마디 하자 한쪽 구석에 쪼그리고 앉아 담배만 한 대 피우고 다시 돌아갔다. 조부는 작은 곰방대와 부싯돌을 늘 허리에 차고 다녔다. 내가 기억하는 조부모의 만남은 그것이 전부이자 마지막이었다.

돈은 사상이나 이념을 떠나서 만사에 영향을 미친다. 사회생활의 원리와 작동이 돈으로 시작하여 돈으로 끝난다. 세상에는 1퍼센트의 부자가 50퍼센트의 부를 차지하고 있다. 사탄은 더 많이 벌어 더 많이 가지라고 부추기지만, 돈만큼 위험한 물질도 없다.

참 부자는 무조건 많이 벌어 제멋대로 쓰는 사람이 아니라 적당히 벌어 제대로 쓰는 사람이다. 그래서 성경은 돈을 사랑하는 것이 일만 악의 뿌리이며, 돈을 사랑하는 사람치고 돈으로 만족하는 사람이 없다고 한다.

사실 세상은 '쩐의 전쟁'이다. "개같이 벌어서 정승같이 쓴다."라는 속담도 있고, 돈 많은 놈이 장땡이라는 속어도 있다. 결과가 좋으면 다 좋다는 식의 자본주의 논리다. 하지만 교회는 달라야 한다. 어떻게 모으느냐가 아니라 어떻게 나누느냐가 중요하다. 하나님께서 지금 교회의 난맥상을 모조리 들춰내 뜯어고치실 것이다.

우리는 복잡다단한 부자가 아니라 단순하고 깨끗한 빈자로 살아가며 자족하기를 배워야 한다. 청부淸富는 희소하고 성부聖富는 희귀하다. 부자가 천국에 들어가는 것보다 밧줄이 바늘귀로 빠져나가는 것이 오히려 쉽다는 주님의 말씀을 되새겨야 한다.

"저 가난한 과부가 누구보다도 더 많은 헌금을 드렸다."

(마가복음 12:43)

조부 3

"모든 것이 허무하고 모든 것이 기만이다. 하늘 외에는 아무것도 존재하지 않는다."

영화 〈전쟁과 평화〉에서, 주인공이 중상을 입고 쓰러졌다가 깨어나 하늘을 우러러보며 한 말이다. 역사상 전쟁과 평화는 늘 공존했다. 전쟁 없는 평화도, 평화 없는 전쟁도 없었다. 1세기 팍스 로마나나 21세기 팍스 아메리카나는 다 허구다. 무력으로 주도권을 잡고 금력으로 지배권을 행사할 뿐이다. 하지만 주님이 주시는 평화는 세상이 주는 평화와 다르다.

조부는 돌아가시기 전에 손자가 태어나기를 원했다. 아버지는 연상인 어머니와 일찍 결혼해 자녀도 빨리 낳았다. 그래서 나는 다행스럽게도, 인정미 넘치는 노년의 조부모를 만날 수 있었다.

1962년 5월 25일, 안개가 자욱하게 낀 이른 아침이었다. 아버지와 어머니, 우리 삼 남매가 한 상에 둘러앉아 밥을 먹고 있었다. 그때 할머니가 살며시 방문을 열었다. 갑작스러운 조모의 출현에 모두가 놀라 쳐다보았다. 할머니가 나지막이 말했다.

"얘들아, 사람이 죽었는데 밥만 먹고 있느냐?"

그때 상황이 지금도 눈에 선하다. 조모는 조부의 죽음이 의외가 아니란 듯 크게 당황하지 않았다. 기역 자로 꼬부라진 허리를 한껏 펴고, 길게 한숨을 내쉬며 쪼글쪼글한 입술로 또박또박 말했다. 하지만 간간이 입술이 떨렸다.

아버지와 어머니가 즉시 숟가락을 놓고 밖으로 뛰쳐나갔다. 동네 사람들이 금세 모여들어 웅성거렸다. 마당에 나가 보니 조부의 하얀 저고리가 지붕 위에 던져져 있었다. 초상집이라는 표시였다.

그날 어머니는 평소와 다름없이 밥상을 들고 상방에 갔다.

"할배요, 식사하이소!"

그즈음 점방에 있던 할머니는 뭔가 자꾸 이상한 예감이 들어 본가로 돌아오게 되었다. 그리고 먼저 상방에 들어가 보았다. 아닌 게 아니라 할아버지는 이미 숨을 거두신 뒤였다. 노년에 따로 살기는 했으나 마지막 길에 무슨 교감이 있었던 것 같다.

그날 나는 벚나무 아래 모여 있는 아이들에게 가서 한껏 으스대며 말했다.

"우리 할배 죽었다! 우리 집에서 떡 하면 많이 줄게."

"정말?"

"그래!"

"약속!"

그렇게 아이들과 일일이 새끼손가락을 걸고 약속했다. 뭔가 이상히 여기면서도 사람이 죽는 것이 그리 큰일인지 몰랐다. 다만 아이들에게 떡을 줄 수 있다는 호의에만 관심이 있었다. 나는 어릴 때부터 유달리 남에게 주는 것을 좋아했다. 어느 집에 무엇을 갖다주라고 하면 자다가도 벌떡 일어나 갔지만, 무엇을 얻어 오라거나 빌려오라고 하면 왠지 가기가 싫어 어물쩍거렸다. 당시 떡을 먹는 것도 그리 쉬운 일이 아니었다. 그래서 나는 무슨 큰 호의라도 베푸는 양 거들먹거렸고, 아이들은 함지박같이 입을 크게 벌려 좋아했다.

조부 장삿날, 나는 대나무 기를 들고 장례 행렬보다 몇 발짝 앞서 산으로 올라갔다. 기는 붉고 긴 천에 애도의 글을 적은 만장과 단순히 삼베 조각을 매단 것이 있었다. 그중에 작고 가벼운 삼베 기를 내가 들고, 크고 무거운 만장 기는 고종 사촌 형이 들었다.

장례식이 끝난 후 상방에 상막喪幕이 차려지고 삼년상三年喪이 시작되었다. 부모는 3년 동안 상식을 올리고 애곡哀哭했다. 초하루나 보름에는 상제를 지내고 더욱 예를 갖춰 크게 울었다. 상방에 들어가면 으레 상복을 입었으며, 대나무 지팡이를 짚고 "아이고! 아이고!" 하면서 슬퍼했다.

나는 그 상방이 너무 무서웠다. 방 안은 항상 어둡고 침침했으며, 벽에 걸린 삼베옷과 구석에 세워진 대나무 지팡이, 짚으로 둥글게 말아 놓은 복 낟가리, 이상야릇한 향냄새, 시커먼 상 위에 세워진 위폐가 보기만 해도 소름이 끼쳤고 머리털이 삐쭉거렸다. 상 뒤로 쳐 놓은 병풍 속에서 무엇이 불쑥 튀어나올 것만 같았다.

"유수불부회流水不復回요, 행운난재심行雲難再尋이라."[20]
인생의 시작과 끝이 모든 사람에게 공평히 주어진 은혜가 아닌가?

"사망아, 네 승리가 어디 있느냐? 죽음아, 네 독침이 어

---

[20] 흐르는 물은 돌아올 리 없고, 떠도는 구름은 찾아볼 수 없다는 말이다.

디 있느냐?"(고린도전서 15:55)

조모 1

"노생지몽盧生之夢이요, 남가일몽南柯一夢이요, 일장춘몽一場春夢이라."[21]

오는 세월 누가 막고 가는 시간 누가 잡겠는가? 지난 70년 세월이 어느 후미진 영화관에 쪼그리고 앉아 삼류 휴먼 드라마를 슬쩍 보고 나온 것 같다. 사심 없이 살다가 미련 없이 떠나는 것이 우리 인생의 지혜가 아닐까?

나는 일찍 젖을 떼고 조모와 함께 신작로 점방에서 따로 살았다. 두 살 터울의 동생이 태어났기 때문이다. 조부가 돌아가시고 이웃집 할아버지가 매일 점방에 찾아와 조모와 민화투를 쳤다. 그는 아들 다섯을 두었으나 부인이 일찍 세상을 떠나 홀아비가 되었다. 그의 수염은 산신령같이 길고 덥수룩했다. 서로가 깍듯이 대하고 조금도 흐트러지지 않았다. 그

---

[21] 인생은 한때의 꿈과 같고 덧없이 지나감을 비유한 사자성어로 다 같은 뜻이다.

흔한 농담도 한마디 하지 않았다. 하지만 얼마 후 그도 돌아가시고, 조모는 다시 혼자가 되었다.

조모의 가문에 대해서는 별로 아는 것이 없다. 오빠가 다섯 있었으나 일제강점기 독립운동을 한다고 만주로 떠난 후 다 소식이 끊겼다고 한다. 한때 한국인 출신의 일본군 간도특설대의 흉탄에 돌아가셨을지도 모른다는 생각에 치를 떨었다. 그래서일까, 지금 이齒가 다섯 개나 부서지고 부실하다.

조모의 남은 가족은 언니가 유일했다. 큰할머니의 외모는 조모와 비슷했다. 얼굴이 약간 둥글고, 신장이 조금 작고, 몸집이 좀 뚱뚱했다. 영양과 영덕을 가로지르는 아흔아홉 구비 큰 재 바로 지나서 살았다. 조모와 나는 버스를 타고 자주 놀러 갔다. 큰할머니의 차남은 한국전쟁 중에 다쳐서 턱이 없었다. 그래서 '턱 없는 아들'이라 불렀다.

큰할머니가 사는 장남의 집은 당나무 옆의 큰 기와집이었다. 먹고 살기에는 어려움이 없었다. 차남도 분가해 그리 멀지 않은 산 아래 살았다. 조모가 방문할 때마다 적어도 한 끼 정도는 음식을 준비하여 초대했다.

서리가 하얗게 내린 어느 날, 그 차남 집에 가서 아침을 먹었다. 난생처음 맛본 진수성찬이었다. 그 맛은 수십 년 동안 내 입가를 맴돌았다. 당시 떡이나 이밥, 고기반찬은 제삿날이나 추석, 설날이 아니면 구경하기 힘들었다. 자정에 제사를 지내고도 이웃집에 음식을 나눠 주는 풍습이 있었다. 그래서 어느 집에 제사가 있는 날이면 마을 사람들이 그 옆집에 모여 놀다가 음식을 얻어먹고 밤늦게 돌아갔다.

그런데 그 턱 없는 아들이 소주 네 병을 마시고 뱃속에서 불이 나 죽었다고 한다. 아버지가 들은 바로는 그의 코에서 연기가 솔솔 나왔다고 했다.

조모는 1895년생 평해 황黃씨였다. 혼인 신고할 때 면 서기가 이름을 지어 등재했다.

"이름이 없다고요? 그러면 그냥 평해平海라고 하세요!"

그래서 조모는 본도 평해요, 이름도 평해가 되었다. 조모의 시어머니는 권權씨, 친어머니는 손孫씨로 모두 이름이 없었다. 조모는 여러 자녀를 낳은 후 단산하기를 원했으나 노년에 또 임신했다. 북두칠성 가운데 하나가 치마폭에 떨어지는 태몽을 꾸었다. 그래서 아버지는 태어나 즉시 북두칠성에 팔렸는 바, 평생 개고기를 입에 대지 않았다. 그 말을 듣고 나도 한동안 개고기를 먹지 않았다.

"겨릅대[22] 위에 닭 다니듯 조심조심 살아야 한다!"

조모는 이 말을 가장 많이 했다. 상대방을 의식하여 성 한 번 내지 않고 큰소리 한번 치지 않았다. 친절과 겸손이 몸에 배어 있었다.

---

22 껍질을 벗기고 남은 삼나무의 마른 줄기로 삼대다.

'다이모니온Daimonion!'[23]

소크라테스는 일평생 양심의 소리를 들으며 신령하신 분의 정의를 세우기 위해 죽음도 불사했다. 우리도 내주하시는 성령의 소리에 귀를 기울여야 한다. 하나님께서 생명을 거두어 가시면 인생은 한바탕 꿈일 뿐이요, 아침에 돋아난 풀과 같이 사라지게 된다.

그래서 성경은 인생길을 무사히 다 가려거든 걸음걸음마다 조심하라고 했다. 인생의 참 의미를 깨달은 사람은 결코 아등바등하며 모질게 살지 않는다.

> "인생은 전쟁하는 것과 같고, 그 사는 날은 품꾼의 생활과 같다."(욥기 7:1)

조모 2

"벗이 있어 멀리서 찾아오니, 이 또한 즐겁지 아니한가!"

---

[23] 소크라테스가 들었다는 양심의 소리, 신령한 음성을 말한다.

요한 바오로 2세 교황1920~2005이 1984년 한국을 최초로 방문하며 한 말이다. 공자의 『논어』를 인용했다. 그는 세계 평화와 반전 운동에 기여하고, 1989년 다시 방한해 남북 화해를 위한 평화의 메시지를 전했다. 그가 2005년 선종하며 말했다.

"나는 행복했습니다. 여러분도 행복하게 사십시오."

행복은 자기 안에 있다. 자신을 비우면 드러나고 채우면 숨겨진다. 행복과 불행은 한 몸이다. 마음먹기에 따라서 그 얼굴을 달리하고 나타날 뿐이다. 부자와 빈자, 강자와 약자, 노인과 청년 등은 특별히 구분할 필요가 없다. 그 모든 것이 잠시 지나가는 카이로스의 조각이며, 누구나 가지고 있기 때문이다. 하지만 가졌다고 가진 것이 아니며 없다고 없는 것이 아니다.

조모는 늦둥이를 임신하자 유산을 시키려고 회충약을 사 먹기도 했으며, 밭둑에서 펄쩍펄쩍 뛰어내리기도 했다. 하지만 그 애잔한 노력은 실패로 돌아가고 늘그막에 아들을 낳게 되었다. 그가 바로 내 아버지다. 조모는 43세, 조부는 50세였다.

그때 조모의 맏딸은 이미 출가하여 두 살짜리 아들이 있었다. 얼마 후 장남도 결혼하여 아들을 낳았으나 혀가 꼬부라지는 병으로 죽었다. 설상가상으로 장남은 병석에서 자기 아들을 잃었다. 그때 나의 백부는 오히려 조모를 위로했다.

"어머니, 너무 상심하지 마세요. 제가 아직 젊잖아요. 이 병만 나오면 자식은 얼마든지 낳을 수 있어요."

1950년 일어난 한국전쟁이 끝나고 조모는 학교 앞에서 점방을 시작했다. 서너 평가량의 작은 판잣집으로 '하꼬방'[24]이라 불렀다. 방이 하나 딸린 구멍가게였다. 신작로 옆이라 바람이 세차게 불고 몹시 추웠다. 판자때기에 붙여 놓은 신문지가 항상 펄럭거렸으며, 머리맡에 둔 물이 꽁꽁 얼고 방 안에 들여놓은 술과 음료수병도 얼어 터졌다.

나는 두 살부터 할머니와 함께 살았다. 읍내에서 자취할 때도 할머니가 내려와 살림했다. 나는 여섯 살부터 지게를 지고 나무를 하여 점방 땔감을 책임졌다. 하루는 점방 옆길에서 10환짜리 동전을 주웠다. 난생처음 맛본 짜릿한 소득이었다. 얼마나 가슴이 벅찼는지 소리를 꽥 질렀다.

"할매, 나 구리 동전 하나 주웠다!"

1962년 화폐개혁이 있었다. 10환짜리 동전이 1원이 되고, 1원짜리 붉은 지폐가 나왔다. 1원짜리 하얀 은전도 선보였으나 너무 가벼워 돈 같지 않았다. 아버지가 점방 물건을 사러 갈 때 금고를 열었다. 조그만 나무상자로 손톱만 한 자물쇠를 채워 놓았다. 위쪽에 구멍을 뚫어 돈을 밀어 넣었다.

그때 우리 집이 세상에서 가장 큰 부자로 여겨졌다. 아버지는 1원짜리 종이돈을 100장씩 고무줄로 탱탱 감아 묶었다.

---

24 일본말이다. 당시 사람들은 판잣집을 그렇게 불렀다.

서너 다발쯤 되었다. 두세 번씩 세어 확인하고 보자기에 돌돌 말아 허리춤에 찼다. 할머니와 내가 그 옆에서 지켜보았다. 동전도 조금만 남겨 두고 모두 신문지에 돌돌 말아 담았다.

 점방에서 읍내까지는 6킬로미터 남짓 되었으나 길이 좋지 않아 왕복 하루가 걸렸다. 주로 빵이나 과자 등 잡화, 공책이나 연필 같은 문구류도 사 왔다. 술과 음료도 끼어 있었다. 우리 거래처는 명성상회였다. 바로 옆에 장춘상회가 있었으나 자주 가지 않았다. 명성상회 주인은 몸집이 뚱뚱한 할머니였다. 나중에 그 아들이 대를 이었으나 그도 체구가 대단했다. 거기서 사 온 물건을 손바닥만 한 송판 진열대에 가지런히 쌓았다.

 "빈 마음이 본마음이다. 비워야 울림이 있다!"

 법정法頂, 1932~2010[25] 스님의 말이다. 소유는 나누고 권한은 내려놓아야 행복하다. 지도자는 지배하는 자가 아니라 섬기는 자다. 주님은 섬기려고 세상에 왔으며, 지금도 우리 안에서 돕고 계신다.

> "지극히 작은 일에 충실한 사람은 큰일에도 충실하고, 지극히 작은 일에 불의한 사람은 큰일에도 불의하다."(누가복음 16:10)

---

[25] 『무소유』를 저술한 조계종 소속의 승려로 본명은 박재철朴在喆이다.

조모 3

"하나님께서는 조국을 사랑하셨으나 나는 아무것도 한 일이 없습니다!"

도산 안창호安昌浩, 1878~1938[26] 선생이 가슴을 치며 통탄했다. 나라와 민족을 사랑하지 않는 자는 매국노다. 성경 속의 위인들은 모두 애국자였다. 우리의 사상에도 경천애인敬天愛人이 있다. 경천 없는 애인은 위선이요 애인 없는 경천은 가짜이다.

우리 점방의 판자벽은 홍보물을 붙이는 마을 게시판이었다. 4·19혁명과 5·16쿠데타에 이어 1963년 대통령 선거가 있었다. 후보들의 사진이 벽에 나란히 붙었다. 군사 반란을 주도한 사람도 그들 가운데 끼어 있었다. 뭔가 어색하다는 느낌이 들었으나 자세히는 몰랐다. 하지만 그들 중에 가장 젊고 패기가 있어 보였다.

아버지는 조부의 삼년상이 끝난 후 신작로로 이사했다. 조부가 지은 집도 팔고 증조부와 그 사촌, 조부 삼 형제가 피땀 흘려 일군 땅을 사기꾼에게 속아 팔아넘김으로써 우리 집은 금방 가난하게 되었다. 나는 학교에서 강냉이죽을 배급받았다. 조모는 가끔 이렇게 말했다.

---

[26] 평생 독립운동에 헌신한 애국지사로 임시정부 국무총리 권한대행을 지냈다.

"그 좋은 땅이 있었기에 우리 집은 해방 후 큰 흉년이 들었을 때도 콩 가마를 쌓아 두고 나눠 주며 살았지."

나는 할머니들의 닦달로 옛날 이야기책을 읽어 주었다. 조모의 어깨 너머로 옛글을 배워서 학교에 들어가기 전부터 책을 읽었다. 학교에서는 그 글을 가르치지 않았다. 국한문 혼용 교과서로 조금 배우다가 3학년쯤 한글 책으로 바뀌었다.『천자문』과『명심보감明心寶鑑』[27] 등은 서당을 통해 조금 배웠다.

조모의 책은 낡고 찢어져 일부분만 남아 있었다. 한지를 양면으로 접어 쓴 8절지, 삐뚤빼뚤하게 필사한 16절지, 인쇄된 듯이 보이는 글과 그림이 있는 32절지도 있었다. 모두 위에서 아래로, 우에서 좌로 쓴 옛글이었다.

한지에 콩기름을 발라 불그스레하고 매끈매끈했으며 누렇게 바래져 있었다. 동지섣달 긴긴밤에 같은 책을 반복해서 읽었으나 할머니들은 그때마다 감탄하며 혀를 끌끌 찼다. 그 내용은 거의 기억나지 않지만, 유복자로 태어난 아이가 움막에 살면서 온갖 고초를 겪다가 자수성가하여 원수를 갚는다는 『신유복전』도 있었다.

조모는 평소 얼마나 일을 많이 했는지 허리가 기역 자로 굽은 꼬부랑 할머니였다. 내가 사회생활을 시작하기까지 나를

---

[27] 아이들의 인격 연마를 위해 중국 고전의 금언과 명구를 편집하여 만든 고려시대의 책이다.

위해 노년을 다 바쳤다. 나는 참으로 안타까운 청소년 시절을 보내며 크고 작은 사고도 많이 쳤지만, 조모는 한마디 말도 없이 묵묵히 지켜보기만 했다.

나는 조모와 함께 20년 넘게 같이 살았지만, 화를 내거나 누구와 다투는 모습을 한 번도 본 적이 없다. 모든 것을 참고 견디며 운명처럼 받아들였다. 이제 돌아보니, 조모는 누구 못지않은 수도자로 살았다.

유복한 가정에서 태어난 서정주 시인은 친일반민족행위자로 부귀영화를 누리며 80대 중반까지 살았지만, 퇴계 이황의 14대손으로 태어난 이육사 시인은 독립운동가로 평생을 나라와 민족을 위하여 살다가 40세가 못 되어 옥살이로 생을 마쳤다. 참으로 안타깝지만, 이것이 이 세상의 현실이다.

이이제이以夷制夷[28] 전략으로 창설된 간도특설대는 800여 명의 조선인 출신 일본군이었다. 1939년부터 1945년까지 약탈과 방화, 고문, 간음, 양민 살해 등으로 악명을 떨쳤다. 독립군 전사자의 장기를 꺼내 통조림을 만들고, 항일군의 목을 베어 들고 기념사진까지 찍었다고 한다. 김백일, 박정희, 백선엽 등이 그 악랄한 부대의 장교였다.

하지만 아무리 천인공노할 범죄자요 매국노라 하더라도, 조국과 민족 앞에서 솔직히 사죄했다면 그나마 조금은 어땠을

---

28 오랑캐로 오랑캐를 친다는 뜻으로 일본의 파렴치한 군사 전략이었다.

까 싶다. 그럼에도 그들은 한국전쟁의 영웅으로 추앙받으며 죽을 때까지 반성 없이 호의호식하며 애국자 노릇을 했다.

다윗왕은 파렴치한 죄를 범했으나 눈물로 회개함으로써 성군이 되었다. 악인은 악에 걸려 넘어지고 죄의 줄에 매이기 마련인바, 결국은 그 빛도 꺼지고 불꽃은 사라질 것이다. 주님은 남에게 대접을 받고 싶은 대로 내가 먼저 남을 대접하라고 하셨다.

"정의를 위해 고난을 받으면 복이 있습니다. 그들의 위협을 겁내거나 무서워하지 마십시오."(베드로전서 3:14)

조모 4

"소년이로학난성少年易老學難成하고 일촌광음불가경一寸光陰不可輕이라."[29]

---

[29] 소년은 늙기 쉽고 학문은 이루기 어려우니 지극히 짧은 시간도 가벼이 여겨서는 안 된다는 말이다.

『명심보감』에 나온다. 시간은 만인에게 공평히 주어진 자산이지만 아무도 빌릴 수 없고 빌려줄 수 없다. 선용하면 선한 열매를 맺고 악용하면 악한 열매를 맺을 뿐이다.

요셉은 옥살이로 국무총리의 역량을 키웠으며, 바울은 옥중에서 오네시모를 전도하여 교회의 지도자로 삼았고, 존 번연은 12년간 옥고를 치르며 『천로역정』이라는 불후의 명작을 남겼다. 성경은 때를 얻든지 못 얻든지 항상 전도에 힘쓰며 세월을 아끼라고 한다.

조모는 어떻게 해서 언니와 단둘이 살게 되었는지 그 사정은 자세히 모르지만, 친구들과 나눈 얘기를 통해 들은 바로는, 오빠들이 만주에서 독립운동하다가 모두 죽은 것으로 알고 있었다. 부모는 어린 딸들이 보는 앞에서 끔찍이 죽임을 당한바, 자매는 서로 부둥켜안고 이런 약속을 했다고 한다.

"언니, 우리는 잠자다가 죽자!"

"그래, 우리는 그렇게 하자!"

큰할머니는 80대 후반에 정말 잠자며 돌아가셨다. 밤늦게 새참까지 먹고 평안히 잠자리에 들었으나 다음 날 다시 일어나지 않았다. 막둥이 손자가 할머니를 흔들어 깨우다가 이상히 여겨 소리쳤다고 한다.

"엄마, 할매가 이상해요!"

부엌에서 아침을 차리던 며느리가 방에 들어가 보니 이미 시어머니의 몸은 싸늘했다고 한다.

할머니와 나는 1965년에 가게를 땅 주인에게 넘겨 주고 신작로 집으로 가족과 합류했다. 그 땅 주인의 아들이 상속하여 비워 달라고 재촉했기 때문이다. 이사 후에도 나는 조모와 함께 아래채에 따로 지냈다.

아래채 방은 밤마다 동네 할머니들이 모이는 아지트가 되었다. 주로 일가친척이나 이웃이 살아가는 이야기를 나누고, 책을 읽기 시작하면 약속이라도 한 듯이 모두 그 자리에 비스듬히 기대어 누웠다. 다른 할머니들은 글을 몰랐으나 조모는 조금 읽을 줄 알았다. 리듬을 넣어 노래하듯 쉬엄쉬엄 읽었다. 그때 가끔 이런 말을 했다.

"언니는 나와 한 약속을 잘 지켰으나 나는 어떻게 죽을지 몰라 그게 걱정이야!"

조모는 평생 술과 고기를 입에 대지 않았다. 조부가 돌아가시고 나서 담배는 즐겨 피웠다. 잎담배 조리하고 남은 부스러기를 얻어 곱게 부숴 사용했다. 우리 집은 담배 농사를 짓지 않았다. 방에는 무쇠 화로와 담배쌈지, 장죽이 항상 있었고, 심심찮게 담뱃재 터는 소리가 탕탕 들렸다.

1980년 6월 10일, 어머니가 아침상을 들고 아래채 방문을 열었다. 조모가 수의를 차려입고 앉아 담배를 피우고 있었다. 깜짝 놀라 평해 황씨 할아버지에게 달려가 그 사실을 알렸다. 그는 우리 마을에 사는 조모의 유일한 일가친척이었다. 그를 모시고 종종걸음으로 달려왔으나 그사이 조모는 이미 숨을 거두었다.

조모는 조부가 돌아가시고 18년을 더 살면서 감기 한번 앓지 않았다. 그때 나는 서울에서 공직 생활을 막 시작했다. 하지만 1979년 10·26사태에 이어서 전두환의 신군부가 등장함으로써 졸지에 큰 변상을 맞는 등 일평생 가장 힘든 시간을 보내고 있었다. 45년이 지난 지금도 그때 그 빚더미 선물이 아직도 나를 옭매고 있다.

이렇게 조모 자매의 약속은 어김없이 지켜졌다. 천진난만한 딸들의 애달픈 사정을 하나님께서 굽어보시고 긍휼히 여겨 주신 것이다. 그래서 성경은 사람이 마음으로 앞길을 계획하여도 그 발걸음은 주님이 인도하신다고 했다(잠언 16:9).

마거릿 대처[30]가 "생각은 말을, 말은 행동을, 행동은 습관을, 습관은 성품을, 성품은 운명을 낳는다."라고 했다. 말이 씨가 된 사례는 인류 역사를 통해 무수히 일어났다. 입을 잘 놀리면 단것을 먹고, 입술을 잘못 놀리면 쓴 것을 마신다.

> "우리의 연수가 칠십이요 강건하면 팔십이라도, 그 연수의 자랑은 수고와 슬픔뿐이요, 빠르게 지나가 마치 날아가는 것 같습니다."(시편 90:10)

---

[30] 영국 최초의 여성 수상으로 1979년부터 1990년까지 11년간 통치하며 '철의 여인'이라 불렸다.

외조모

"성공이 아니라 섬김이다Not success but service!"

조선의 마더 테레사, 푸른 눈의 어머니, 서서평1880~1934[31] 선교사가 평생 신조로 삼은 표어이다.

여리고의 바디매오가 소경으로 태어나 40년 동안 구걸하며 살다가 예수님을 만나 눈을 뜨고 증언했다.

"그분이 죄인인지 아닌지는 모릅니다. 하지만 분명한 사실은, 전에는 내가 눈이 멀어서 보지 못하다가 지금은 본다는 것입니다!"

외갓집은 방 두 개와 부엌 한 개로 전형적 초가삼간이었다. 나는 가까운 친척이 없어 외가에 자주 놀러 갔다. 외가는 산간벽지 산마루에 위치해 여름에는 시원하고 좋았으나 겨울에는 눈이 많아 발이 묶였다. 가장 기억에 남는 것은 마을 한복판에 우뚝 선 큰 아름드리 옻나무다.

절반쯤 죽고 썩은 그 옻나무 밑동에서 사시사철 생수가 나왔다. 겨울에는 김이 무럭무럭 나는 따뜻한 물이, 여름에는 서리가 하얗게 끼는 차가운 물이었다. 마을 사람들은 생명수

---

[31] 엘리자베스 요한나 셰핑. 1912년 미국 간호 선교사로 한국에 들어와 22년간 빈민과 나환자 등 불우한 여성을 돌보았다.

로 여기며 아껴 썼다. 50년이 지난 어느 날 가서 보니, 인적 없는 산비탈 넝쿨 속에 그 옻나무가 시간이 멈춘 듯 그대로 서 있었다.

외가는 우리 집에서 걸어 한 시간쯤 걸렸다. 꾸불꾸불한 산간 계곡의 징검다리를 서너 차례 건너 오솔길을 따라 쭉 올라가면 큰 산이 나왔다. 가파른 비탈길을 이리저리 한참 오르면 중턱에 너럭바위가 있었다. 주변에 아름드리나무가 많고 항상 바람이 불어 시원했으며, 누구나 쉬어 가는 천연 쉼터가 되었다. 그 맞은편에 시커먼 호랑이 굴 두 개가 나란히 있었다. 거기 사는 호랑이가 너럭바위에 앉은 것을 본 사람이 더러 있었는바, 혼자서는 대낮에도 그 재를 넘을 수 없었다. 신작로 주막집에서 놀다가 두세 사람이 만나 함께 길을 나섰다.

외가에 가게 되면 으레 여기저기 이모네 집을 돌아다니며 먹고 잤다. 이종사촌들이 떼를 지어 다녔다. 가끔 외가에서 먹고 잘 때도 있었다. 나는 사랑방에서 외조부와 함께 잤다. 외조부가 속옷까지 벗고 알몸으로 자서 조금 불편했다. 몸에 무엇을 걸치면 덥고 답답해서 못 잔다고 했다.

그 마을에 셋째와 넷째 이모가 살았다. 막내 이모는 결혼 첫날밤에 신랑이 죽어 친정으로 돌아와 유복녀를 낳아 키웠다. 그 딸이 초등학교 4학년쯤 되었을 때 이모는 재혼했다. 작은 외조모의 큰딸도 거기 살았으나 많은 빚을 지고 야반도주해 소식이 끊어졌다. 나중에 부산 어디에서 산다는 소문이

들렸다.

외조모가 병들어 신작로 마을로 이사했다. 우리 집에서 1킬로미터쯤 떨어져 있었다. 여기저기 흩어져 사는 이모의 딸들, 곧 외손녀들이 한 달씩 돌아가며 병시중도 들고 살림을 살았다. 나는 둘째 이모의 딸이 당번으로 외가에 왔을 때 자주 놀러 갔다. 얼굴도 예쁘고 마음씨도 곱고 항상 생글생글 웃으며 나긋나긋하게 말했다. 그때 외조모가 물었다.

"내 듣자 하니 욱이는 노름을 좋아하고, 훈이는 술을 좋아한다고 하던데 그게 사실이냐?"

나는 할 말이 없었다. 외조모가 숨을 가쁘게 몰아쉬며 크게 나무랐다.

"아이고, 애들아! 어쩌자고 그러느냐? 어쩌자고!"

너무나 안타까운 듯 불편한 몸에 이맛살을 한껏 찌푸리며 긴 한숨을 쉬었다. 욱이는 넷째 이모의 아들이다. 세월이 많이 지나서 돌아보니 외조모의 그 마음을 어느 정도 알 것도 같았다.

"내 인생극장에서 나는 배역의 역할을 다했소! 내게 박수를 쳐 주시오!"

로마의 초대 황제 아우구스투스의 마지막 말이다. 신앙에는 양다리가 없다. 연극하고 박수받을 일이 없다. 하나님의 뜻은 힘든 것처럼 느껴져도 결국은 선으로 합력한다. 예수님은 하나님과 재물을 겸하여 섬길 수 없다고 하셨다. 이를 소중히 여기고 저를 가벼이 여길 수밖에 없다. 섬김 없는 교회는 연극장이요, 나눔 없는 교인은 연기자다.

"어둠 속에 사는 백성이 큰 빛을 보았고, 사망의 그늘 진 땅에 사는 사람들에게 빛이 비치었다."(마태복음 4:16)

외조부

'거꾸로 가는 교회만이 살아남을 겁니다!'
 장애인 보호 작업장을 방문했을 때, 원장이 코로나 이후의 교회를 걱정하며 한 말이다. 그는 구안와사 시각장애인이다. 10여 명의 어르신을 모시고 산간벽지 교회를 37년째 자비량으로 섬기며, 30여 명의 중증장애인에게 일자리를 제공하려고 콩나물을 팔러 다녔다. 그때 주님의 말씀이 생각났다.

"나는 이 세상을 심판하러 왔다. 못 보는 사람은 보게 하고, 보는 사람은 못 보게 하려는 것이다."(요한복음 9:39)

외조부는 딸만 여섯을 두었다. 두 번에 걸쳐 양자를 두었으나 모두 떠나고 말았다. 특별한 재산이 없었기 때문이다. 외조부모는 죽어서도 남의 땅에 묻혔다. 외조부 남동생이 하나 있었지만 일찍 세상을 떠났다. 작은 외조모가 홀로 두 딸과 외아들을 키웠다. 딸들은 장성하여 출가했으나 아들은 약관에 병사하여 외가댁은 대가 끊어지고 말았다. 그는 나보다 열 살가량 많았다.

　작은 외조모는 우리 집 아래채에 오랫동안 살다가, 어느 날 마을 서쪽 끝 바람 평지의 빈 오두막으로 이사했다. 움막 같은 단칸 초가집이었다. 거기서 그 아들이 죽었다. 점을 치고 굿을 하는 등 온갖 양법禳法을 다 동원했으나 허사였다. 그가 죽기 전에 언뜻 보니 소변을 제대로 못 보고 온몸에 붉은 반점이 있었다. 내가 어떤 사람과 같이 외가에 가서 그 사실을 알렸더니, 외조모가 크게 슬퍼하면서도 애써 태연한 척했다.

　"결국은 죽었어!"

　우리 마을에서 궂은일을 도맡아 하는 장애인 아저씨가 그를 멍석에 둘둘 말아 지게에 지고 가서 공동묘지에 묻었다. 독자 잃은 과부가 무덤까지 찾아갈까 싶어 아무도 모르게 대충 땅을 파고 평토장 했다. 작은 외조모는 밤낮없이 공동묘지 주변을 배회하며 슬퍼했다. 결국 둘째 딸이 와서 부산으로 모시고 갔다.

　외조모가 돌아가신 후 홀로 남은 외조부를 둘째 이모가 모시고 갔다. 외조부도 점점 노환이 깊어져 첫째 이모네 집으로 옮겼다. 그때 어머니의 권유로 이종형과 함께 병문안을 갔다. 외조부는 눈이 멀어서 보지 못하고 귀가 먹어서 잘 듣지 못했다. 이모가 귀에다 대고 크게 말해야 겨우 알아들었다. 외조부는 누가 찾아오면 꼭 누구냐고 물었다.

"누고?"

"훈이시더!"

"누구라고?"

"창바우 훈이요!"

"누구?"

보다 못해 내가 외조부의 귀에다 대고 크게 소리쳤다.

"훈이요!"

"뭐? 훈이라고! 아이고, 아이고! 내가 이제 너를 보고 다시는 못 볼 것이다. 아이고…!"

외조부가 너무 슬피 울어서 나도 울고 이종형도 울고 이모도 따라 울었다. 외조부는 30명이 넘는 외손자녀의 이름을 거의 다 기억하고 있었다.

그리고 외조부도 돌아가셨다. 딸 여섯과 사위 여섯이 다 모여 장례를 잘 치렀다고 들었다. 나는 외조모 때와 마찬가지로 외조부 장례식에도 참석하지 못했다. 어머니가 공직 생활에 부담을 준다고 알려 주지 않았기 때문이다. 외조부가 슬피 울면서 다시는 나를 보지 못할 것이라는 말이 그렇게 이루어졌다.

"우연히 만난 당신은 나의 인연입니다. 사랑해요, 사랑해요…"

중국 티베트 민요의 가사다. 내가 죽으면 예수가 살고, 목사가 죽으면 교회가 산다. 돈을 따라 살면 도둑이 되고, 주님을 따라 살면 성자가 된다. 주님의 제자는 가까운 지름길이 아니라 가장 먼 우회로를 걷는다. 어둠은 흑암의 권세로 물리칠 수 없지만 반딧불은 폭풍우 속에서도 빛을 발한다. 구속받는 빈곤이나 자유 없는 부귀는 다 생지옥이다.

"소금은 좋은 것이나 그 소금이 맛을 잃으면 무엇으로 짜게 하겠느냐?"(누가복음 14:34)

아버지 1

"도이불언 하자성로桃李不言 下自成路"[32]

---

[32] 복숭아와 자두나무는 말이 없어도 그 아래는 자연히 길이 생긴다는 말이다.

사마천의 『사기史記』에 나온다. 한나라의 비장군 이광李廣은 흉노와 70여 차례의 전쟁을 치르며 전공을 세웠으나, 그 전과를 전부 부하에게 돌리고 전리품을 공평히 나눠 주었다. 과묵한 성품에 청렴결백하고 욕심을 부리지 않아 인재들이 스스로 모여들었으며, 녹봉이 4000석이 넘었으나 죽을 때는 빈손이었다.

조부는 중조부가 개간한 땅으로 많은 농사를 지으며 남부럽지 않게 살았으나, 아버지는 농사일에 별로 관심이 없었다. 지게는 가지고 있었으나 나무하는 모습을 거의 보지 못했다. 어느 겨울날 딱 한 번, 가랑잎이 허리까지 푹푹 빠지는 어느 산간 계곡에서 참나무 몇 그루를 베어 나와 함께 나눠서 지고 왔을 뿐이다.

이후 처마 밑에 세워 둔 아버지의 지게는 곰팡이가 파랗게 피고 어깨끈이 썩어 사용할 수 없었다. 나무하는 것과 농사짓는 일은 조부와 어머니의 몫이었다. 조모는 신작로 점방에서 가게를 하며 따로 지냈다.

1959년 태풍 '사라'가 온 땅을 휩쓸고 지나갔다. 아버지를 따라 큰 들에 나갔다. 수마가 할퀴고 지나간 흔적이 처참했다. 불도저 한 대가 굉음을 내며 강바닥을 밀어내었고, 팔다리를 걷어붙인 농부들이 옹벽을 쌓고 있었다. 이후 강은 평소보다 두 배나 넓어졌고, 우리 논은 손바닥만 하게 좁아졌다. 이는 내가 가장 어릴 때 본 아픈 기억이다.

1960년대 초 어느 겨울밤, 동네 아이들이 우리 집에 모여 있었다. 아버지가 '어사 박문수'에 대한 이야기를 들려주었다. 아버지에 대한 가장 오래된 기억이다. 당시 아이들은 호롱불 앞에 옹기종기 모여 앉아 어른들에게 옛날이야기를 해 달라고 조르곤 했다. 별다른 놀이가 없어 그것을 큰 즐거움으로 여겼다.

당시에는 텔레비전이나 라디오는 물론이고 전기와 전화도 없었다. 아이들이 즐길 만한 실내 놀이라곤 윷이 전부였으나 그나마 설날에만 했다. 밖에서는 딱지치기와 땅따먹기, 술래잡기를 했다. 여자애들은 공기와 고무줄놀이, 강강술래를 했다. 그나마 달이 뜨지 않는 그믐밤이나 겨울철에는 할 수 없었다. 밤에는 으레 초롱불을 들고 다녔으며, 둥근달이 떠올라야 학교 운동장에 모일 수 있었다.

아버지는 우리 집에서 동네 아낙들을 모아놓고 한글을 가르쳤다. 야학이라 불렀다. 일제강점기에 태어난 여자들 대부분이 학교에 다니지 않아서 까막눈이었다. 한국전쟁 후 보릿고개를 넘기며 극심한 생활고와 노동에 시달렸으나, 밤만 되면 머리를 단정히 빗고 야학에 참석했다. 얼마 후 그들이 띄엄띄엄 이야기책 읽는 모습을 보았다.

1967년 우리는 신작로 새집으로 이사했다. 그 집은 아버지의 단짝 친구가 지어서 살았으나 아들이 죽다가 살아난 후 대구로 이주했다. 그때부터 우리 가족은 함께 모여 살게 되었으나 나와 할머니는 여전히 아래채에서 따로 지냈다. 읍내에서 자취할 때도 할머니가 따라와 나와 동생의 뒷바라지를 했다.

이후 우리 집은 주류 판매업 허가를 받아 정식으로 장사를 시작했다. 할머니의 점방은 땅 주인에게 돌려주고, 어머니가 술도 팔고 밥도 지어 팔았다. 사람들이 화천식당이라 부르기도 했지만 간판을 달지는 않았다.

어머니가 가끔 토종닭과 토끼를 잡아 술안주로 팔기도 하고, 학교 운동회 때는 돼지를 잡아 국밥도 팔았다. 한동안 그럭저럭 장사가 되는가 싶더니 얼마 가지 않았다. 1968년 김신조 사건으로 소개를 당해 이사 온 사람들이 많아 가게가 다섯 개로 늘어났고, 마을부녀회까지 막걸리를 팔기 시작했다.

'호부무견자虎父無犬子'라는 말이 있다. 호랑이 부모에서 개가 태어나지 않는다는 말이다. 춘추시대의 유비가 관우의 아들 관흥과 장비의 아들 장포가 나라를 위해 큰 공을 세우자 격려한 말이다. 거울 속의 얼굴은 스스로 웃지 않는다. 우리가 직접 본을 보여야 한다.

"모든 일에 부모에게 순종하십시오. 이것이 주님을 기쁘시게 하는 일입니다."(골로새서 3:20)

아버지 2

"완전히 이해하진 못해도 온전히 사랑할 순 있습니다!"

실화 영화 〈흐르는 강물처럼〉에서, 맥클레인 목사가 갑자기 죽은 아들의 장례를 치르며 한 말이다. 오늘날 사람들은 한밤중을 한낮으로 여기며, 흑암의 공포 속에서도 평안을 누리며 잘 살아간다.

우리는 비록 달갑지 않은 손님이라도, 그 운명적 만남을 위해 늘 준비해야 한다. 사도 바울처럼 그리스도 예수 안에서 날마다 죽는 법을 배워야 한다. 지금도 사탄은 아담과 이브에게 한 사탕발림 유혹을 우리에게 계속하고 있다.

'아니야, 너희는 절대 죽지 않을 거야!'

1962년 조부가 돌아가시자 기다렸다는 듯이 양의 탈을 쓴 이리들이 아버지에게 접근했다. 그는 아버지의 처가에 무슨 은전이라도 베푸는 양 으스대며 나타났고, 아버지는 그에게 할아버지의 땅을 모두 사기당하고 말았다. 구체적인 사정은 알 수 없으나 아버지는 이의를 제기했고, 그는 시도 때도 없이 돌멩이를 들고 찾아와 죽이겠다고 협박하여 결국은 포기했다고 들었다.

그는 그 땅을 다시 팔아 서울로 이사했고, 우리 집은 호구지책으로 어머니가 행상을 시작했다. 처음에는 옷가지를 머리에 이고 이 동네 저 동네 다니며 팔다가 나중에는 생선 장수를 했다. 보리나 콩, 팥, 깨, 달걀 등을 교환하여 저녁 늦게 집으로 돌아왔다. 당시 어머니와 같은 보따리장수가 상당히 많았다.

그리고 얼마 후 넷째 이모네 땅을 빌려 농사를 지었으나 그리 많지는 않았다. 아버지는 읍내 교육청에 취직하여 자전거로 출퇴근하다가, 나중에 산길로 12킬로미터쯤 떨어진 산간벽지 분교로 전근하여 주말에만 집에 돌아왔다(공교롭게도, 그 학교 옆에 있는 무기고에서 내 동생이 죽었다).

1970년 나의 차 사고로 아버지는 학교를 그만두고 집에서 쉬다가 지붕개량 사업에 뛰어들었다. 초가지붕을 헐고 시멘트기와나 슬레이트 지붕으로 바꾸는 새마을 운동의 일환이었다. 그때 큰이모의 큰아들이 아버지를 도와 함께 일하러 다녔다.

이후 감자나 고구마, 배추, 무 등 농산물을 밭떼기로 사서 대구 도매 시장에 넘기는 일도 했다. 대구로 이사한 아버지의 단짝 친구와 보조를 맞추었다. 이처럼 아버지는 이런저런 막일을 하면서도 1980년대까지 묵묵히 고향을 지켰다.

하지만 1981년 제대를 1개월 앞두고 죽은 내 바로 아래 동생의 무기고 초병 사건, 1982년 결혼한 막내 여동생의 남편이 아파트 공사장 현장에서 추락하여 죽는 등, 집안에 나쁜 일들이 연달아 발생하자 마음이 크게 흔들렸다.

"그래, 우리가 여기서 너무 오랫동안 살았어."

아버지는 실의에 빠져 하루하루를 무료하게 지내다가 도로포장 공사로 우리 마당이 일부 수용되자 아예 가산을 정리하여 서울로 이사했다. 13세기 고려시대 울진으로 내려가, 17세기 조선시대 영덕을 거쳐, 19세기 구한말 영양으로 이주하여, 20세기 말까지 대대로 살아온 고향을 그렇게 떠남으로써, 결국 우리 조상들의 선영만 그곳에 남게 되었다. 아버지는 서울에서 10년쯤 아파트 경비원으로 일하다가 정년이 되어 말했다.

"내가 할 일이 없는 서울에서 더 이상 살고 싶지 않다."

그리고 얼마간 어머니와 함께 일가친척을 두루 방문한 후 사촌 여동생이 살고 있는 청송으로 낙향했다. 그 고모는 아버지와 동갑내기로 같은 항렬의 유일한 혈족이었다.

2003년 추석으로 기억된다. 조부 산소를 찾아 성묘를 마치고 내려오다가 막내가 느닷없이 아버지에게 물었다. 당시 태어나지도 않은 동생이 어디서 그 말을 들었는지 의아했다.

"여기 있는 이 땅이 전부 우리 거였어요?"

"그랬지! 아버지가 돌아가신 후 끈질기게 따라다니는 브로커에게 속아서 그만…."

그리고 만감이 교차하는 듯 말끝을 흐리며 하늘을 우러러 보았다. 진정한 용서는 다섯 번이 필요하다. 먼저 내가 나를 용서하고, 남을 용서해야 한다. 그러면 남도 자기를 용서하고 상대방인 나를 용서하게 된다. 이때 십자가에 달려 대속의 은총을 완성하신 예수 그리스도의 완전한 용서가 이루어진다. 이로써 하나님께서도 우리의 모든 죄를 용서하신다.

하나님의 무조건적 용서는 우리의 범죄성을 사전에 방지하는 면역 항체요, 불평불만과 원망의 독성을 제거하고, 복수의 악순환을 퇴치하는 전천후 백신이다.

> "너희가 남을 용서하면 하늘의 아버지께서도 너희를 용서하실 것이다."(마태복음 6:14)

어머니 1

> "내 자녀들이 진리 안에서 살아가고 있다는 소식을 듣는 것보다, 더 기쁜 일이 나에게는 없습니다."(요한3서 1:4)

성경은 성자 예수 안에서 성령의 인도로 살아가는 성도의 인생 텍스트북이다. 윤리나 교리를 가르치고 배우는 책이 아니다. 그리스도를 중심으로 날마다 돌아가는 휴먼 드라마다. 아브라함과 다윗뿐만 아니라 나발과 가룟 유다까지도 우리의 인생 길잡이다.

1935년, 어머니는 첩첩산중 오지 마을에서 가난한 농부의 다섯째 딸로 태어났다. 일제강점기의 수탈과 횡포, 해방 후 극심한 가뭄과 기근, 3년 넘게 이어진 동족상잔의 유혈참극을 고스란히 겪으며 학교에 다니지 못했다. 다행히 1960년대 아버지가 집에서 가르친 야학에서 한글을 조금 깨달아 가게를 하면서 치부책과 일기장을 쓸 수 있었다.

외조모의 강인한 체질을 그대로 이어받은 어머니는 정말 억척 댁이었다. 한겨울에 눈이 허리까지 푹푹 빠지는 산에 혼자 올라가 마른 나뭇가지를 꺾어 태산같이 머리에 이고 왔다. 봄철에 산나물을 뜯어 올 때도 다른 여인들보다 항상 더 많이 이고 지고 들고 돌아왔다. 옷 장사와 생선 장수를 할 때도 동료들보다 좀 더 많이 팔고 다양한 물건을 바꿔 왔다. 언제 어디서 무엇을 하든지 남들보다 뒤떨어진 모습을 한 번도 보지 못했다.

지금 구순의 나이에도 궂은일을 마다치 않고 남의 땅을 빌려 농사도 지으며, 노인 일자리에다 짬짬이 품꾼으로도 다닌다. 월세 1만 원짜리에 살다가 얼마 전 2만 원으로 올린 사글셋집에 홀로 살면서 손바닥만 한 땅도 없지만, 은퇴 집사로 주님의 교회와 이웃을 섬기며 열심히 살아가고 있다. 가끔 젊은

이 못지않은 사회적 참여의식에 깜짝 놀라기도 한다.

그런데 참으로 부끄럽고 민망한 일은, 이제 내가 어머니를 모실 때도 되었건만, 여전히 내가 어머니의 양육을 받는 느낌이다. 이날 이때까지 그 사랑의 빚이 없었다면, 생각만 해도 정말 아찔하고 온몸이 움츠러진다. 나는 불효를 원치 않았으나 어쩔 수 없는 불효자였고, 어머니는 늘 자상한 자모로 나에게 다가왔다.

나는 어릴 때부터 그 억척같은 어머니의 모습을 유심히 지켜보았다. 내가 봐도 걱정스러운 일이 한두 번이 아니었다. 언제 어디서 무슨 일이 맡겨져도 꺼리지 않고 순순히 응했다. 농사일, 나무꾼, 옷 장사, 생선 장수, 함바집, 막노동, 봉제공장 노동자, 청소원 등등. 하지만 요즘은 부쩍 힘들어하는 모습을 본다.

1960년대는 농산물을 주고 옷도 사 입고 생선도 바꿔 먹었다. 쌀이나 보리, 달걀이나 꿩알, 닭이나 토끼 같은 짐승도 물물교환의 대상이었다. 어머니가 가게를 할 때, 누나뻘 되는 동네 아가씨들이 달걀이나 보리쌀 등을 치마폭에 숨기고 와서 필요한 물건을 바꿔 가는 모습을 종종 보았다. 낮에 살그머니 와서 미리 말을 맞춰 놓고 이슥한 밤중에 몰래 와서 은밀히 거래했다.

어머니가 첫아이를 가질 때, 백수 염발의 노인이 꿈에 나타나 인삼 뿌리 세 개를 주었다.

"이걸 가지고 어서 집으로 가거라!"

고맙다는 인사를 하고 누가 볼 새라 얼른 치마폭에 숨겨 급히 집으로 가려고 했다. 그때 줄줄이 딸만 낳던 동네 아낙네가 갑자기 나타나 양팔로 길을 가로막으며 소리쳤다.

"그 인삼 뿌리 하나만 주고 가거라!"

처음에는 안 된다고 뿌리쳤으나 힘에 부쳐 결국 한 뿌리를 빼앗기고 말았다. 그리고 어머니는 첫딸을 낳았다. 애타게 손자를 기다리던 할아버지가 크게 실망하여 말했다.

"이제 손자 못 보고 죽는 건 아닌지 모르겠다!"

'그 인삼만 빼앗기지 않았다면 분명히 아들을 낳았을 텐데.'

어머니는 딸을 낳고 못내 아쉬워했으나 그 부인은 늘그막에 아들을 낳고 크게 기뻐했다. 그래서일까, 나는 첫 태가 아닌 장남으로 태어나 어설픈 봉헌물이 되었다.

"여인이 어찌 그 젖 먹는 자식을 잊겠으며, 자기 태에서 난 아들을 긍휼히 여기지 않겠느냐? 그들은 혹시 잊을지라도 나는 너를 잊지 아니할 것이다."(이사야 49:15)

어머니 2

"우애는 사람이 가질 수 있는 가장 아름다운 감정입니다!"

암브로시우스의 저서 『봉사의 의무에 대하여』라는 책에 실린 구절이다. 그는 4세기 라틴 교부이자 법률가였다. 밀라노 집정관으로 부임하여 이성과 온정으로 다스린바, 시민들의 추대로 주교와 성자가 되었다. 그가 아우구스티누스의 어머니에게 말했다.

"눈물의 기도로 키운 자식은 절대 망하지 않습니다!"

아우구스티누스는 암브로시우스의 설교를 듣고 크게 뉘우쳐 회개한바, 방탕한 생활을 청산하고 기독교 역사상 가장 위대한 교부이자 성인이 되었다. 진정한 목자는 갈 길을 가르치는 사람이 아니라 앞장서 걸어가는 사람이다. 용감한 장수는 뒤에서 명령하지 않고 앞에서 진두지휘하며 진격한다. 예수는 가르치는 것에 그치지 않고 직접 삶으로 본을 보였다. 자신의 십자가를 스스로 지면서 나를 따르라고 하셨다.

어머니는 첫딸과 두 아들을 2년 터울로 낳았다. 이어서 사산한 후 딸을 낳고, 또 사산하고 딸을 낳아 오 남매를 키웠다. 그리고 노년에 늦둥이 아들을 낳아 3남 3녀가 되었다. 하지만 차남이 제대 말년에 사고로 죽어 결국은 그 꿈과 같이 인삼 두 뿌리만 건졌다.

당시 여인들은 밭에서 일하다가 아이를 낳기도 하고, 집 안에서 일하다가 혼자 스스로 낳기도 했다. 그러다 보니 아이가 태어나자마자 죽는 경우가 많았다. 신생아의 죽음으로 인한 슬픔은 대략 일주일이면 끝났다. 식음을 전폐하고 며칠간 자리에 누웠다가 누군가의 의례적 방문을 받고 일어났다. 어머니와 동네 아낙들이 다 그렇게 했다. 어떤 부인은 3일 만에 일어나 빨래하러 강으로 나갔다. 피임이 여의찮아 임신과 출산이 빈번했고, 유산이나 유아 사망은 병가의 상사처럼 여겨졌다.

어머니는 조석으로 조모의 식사를 배달했다. 200미터쯤 떨어진 도로변에 할머니의 점방이 있었다. 어느 날부터 어린 누나가 그 일을 이어받았다. 서리가 하얗게 내린 어느 늦가을 아침, 예기치 못한 배달 사고가 났다. 아이가 음식 쟁반을 머리에 얹고 뒤뚱뒤뚱 걸어가다가 돌부리에 걸려 넘어진 것이다. 밥반찬은 고사하고 그릇도 깨고 은쟁반까지 찌그러뜨렸다. 겁에 질려 집으로 들어오지 못하고 가출했다. 어머니가 단단히 벼르고 있었다.

"이놈의 가시나, 어디 들어오기만 해 봐라!"

그런데 저녁이 되어도 아이가 들어오지 않아 어머니가 찾아 나섰다. 노적가리 속에서 온종일 금식하며 잠자고 있는 아이를 깨워 앞세우고 들어왔다. 아무리 위장막을 뒤집어쓰고 숨었어도 자식에 대한 어머니의 낌새만은 피할 수 없었다. 나는 잔뜩 긴장하고 사태를 지켜보았으나 아무 일도 없는 양 그냥 지나갔다. 난생처음 외박을 하려고 단단히 마음먹은 아이의 꿈은 수포가 되었지만, 어린 나이에 그 용기가 정말 대단했다. 가끔 그 배포가 부럽기도 했다.

그리고 세월이 훌쩍 지나서, 그때 그 어머니의 마음을 나도 어느 정도 이해할 수 있었다. 딸애가 너덧 살쯤 되었을 때 무슨 잘못을 저지르고 나타나지 않았다. 시간이 흐르자 초조하기 시작했다. 아이의 허물은 더 이상 문제가 되지 않았다. 그냥 집으로 돌아오기만을 속으로 빌었다. 노심초사하며 상당한 시간이 지났다. 오만가지 잡생각이 다 떠올랐다.

저녁이 되어 화장실에 들어가 보니 아이가 바닥에 쪼그리고 누워서 자고 있었다. 새우처럼 한껏 꼬부린 모습에 가뜩이나 작은 아이가 더욱 작아 보였다. 너무나 측은하고 가여운 마음에 눈물이 핑 돌았다. 얼른 아이를 끌어안고 안방에 들어가 눕혔다. 부질없이 분노한 것이 너무 부끄러워 쥐구멍이라도 찾고 싶었다.

온전한 진리를 받아들이면 거짓과 위선은 자연히 사라지게 된다. 이성적 판단과 감성적 배려도 중요하지만, 체험적으로 쌓은 신뢰가 뒷받침되어야 비로소 이웃을 사랑할 수 있다. 성인들은 총애를 받으려고 애를 쓰거나 아첨하지 않았다. 우리는 성령이 이끄는 성심에 따라 작은 성자로 살아야 한다.

"어버이는 자식의 영광이요, 자식은 늙은이의 면류관이다."(잠언 17:6)

고모

"이제는 나를 나오미라 부르지 말고 마라[33]라 불러 주시오!"
룻기 1장 20절에 나온다. 나오미가 고향 베들레헴에 돌아와 이웃에게 한 말이다. '나오미'는 즐거움을, '마라'는 괴로움을 뜻한다. 고향을 떠났다가 기쁨을 누리기는커녕, 오히려 슬픔만 맛보고 돌아왔다는 말이다. 그녀는 잠시 기근을 피하여 남편과 함께 두 아들을 데리고 모압 땅으로 갔다. 거기서 10년쯤 살다가 남편과 두 아들이 죽었다. 며느리 룻만 데리고 고부가 쓸쓸히 귀향했다.

2002년 아버지는 사촌누이가 살고 있는 청송으로 귀향했다. 어머니가 말했다.

"시골에 가서 어떻게 살아? 가려면 당신이나 가소!"

---

[33] '쓴물'이라는 뜻으로 이스라엘 백성이 붙인 지명이다(출애굽기 15:23).

그때 어머니는 서울에 살면서 봉제공장에 다녔다. 나중에 알고 보니 먹고사는 문제보다 더 큰 걱정이 있었다.

"애들이 집에 둘이나 있는데 누가 밥해 주고 빨래해 주나?"

그리고 얼마 후 막내가 결혼하여 신혼살림을 차렸다. 그때 어머니는 아버지가 있는 시골로 내려가고, 나는 1년 만에 다시 홀로서기를 시작했다. 파란 많은 월급쟁이 땜빵 인생을 정리하고, 주님의 정의와 자유를 찾아 조선 팔도를 누비고 다녔다.

하지만 그 어디에도 그런 호사스러운 사치는 없었다. 내 영혼의 노스텔지어nostalgia[34] 손수건이랄까? 고달픈 인생길이 나의 동반자였다.

청송에 살고 있는 아버지의 사촌 누이는 중조부의 외동딸로 아버지와 나이는 같았으나 생일이 조금 늦었다. 아버지는 나이 많은 매제와 서로 하대하며 다정하게 지냈으나 그가 갑자기 쓰러져 일어나지 못했다. 몇 년 후 그의 두 아들마저 연달아 세상을 떠났다. 고모는 교회 집사였으나 크게 낙심하여 예배에 참석하지 않았다. 어머니가 위로하며 설득했으나 그 위로마저 받기를 거절했다.

"내가 무슨 낯으로 교회에 나갈 수 있겠소?"

---

[34] '귀향'을 뜻하는 그리스어 nostos와 '고통'을 뜻하는 algos의 합성어로 고향을 그리워하는 '향수'를 말한다.

결국은 그 딸이 와서 자기 집으로 모시고 갔다. 아버지도 실의에 빠져 교회를 외면하고 실비식당을 찾았다. 그러다가 길에서 넘어져 1년간 병원 신세를 지고, 결국은 요양병원을 거쳐 요양원에 들어가 2023년 돌아가셨다. 이제 어머니만 청송에 홀로 남았다. 귀촌 후 20년의 세월이 그렇게 후딱 지나갔다.

얼마 전 세상을 떠난 이웃집 할머니 성도가 들려준 이야기다. 조카며느리가 해산했다는 소식을 듣고 갔더니 낳은 아이가 없었다. 아무리 물어도 대답하지 않고 슬피 울고만 있었다. 여기저기 찾아보니 보자기에 돌돌 말아 골방에 처박아 두었다. 애를 키울 자신이 없어 죽이려고 한 것이다. 그 남편은 노름에 빠져 집을 나간 지 20일이 넘었고, 땔감은 없어 방은 냉골이었다. 미역국은커녕 쌀도 없었다. 우선 집 주변에서 나뭇가지를 주섬주섬 주워다가 군불을 때고, 집에서 쌀을 조금 가져다가 죽을 끓여 주었다. 그리고 잘 타일러 아기를 살렸다.

1960년대 당시 그 할머니도 그와 같은 일이 있었다고 한다. 남편은 어디서 무엇을 하는지 통 소식이 없고, 한겨울 냉방에서 혼자 막둥이를 낳았다. 땔 나무는 없고 날은 추워서 도저히 키울 자신이 없었다. 아기 목을 졸라 죽이려고 손을 뻗쳤다.

"그때? 참, 세상에! 아이가 고추를 바짝 세우고 하늘 높이

오줌을 쭉쭉 쌌어! 그 모습을 보고 하나님이 나에게 벌을 주실 것 같아 차마 죽일 수 없었어!"

그리고 50여 년이 지나서 얼마 전, 그 할머니의 막내아들 내외가 음료수를 사 들고 우리 교회를 방문했다.

"저희 어머니를 잘 섬겨 주신다고 들었습니다. 정말 감사합니다!"

"천만에요, 하나님께서 방 선생님의 가정을 잘 지켜 주셨습니다!"

어찌 보면 사람의 목숨이 파리 목숨과 다르지 않고, 자연의 한 조각처럼 느껴지기도 한다. 하지만 실상은 그렇지 않다. 주님을 믿는 사람은 죽어도 살고, 살아서 믿는 사람은 영원히 죽지 않는다. 주님은 무덤에서 잠자던 나사로를 4일 만에 가서 깨워 주셨다. 우리는 하루가 천년 같고 천년이 하루 같은 곳에서 잠시 자다가 다시 일어날 것이다.

> "그러므로 우리는 살아도 주를 위해 살고, 죽어도 주를 위해 죽습니다."(로마서 14:8)

어? 누구야!

"너 자신을 알라!"

고대 그리스의 유명한 격언이다. 이것이 '나는 누구이며 어디서 와서 어디로 가는가?'라는 존재론적 명제라면, '나는 하나님의 자녀로서 그의 품에서 나와 그의 품으로 다시 돌아간다.'라고 보면 된다. 그리고 '나는 왜 어떻게 살아야 하는가?'라는 목적론적 주제라면, '나는 순례자로서 하나님의 영광을 드러내려고 산다.'라고 보면 한다.

나는 아버지의 몸속에서 정자세포로 존재하고 있었다. 3억의 정모세포 형제들과 정소에서 생성되고, 정낭으로 옮겨져 60일가량 성장하여 미생물이 되었다. 크기는 0.005밀리미터, 수명은 1일에서 길게는 3일 정도로 올챙이 모양의 형체도 가지게 되었다.

그때 창조주의 섭리에 따라 질풍노도의 시기가 도래했다. 아버지의 전립선과 요도를 거쳐 어머니의 몸속에 나가떨어지며 자궁을 향해 질주했다. 나팔관이라는 갈림길이 보였으나 불가항력으로 그냥 빨려 들어갔다. 반은 좌로, 반은 우로 갈라지게 되었다. 좌로 들어간 형제들은 빛도 보지 못하고 그대로 죽었다. 다행히 나는 우측 통로로 밀려들어 갔다.

나의 긴 꼬리로 회전력을 최대한 발휘하고, 원뿔형 머리를 나선형으로 뱅글뱅글 돌리며 사력을 다해 질주했다. 기나긴 난관을 거쳐 이윽고 난소의 난자에 도착했다. 18센티미터의 거리를 내리 달려 두 시간이 걸렸다. 3억 마리의 경쟁자를 다 물리치고 1등으로 당당히 골인했다.

그리고 일사 각오로 마지막 힘을 다해 유전자 머리를 난자의 막에 처박았다. 선체의 효소는 녹아져 내렸으나 염색체의 핵은 안으로 파고 들어갔다. 편모의 꼬리가 밖에 떨어져 나뒹굴었다. 그렇게 생사가 걸린 우주적 도킹에 성공했다.

그 순간 난자의 표면은 난공불락의 차단막으로 덮여 버렸다. 밖에 남은 형제들이 슬피 울며 애원했으나 더 이상 아무도 들어갈 수 없었다. 그들이 난관에서 노쇠하여 죽을 때, 나도 어머니의 자궁벽에 매달려 죽기를 기다렸다.

"엘리 엘리 레마 사박다니!"[35]

그때 새로운 생명체가 부어졌다. 3일 살이 정자세포는 죽고, 300일 살이 수중 생물로 다시 태어났다. 주님의 말씀이 생각났다.

> "나는 부활이요, 생명이다. 나를 믿는 사람은 죽어도 살고, 살아서 믿는 사람은 영원히 죽지 않을 것이다."(요한복음 11:25)

---

[35] "나의 하나님, 나의 하나님! 어찌하여 나를 버리셨나이까?"(마태복음 27:46)

이후 나는 어머니의 자궁에 착상하여 변화에 변화를 거듭하며 약 300일간 안전하게 성장했다. 그러던 어느 날 내 몸이 천 길 낭떠러지 아래로 떨어지는 느낌을 받았다. 눈을 꼭 감고 온몸을 한껏 오므리며 힘을 주었다. 어쩌면 세상 빛을 보지 못하고 죽을 수도 있었다. 죽기 아니면 살기로 버티며 창조주께 운명을 맡겼다. 순간 피투성이 몸으로 낯선 광야에 나가떨어졌다.

아, 그러고 보니 그때부터 나는 고달픈 순례자의 삶이 시작되었다. 탯줄이 끊겨 입으로 무엇을 먹어야 했고, 코로 숨을 쉬어야 했으며, 항문으로 배설해야 하는 성가심이 쭉 이어졌다. 쉬기 위해 잠도 자고, 살기 위해 돈도 벌고, 즐기기 위해 깡도 부리다가 종족 보존의 책임과 의무도 수행했다. 피비린내 나는 무한경쟁 사회 속에서, 부귀영화와 공명을 쫓아가라는 사탄의 달콤한 유혹에 날마다 죽기 아니면 살기로 버틸 수밖에 없었다.

이 모든 것들이 창조주의 섭리하에 통제되었다. 혼돈하고 공허한 흑암의 공간에서 3일 살이 정자세포로 지어진 것도, 3억 마리의 경쟁자를 물리치고 300일 살이 수중 생물로 거듭난 것도, 모태를 벗어나 3만 일 살이 지상 동물로 세상에 던져진 것도, 그리스도 안에서 영생을 누리게 하려는 하나님의 경륜 안에 있었다. 그래서 사도 바울이 말했다.

"여러분은 어찌하여 하나님께서 죽은 자들을 살리신 다는 것을 믿지 못할 일로 여기십니까?"(사도행전 26:8)

독일의 마르틴 하이데거Martin Heidegger, 1889~1976[36]는 우리를 "피투성이 상태로 세상에 던져진 존재"라고 했다. 사실 우리는 날마다 던져짐을 당하고 있다. 다니엘은 사자 굴에 던져졌고, 그 친구들은 불가마에 던져졌고, 요나는 바다에 던져졌고, 나는 열 번 넘게 지옥 입구까지 던져졌다.

"인생은 한 번이고 연습은 없다. 그 잣대는 예수 그리스도 안에 있다."

미국의 존 파이퍼John Stephen Piper, 1946~ 목사의 생활신조다. 그는 예수 믿고 부자 된다는 번영신학의 사고를 배척한다. 우리는 지구촌 순례자로서 단 한 번의 자원봉사 여행을 하고 다시 하나님의 나라로 돌아갈 뿐이다.

"내가 모태에서 빈손으로 태어났으니, 죽을 때에도 빈손으로 돌아갈 것입니다."(욥기 1:21)

---

[36] 20세기 최고의 실존주의 철학자다.

티테디오스

"티테디오스 베드로!"

"티테디오스 바나바와 바울!"

초대교회 성도들은 이름 앞에 '티테디오스Titedios'[37]를 붙였다. 그들은 죽음의 공포에서 벗어나 목숨도 아끼지 않았으며, 주변의 환경에도 의식하지 않았다. 집과 전답을 포기하고, 부모와 형제자매, 처와 자식까지 다 주께 맡겼다. 바나바와 바울은 주를 위해 자기 목숨을 내놓았으며, 베드로는 "너희 염려를 다 주께 맡기라"(베드로전서 5:7)라고 했다.

나는 1956년 3월 2일 저녁, 개밥 줄 즈음에 광야로 던져졌다. 수중 생물이 지상 동물로 바뀌는 극적 순간이었다. 시커먼 무쇠 가위로 탯줄이 잘리고 명주실로 배꼽이 묶일 때, 낯선 지구촌 여행이 시작되었다. 인상을 찡그리고 발버둥을 치며 앙앙 울어 댔지만 너무나 자연스러운 일이었다. 험난한 세상에서 살아남기 위한 하나의 방편이었다.

우리 집은 다듬지 않은 통나무로 지어진 초가삼간이었다. 산과 강을 바라보는 언덕바지에 남향으로 아담하게 지어졌다. 20세기 초 할아버지가 손수 산에서 나무를 베어다가 지

---

37 '절대 염려하지 않는 사람'이라는 뜻이다.

었다. 100평 정방형 대지 위에 10평가량의 오두막집이었다.

본채는 사랑방과 안방과 부엌이, 아래채는 부엌을 가운데 두고 방과 외양간이 있었다. 마당 동북쪽에 화장실, 서쪽에 아래채가 있었다. 동쪽에 배나무, 동남쪽 모퉁이에 감나무, 남쪽에 대추나무, 남서쪽 모서리에 다른 배나무가, 아래채 옆 북서쪽에 작은 텃밭이, 북쪽에 앵두나무, 북동쪽에 고욤나무가 있었다. 화장실 뒤편 자투리땅에는 돼지감자가 심겨 있었다.

걸음마를 막 시작하고 아직 손놀림이 자유롭지 못할 때, 감나무 밑에서 엉금엉금 기어다니며 놀다가 쉴 새 없이 떨어지는 감꽃을 주워 먹었다. 생애 첫 외식이었다. 어렴풋하나마 자연을 다스리는 초월자의 손길을 느낄 수 있었다.

달콤한 외식의 재미를 본 그때부터 스스로 먹거리를 찾아다니기 시작했다. 처마에 걸쳐 놓은 갈대발 속으로 기어들어가 메주콩 조각도 뜯어먹고, 길가에 다소곳이 피어난 제비꽃 열매도 까서 먹고, 울타리 밑에서 수줍게 자라난 딸기도 따서 먹었다.

아이들과 떼를 지어 다니며 밀과 보리 이삭도 훑어 먹고, 목화밭에 들어가 열매를 따 먹다가 주인에게 들켜 쫓겨난 적도 있다. 가시덤불 속에서 찔레나무 줄기도 벗겨 먹고, 뒷동산에 올라가 진달래꽃도 따 먹었다. 그와 비슷하게 생긴 철쭉꽃을 먹고 배가 아프기도 했다. 칡뿌리도 캐 먹고, 송구 나무도 벗겨 먹었다. 이름 모를 나무버섯과 풀뿌리도 누군가 먼저 먹기 시작하면 다짜고짜 다 같이 따라 먹었다.

설익어 시큼시큼한 돌배와 개복숭아도 마다하지 않았다. 짝짓기 하는 잠자리도 잡아서 구워 먹고, 흰개미 집을 파헤쳐 핥아먹고, 굼벵이와 매미도 불에 구워 먹었다. 신작로 산기슭에 올라가 구덩이 속의 찰흙도 파먹었다. 개구리와 뱀도 잡아 구워 먹는 아이들이 있었으나 나는 그것만은 차마 먹지 못하고 개구리 뒷다리만 발겨 먹었다.

"믿음의 시작은 의심의 끝이요, 의심의 시작은 믿음의 끝이다!"

조지 뮐러George Müller, 1805~1898[38] 목사의 말이다. 그는 독일인으로 영국에서 70년 살았다. 1898년 93세를 일기로 주님의 품에 안길 때까지, 66년 동안 1만 명 이상의 고아를 돌보며 5만 번 이상의 기도를 응답받았다. 그도 한때는 사회적 문제아요, 비행 청소년이었다. 그러나 기독교 역사상 가장 많은 기도를 응답받은 믿음의 사람이 되었다.

기도가 만능은 아니지만, 자신에게 맡겨진 임무를 수행하고 주어진 과제를 해결함으로써 하나님의 살아계심과 역사하심을 드러낸다. 기도는 마지막 수단이 아니라 모든 일의 기본이요, 모든 것의 시작이다. 그래서 바울은 "항상 기뻐하며 쉬지 말고 기도하라"(데살로니가전서 5:16~17)라고 했다.

---

38 고아들의 아버지로 기독교 복음주의자였다.

"아무것도 염려하지 말고, 다만 모든 일에 기도와 간구로 너희 구할 것을 감사함으로 하나님께 아뢰라."(빌립보서 4:6)

사랑의 내음

'이 세상에서 가장 안전한 장소는 하나님의 뜻 안에 있습니다.'

2019년 지구 순례를 마치고 천국 여행을 시작한 워렌 위어스비Warren Wiersbe 목사의 말이다. 그는 성경 강해 150권의 저자이자 신학자로서 가장 존경받는 목사 중의 목사로 불린다. 초대교회의 아볼로처럼 성경으로 성경을 증언하고 반대자를 논박하며 교회를 부흥시켰다. 그가 빛의 이중성을 보았다.

"사랑 없는 진실은 냉혹하고 진실 없는 사랑은 위선이다."

어느 이른 봄, 울타리 아래 살짝 언 눈꽃 사이로 다소곳이 솟아 나온 수선화 싹을 보았다. 너무 신기했다. 처음으로 여자애와 소꿉놀이도 했다. 기분이 좀 이상하고 야릇했다. 제비꽃 열매는 이밥이고, 옹기 조각에 갈아놓은 풀잎은 반찬이었다. 개나리 순으로 국수를 삼고, 그 잎으로 나물을 버무렸다. 갓 부화한 노란 병아리가 얼마나 앙증스러운지 넋 놓고 바라보았다.

암탉이 스무 마리 새끼를 다 품어 길렀다. 어머니는 개와 닭은 물론, 돼지까지 식구로 여기며 돌봐 주었다. 그들도 주인의 사랑을 받는다는 사실을 알고 잘 따랐다. 그 모습을 보고, 청년 때 3개월간 영주 양계장에서 실습을 받았다. 그리고 집 뒤뜰에 통나무로 계사를 지어 닭을 키웠다. 하지만 얼마 가지 않았다. 사랑 없는 사육이 나태를 잉태하고 사욕을 낳은바, 주님의 법칙을 거슬렀기 때문이다.

어느 무더운 여름, 개울가에서 땅 짚고 헤엄치며 물장구쳤다. 모래사장에 누워 일광욕을 즐겼다. 남자애와 여자애가 다 같이 벗었으나 부끄럼을 타지 않았다. 어린 아담과 이브였다. 밤이면 반딧불이 잡으려고 어둠 속을 뛰어다녔다. 학교 운동장에서 시소를 타면서 마냥 즐거워했다. 그때 하늘 높이 솟은 나뭇가지에 대롱대롱 매달린 탱자를 보고 따고 싶었으나 방법이 없었다.

고즈넉한 가을이 무르익을 때, 푸른 하늘을 여행하는 흰 구름의 종착지를 찾다가 천국을 사모했다. 새까맣게 무리 지어 날아다니는 하루살이와 잠자리의 거처가 궁금했다. 알알이 붉게 익어 한껏 고개 숙인 수수깡, 새까맣게 여물어가는 아주까리, 누렇게 늙은 담장 위의 호박과 지붕 위의 고지박, 깡마른 옥수숫대 사이를 스산하게 스치는 선들바람까지, 그 모든 것이 내 마음을 일렁거리게 했다.

메뚜기와 방아깨비 잡으려고 황금 들판을 뛰어다닌 기억도 아련하다. 사랑방 추녀와 변소 사이에 왕거미가 줄을 치고 웅크려 있었다. 그날 해 질 무렵, 그 시커멓고 징그러운 놈이 작고 예쁜 새를 잡아먹었다. 얼마간 그 거미가 무서워 변소에 가지 못했다.

어느 겨울, 함박눈이 소복이 쌓인 아침에 들뜬 마음으로 일어나 눈사람을 만들어 보았다. 운동장에서 눈싸움도 하고, 고드름을 따서 칼싸움도 했다. 가장 긴 고드름을 따기 위해 막대기를 들고 이집 저집 쫓아다녔다. 저수지에서 썰매도 타고, 강에서 얼음지치기도 했다.

아이들은 각자 자기 썰매를 만들어 탔다. 유달리 손재주가 좋은 아이가 있었다. 더러는 그에게 부탁하기도 했다. 굵은 철사와 대못, 각목과 판자때기를 구하러 동네방네 쫓아다녔다. 새총을 만들어 참새도 잡았으나 나만 잡지 못했다.

우리 집에서 2킬로미터쯤 떨어진 아랫마을에 판잣집 예배당이 있었다. 무슨 영화를 한다고 해서 아이들과 함께 구경을 갔다. 예수님이 잔칫집에서 물로 포도주를 만들고 병자를 고쳐 주었다. 그리고 지팡이를 잡고 양 떼와 함께 광야로 걸어갔다. 말로 설명하기 어려운 카리스마 위엄이 풍겼으며, 이상

야릇한 초월적 사랑의 내음이 내 마음속을 파고들었다.

어느 성탄절 전날, 교회 청년들이 마을을 돌아다니며 선물을 준다고 홍보했다. 그날 밤 아이들과 함께 처음으로 교회에 갔다. 의미심장한 노래를 배웠다. 나중에 알고 보니 최자실 1915~1989[39] 권사가 지은 노래였다.

> 소와 말과 개와 같은 짐승들도
> 제 집과 제 주인을 알건 마는
> 우리 인생 어찌하여 주를 모르나
> 나오라 주 앞으로 천당의 영생 복
> 너에게 주리니 예수 믿으소

"내 안에 머물러 있어라. 나도 너희 안에 머물러 있겠다."(요한복음 15:4)

---

[39] 황해도 출생. 처음에는 오순절 교회 선교사로 활동하다가 목사가 되었으며, 대조동 천막촌에서 조용기 목사와 함께 순복음교회를 개척했다.

아모르 파티

산다는 게 다 그런 거지
누구나 빈손으로 와
소설 같은 한 편의 얘기들을
세상에 뿌리며 살지
자신에게 실망하지 마
모든 걸 잘할 순 없어
오늘보다 더 나은 내일이면 돼
인생은 지금이야
아모르 파티…

 2013년 김연자가 부른 노래 「아모르 파티」[40]의 첫 가사다. 이는 독일 철학자, 니체Friedrich Wilhelm Nietzsche, 1844~1900[41]의 운명애運命愛를 드러낸다. 불가측 고난이나 시련에도 낙심하지 말고 끝까지 견디며 잘 대응하라는 말이다. 그래서 기자는 "고난을 받는 것이 나에게 유익하다"(시편 119:71)라고 고백했다.
 내가 예닐곱 살쯤 되었을 때, 아버지가 산전을 개간하려고

---
40 라틴어 '사랑'(아모르)과 '운명'(파티)의 합성어로 '운명을 사랑하라'는 말이다.
41 19세기 최고의 철학자로 불린다.

먼 친척의 산에 불을 놓았다. 산주 할아버지가 멀리서 연기를 보고 올라왔다. 크게 소리를 지르며 나무랄까 싶어 조마조마하게 지켜보았다. 그런데 아버지가 뭐라고 얘기하자 고개만 몇 번 끄덕인 후 그냥 내려갔다. 그의 모습에서 선비 정신을 보았다.

아버지가 그 산전에 메밀을 뿌렸다. 메밀꽃이 하얗게 피어 눈꽃 바람처럼 일렁거렸다. 아버지가 일할 때 나는 송구를 꺾으려고 나무 위로 올라갔다. 낫으로 나뭇가지를 찍다가 왼손 검지를 찍었다. 뼈가 허옇게 드러났다. 처음으로 소리 내어 크게 울었다. 아버지가 송구 껍질을 벗겨 손가락에 탱탱 감아 주었다. 이후 상처는 나았으나 1센티미터가량의 허연 흉터는 평생을 함께했다. 사춘기 시절에는 기관열등감으로 다가와 누가 볼 새라 늘 조바심을 피웠다.

나는 허벅지에 부스럼이 자주 생겨 창피했다. 이웃집 아저씨가 페니실린 주사를 한 방 놓아 주었다. 부스럼이 거짓말처럼 말끔히 사라졌다. 그는 의사가 아니라 순박한 농부였다. 또 유달리 옻이 잘 올랐다. 옆집 언덕에 큰 옻나무가 있었다. 나도 모르게 옻이 오르기 일쑤였다. 초등학교 2학년 때 허벅지에 옻이 올라 걸을 수 없었다. 어머니의 등에 업혀 학교에 갔다가 개꼴만 보이고 돌아왔다.

초등학교 다니며 조퇴는 몇 번 했으나 결석은 하지 않아 6년 개근상을 받았다. 우등상은 기본이고 개근상은 짝꿍이었다. 나는 IQ 155짜리 수재라고 칭찬을 받았다. 하지만 무심한 세월 앞에 양 무릎을 다 꿇고 바보들의 행진만 계속했다.

1962년 조부가 돌아가시고 우리 집은 갑자기 가세가 기울었다. 증조부와 조부 삼 형제의 유산을 아버지가 모두 날려버렸기 때문이다. 그 땅을 산 사람이 새집을 지어 이사했다. 그는 외조부와 같은 밀양 박씨로 어머니가 오빠라고 불렀다.

그러나 그 이후 우리 집과 사이가 별로 좋지 않았다. 그가 술만 마시면 돌멩이를 들고 와서 아버지를 죽이겠다고 윽박질렀다고 한다. 할머니가 그 일을 오랫동안 기억하며 두세 번 정도 되뇌었다. 그래서 나는 처음이자 마지막으로 그 아들을 주먹으로 쳐서 코피를 터뜨렸다. 얼마 후 그의 가족은 가산을 정리하여 서울로 이사했다.

할머니가 학교 앞 신작로에 점방을 차렸다. 마을에서 유일한 가게로 판잣집이었다. 그때 '김신조 사건'[42]이 발생해 외딴곳에 살던 사람들이 소개를 당해 이사를 왔다. 주민이 늘어남과 동시에 가게가 다섯 개로 불어났다. 이후 장사가 신통치 않아 세 개가 문을 닫았다.

"운명이 있다면 자유가 없고, 자유가 있다면 운명이 없다."

유대인 임레 케르테스 Imre Kertesz, 1929~2016가 1975년 출간한 저서 『운명』에서 한 말이다. 14세 때 아우슈비츠 포로수용

---

[42] 1968년 1월 21일, 북한군 31명이 청와대를 기습하여 대통령을 암살하려고 시도한 사건이다.

소로 끌려갔으나 1년 만에 종전으로 풀려났다. 직접 겪은 홀로코스트를 배경으로 13년간 집필해 운명을 바꾼 작가가 되었으며, 2002년 노벨 문학상을 받았다. 그는 운명의 씨앗을 뿌려 자유의 열매를 거둔 주인공이 되었다.

"그러므로 내일 일을 염려하지 마라. 내일 일은 내일이 염려할 것이요, 한 날의 괴로움은 그날로 족하니라."(마태복음 6:34)

다이모니아

"정신적 가치를 모르거나 이기적인 사람은 절대 행복할 수 없습니다."

철학자 김형석1920~ 교수가 『백 년을 살아보니』에서 말했다.
그리스어 '다이모니아Daimonia'는 정신적 행복을 의미한다. 창조주의 심비우스Syimbious[43] 정신에서 벗어난 호모 사피엔

---

43 공생의 지혜를 활용하여 더불어 살아가는 사람이 성공한다는 말이다.

스Homo Sapiens의 이기주의로는 절대 성공하지 못한다. 그래서 바울이 보이는 것은 잠깐이요, 보이지 않는 것은 영원하다고 했다.

1963년, 초등학생이 되었다. 우리 마을에 학교가 있었다. 12킬로미터 넘는 산길을 통학한 아이들도 있었다. 숱한 재를 넘고 개울을 건넜다. 아이들의 나이가 많을 수밖에 없었다. 날씨가 궂으면 마을 단위로 몽땅 결석했다.

우리 반은 1950년생부터 1957년생까지 있었다. 큰 아이들은 첩첩산중이거나 멀리 떨어진 외딴곳에 살았다. 범띠와 토끼띠가 하나씩, 용띠와 뱀띠가 너덧, 말띠가 십여 명쯤 되었다. 입학 적령기는 원숭이띠였으나 양띠가 더 많았고, 닭띠 꼬맹이도 일고여덟 명쯤 있었다. 그들은 누나나 고모, 삼촌 등의 보호를 받으며 학교에 다녔다.

가장 나이 많은 범띠 친구는 3학년 때 부잣집 머슴 겸 데릴사위로 장가를 갔고, 토끼띠 친구는 4학년 때, 용띠 친구는 졸업을 앞두고 각각 시집을 갔다. 우리는 초등학생 때 신랑 신부 우인이 되는 진기록을 세웠다.

그 외에 먹고살기 위해 학교를 그만둔 아이들도 많았다. 남자 친구는 부잣집 머슴으로, 여자 친구는 도회지 식모로 갔다. 그 기회도 흔치 않아 알음알음으로 자리만 나오면 가족과 고향과 학교를 버리고 떠났다.

1960년대는 뭐니 뭐니 해도 먹고 사는 호구지책이 가장 큰 문제였다. 1945년 해방 후 3년간 이어진 가뭄, 1950년 전쟁과 그 후유증, 1959년 사라 태풍 등의 영향으로 기근이 심각했다. 3·15부정선거, 4·19혁명, 5·16쿠데타로 이어진 정국도 불안했다. 그래서 당시에는 부잣집 머슴으로 가면 밥은 굶지 않는다는 인식이 널리 퍼져 있었고, 도회지 식모로 가면 고기반찬에 이밥 먹고 산다는 말에 솔깃하지 않을 부모는 없었다.

어떤 아이들은 일찌감치 공장에 들어가 돈을 벌어 집으로 보내기도 했다. 어느 집에 효자 났고, 누구 집에 효녀 났다는 말을 듣고 다들 부러워했다. 그렇게 우리 반은 100명 넘게 입학하여 40명이 중도에 그만두고 60여 명이 졸업했다. 베이비붐[44] 세대의 비애이자 특별한 시대의 자유였다.

우리 학교는 1학년부터 6학년까지 각 한 반으로 교실마다 콩나물시루였다. 건물은 판잣집으로 시커먼 폐유가 칠해져 있었다. 한국전쟁 때 폭격을 맞아 곳곳에 구멍이 뚫려 있었고, 불에 타 그슬린 자국이 많았다. 바람이 불면 건물이 통째로 삐거덕거리고 흔들렸으며, 사방에 버팀목을 괴어놓았다.

아이들은 책걸상 없이 차디찬 마룻바닥에 쪼그리고 앉아 공부했다. 창문과 마룻바닥에서 황소바람이 들어왔다. 매일 당번 두 명이 집에서 솔가리와 장작을 가져와 난로를 피우고 그 위에 도시락을 올려놓았다. 매주 하루는 전교생이 산에

---

[44] 1955년에서 1963년까지 아이들이 많이 태어나 인구가 증가한 상태를 말한다.

올라가 나무도 했다. 학교 뒤뜰 토끼장 앞에서 둥치를 패던 기억이 아련하다. 우리는 6학년 때 새로 지은 슬래브 건물에 들어가 공부했다.

'매미 같은 미물도 때가 되면 허물을 벗기 마련이다.'

검사들이 권위주의에 사로잡혀 개혁에 반발하며 저항하는 모습을 보이자 뜻있는 종교인들이 나서 권고한 말이다. 무소불위 검찰의 권력은 일본군 헌병대가 한민족을 압제하기 위한 수단이었다고 한다. 이제 그 비민주적인 검찰의 수사와 기소 독점의 특권을 내려놓고 구시대의 허물을 벗을 때도 되었건만, 불신에 빠진 이기적 집단이 독과점의 향수를 포기하기란 그리 쉽지 않아 보인다.

판사나 의사 같은 사회적 엘리트층도 그렇고, 최고의 도덕성이 요구되는 목사와 사제, 승려 같은 종교인들도 예외가 아닌 듯하다. 하지만 가시 돋친 채찍에다 뒷발질해 봐야 자기 발만 아플 뿐이다(사도행전 26:14).

> "자기 육체를 위하여 심는 자는 육체로부터 썩어질 것을 거두고, 성령을 위하여 심는 자는 성령으로부터 영생을 거둘 것입니다."(갈라디아서 6:8)

카르페 디엠

호라티우스Quintus Horatius Flaccus, B.C. 65~8[45]의 시 「오데스 Odes」에 나오는 구절로 '현재를 잡아라'라는 말이다. 미래도 바라보고 과거도 기억해야 하지만 오늘 현재가 더 소중하다는 뜻이다. 이은교회 구미정 목사가 성서학당 강의를 마치며 말했다.

"일과 쉼과 놀이는 항상 있을 것인데 그중의 제일은 놀이입니다."

일을 놀이 삼아 즐겁게 하는 사람이 행복하다. 그는 천복을 받았다. 물질의 축적을 인생의 목표로 삼으면 무엇을 하든지 불행하다. 그는 천벌을 받았다. 인간의 욕심은 끝이 없다. 그래서 '무소유'의 법정 스님이 인간의 목표는 풍부하게 소유하는 게 아니라 풍성하게 사는 것이라고 했다. 『어린 왕자』의 생텍쥐페리도 단순하게 사는 것이 가장 좋으며, 진정한 재산은 나누는 것이라고 했다. 우리는 이웃을 섬기며 나누는 일을 맡았다.

나는 어릴 때부터 성실히 살려고 노력했다. 학기가 바뀌고 새 책을 받으면 으레 지난 달력을 뜯어 책가위를 씌웠다. 동

---

45 고대 로마 말기의 대표적인 시인이다.

생에게 깨끗이 물려주기 위해서였다. 때로는 나도 헌책을 받았으나 그것도 표지를 싸서 사용했다.

동생은 나보다 한 학년 아래로 책은 물론 옷도 물려받았다. 가끔 미안한 마음이 들기도 했으나 항상 웃으며 받았고, 그것이 당연하다는 듯이 아무 불만도 없었다. 나는 무상급식자로 선정되어 우방국이 원조한 식량도 배급받았다. 거의 모든 애들이 어렵게 살았으나 그 양이 부족해 좀 더 어려운 아이들만 혜택을 입었다.

"너희들 가운데 정말 먹고 살기 어려운 아이가 있으면 말해라."

선생님이 물었을 때 한 아이가 나를 추천했다. 우리 집은 실제로 생활이 어려웠다. 농촌에 살면서 농사지을 땅이 없었다. 그 아이는 부잣집 아들로 새로 지은 큰 집에 살았다. 아이러니하게도 그 아이 어머니는 내 어머니의 꿈속에서 인삼을 빼앗고, 그 아버지는 중개인을 앞세워 내 아버지의 토지를 가로챈 사람이다.

처음에는 강냉이 가루를 한 바가지씩 주다가 나중에 직접 죽을 끓여 주었다. 점심시간이 되면 아이들이 줄을 길게 서서 받아먹었다. 어떤 아이는 재빨리 먹고 또 줄을 섰다가 꿀밤만 맞고 쫓겨났다. 하지만 환히 웃으며 활기차게 놀았다. 다들 배고픈 시절이라 애교로 봐주었다.

이후 딱딱한 가루우유를 조금씩 나눠 주다가 마지막으로

바싹 마른 빵을 주었다. 나는 그것도 집에 가져갔다. 언젠가 아이들이 야밤을 틈타 교실 창문으로 들어가 그 빵을 훔쳐 먹었다. 다음날 조마조마하게 지켜보았으나 선생님은 아무 말이 없었다.

어머니가 보따리장수를 시작했다. 옷가지, 생필품, 생선 장수 등 닥치는 대로 했다. 우리를 먹여 살리기 위한 방편이었다. 이웃 아주머니와 함께 이 마을 저 마을 돌아다니며 팔았다. 새벽에 물건을 잔뜩 이고 나가 저녁에 이것저것 많이 바꿔 돌아왔다. 그렇게 몇 년이 지나 동료가 허리 통증으로 자리에 누웠다. 어머니도 장사를 그만두었다. 그 부인은 한창나이에 꼬부랑 할머니가 되었다.

넷째 이모네 땅 다섯 마지기를 빌려 농사도 지었다. 추수한 수확물을 반으로 나누었다. 이모부는 외가가 있는 오지 마을에서 농사를 지었으나 여러모로 우리에게 배려를 아끼지 않았다. 곡식을 나눌 때도 항상 관대했다.

언젠가 어머니를 따라 그 밭에 일하러 갔다. 어머니가 따가운 햇살을 가리기 위해 머리에 수건을 쓰고 김을 맸다. 그 일을 돕고 싶었으나 아무리 봐도 조와 풀을 구분할 수 없었다. 길가에 앉아 막대기로 풀을 툭툭 치며 놀았다. 그때 옆 논에서 피를 뽑던 동네 할아버지가 사람의 해골을 주워 들고 강에다 휙 던지며 말했다.

"좋은 곳으로 가이소!"

어머니가 무엇이냐고 하자 한국전쟁 때 죽은 사람의 해골이 장마에 떠내려왔다고 했다.

"내가 궁핍해서가 아니라 나는 어떤 처지에서도 자족하는 법을 배웠습니다."(빌립보서 4:11)

아스케시스

그리스어 '아스케시스ἄσκησις'는 '자기 비움의 훈련'을 말한다. 인위적 문명을 버리고 자연적 생활로 돌아가라는 것이다. 알렉산더 대왕이 시노페의 디오게네스Diogenes, B.C. 412~323[46]를 찾아와 물었다.

"무엇을 원하십니까?"

"아무것도 필요치 않습니다. 햇빛만 가리지 말고 비켜나십시오."

그는 평생 옷 한 벌로 만족했다. 지팡이 하나에 배낭을 메

---

[46] 견유학파를 대표하는 철학자다.

고 다니며 통 속에서 살았다. 당시 견유학파는 떠돌이 설교자로서 고행과 금욕, 정직과 순결을 최고의 덕목으로 삼았다. 그래서 루소Jean Jacques Rousseau, 1712~1778[47]는 자연으로 돌아가라고 했으며, 바울은 신령한 것보다 자연적인 것이 먼저라고 했다.

내 아버지는 생업에 관심이 없었다. 중절모자를 쓰고 읍내에 자주 내려갔다. 당시 사람들은 정치를 즐기며 술과 노름을 좋아했다. 언젠가 우리 집에서도 어른들이 노름하며 밤을 지새웠다. 아버지도 끼어 있었다.

언젠가 나도 동네 아이들과 함께 놀이로 노름했다. 그런데 난생처음 16원의 빚을 졌다. 근심 걱정에 밤을 지새우며 궁리했다. 새벽에 도둑고양이처럼 살금살금 가게로 기어들어가 나무상자 속의 돈을 훔쳤다. 안개가 자욱하게 낀 이른 아침에 누가 볼 새라 단숨에 달려가 그 빚쟁이를 불러 노름빚을 갚았다. 그가 깜짝 놀라 입을 딱 벌리며 기뻐했다. 신작로로 이사한 1960년대 후반쯤으로 짐작된다. 그때부터 나는 재정적으로 망할 징조를 보였다. 사행성 사업으로 돈을 벌어 본 적이 없다.

강 건너 골마을에 체구가 작은 친구가 있었다. 가정 형편이 어려워 학교에 다니지 못하고 남의 집 머슴살이를 했다. 당시

---

47 프랑스에서 활동한 계몽주의 철학자다.

머슴은 1년 새경을 미리 정하고 주인집에서 먹고 자며 일했다. 농번기에는 농사일을, 농한기에는 땔나무를 했다. 체력에 따라 머슴의 대우는 천차만별이었다. 그는 애머슴으로 품삯이 없었다. 부잣집에서 밥이라도 얻어먹으라고 그의 아버지가 학교 대신 머슴으로 보냈다.

그는 어린 나이에 친구도 없었을 뿐만 아니라 다른 애들과 어울리지도 못했다. 오히려 놀림감이 되기 일쑤였다. 하지만 그는 아랑곳하지 않고 묵묵히 일했다. 누가 놀리면 부끄러워 잠시 얼굴만 붉힐 뿐이었다. 하지만 어딘가 모르게 수심이 가득 차 있었다.

그는 심한 우울증을 앓았다. 아무도 그 사정을 알아주지 못했다. 그냥 한 보따리 빠지는 애로만 치부했다. 나는 그에게 동정심이 갔다. 인자하게 생긴 내 겉모습을 보고 그도 뭔가 하소연하고 싶은 눈치였다. 하지만 나는 그에게 아무것도 해줄 수가 없었다. 그래서 더욱 안타까웠다.

봄비가 추적추적 내리는 어느 음산한 날이었다. 그가 개천가 판잣집 주막에서 어른들과 함께 막걸리를 마셨다. 머슴은 비가 오면 쉬었다. 나이는 어렸으나 술도 마시고 담배도 피웠다. 머슴의 특성상 마을에서 공식적으로 인정했다. 당시 새참은 막걸리였고, 하루에 한 갑씩 필터 없는 싸구려 담배도 주었다. 그 술기운에 머슴은 열심히 일했고, 쉴 때는 항상 담배를 피웠다.

날씨 탓일까? 그가 막걸리를 마시다가 갑자기 죽고 싶다며 밖으로 뛰쳐나갔다. 주인집에서 농약을 가져와 모두 보란 듯이 단숨에 마셔 버렸다. 냇둑 느티나무 아래서 온몸을 비틀며 고통스럽게 죽어 갔다. 사람들은 지켜보기만 했다.

그렇게 그는 10대 중반에 생을 마쳤다. 동료들이 거적때기로 시신을 둘둘 말아 개천가에 두었다. 2일인가 3일쯤 있다가 그의 아버지가 술을 잔뜩 마시고 취해서 왔다. 죽은 아들을 확인하고 그 자리에서 불태워 강에 뿌렸다. 인생이 너무 허무했다.

"인생은 인간으로 성숙하는 과정이다. 자신의 원천을 먼저 깨달아야 한다."

미국 심리학자 로저스Carl Ransom Rogers, 1902~1987[48]의 말이다. 우리는 창조주와의 인격적 만남이 필요하다. 오늘날 사람들은 자유분방의 함정에 빠져 오히려 자기를 죽이고 학대한다. 세례 요한은 황량한 들판에서 적대자를 만났고, 그리스도 예수는 메마른 광야에서 마귀를 만났다. 고행은 종교적 의식이 아니라 구원을 위한 십자가의 훈련이다.

"아비들아, 자녀를 노엽게 하지 말고 오직 주의 교양과 훈계로 양육하라."(에베소서 6:4)

---

[48] 인간성 심리학의 개척자다.

타르타로스

"인생의 풀무불 속으로 들어온 예수를 깊이 생각하라!"

미국의 팀 켈러Timothy Keller, 1950~2023[49] 목사가 쓴 『고통에 답하다』의 부제로, 원문은 "고난과 고통을 통해 주와 함께 걷는 것Walking with God through pain and suffering"이다. 인류의 역사는 고통과의 투쟁으로 이어졌다. 그에 따른 백신은 나오지 않았다. 영원히 풀리지 않는 수수께끼다.

고난이나 고통은 신자나 불신자, 개인이나 단체를 불문하고 찾아온다. 회피로 해소되지 않고 화해로 해결되지 않는다. 인생길의 동반자처럼 늘 따라다닌다. 때로는 반전의 기회가 되고 발전의 기틀이 되기도 한다.

1970년 1월 24일 정오, 공동묘지 건너 복합 계곡에서 끔찍한 차 사고가 일어났다. 현장에서 죽은 사람도 있고 크게 다친 사람도 있다. 겨울 방학이라 아이들이 산판에 나무하러 다녔다. 나무를 지고 내려오다가 무덤 벌에서 쉬었다. 원목을 운반하는 트럭이 덜커덩덜커덩 소리를 내면서 계곡을 따라 올라오고 있었다. '용기'라는 친구가 소리쳤다.

---

[49] 기독교 변증학자로 뉴욕 리디머장로교회 설립자다.

"제무시[50] 타러 가자!"

아이들이 우르르 몰려가 차 꽁무니에 매달렸다. 나는 그날따라 부질없는 기지를 발휘했다. 막상 차에 올라탄 아이는 나와 '정수'뿐이었다. 다른 아이들은 차를 타는 척하고 흉내만 내고 돌아갔다. 뭔가 된통 당한 기분이었다. 참으로 어리석었다.

'정수'가 차에서 뛰어내렸다. 나도 기회를 엿보았다. 그때 가파른 비탈길을 오르고 있었다. 천 길 낭떠러지처럼 아찔하게 느껴졌다. 순간 차가 덜컹덜컹 껄떡껄떡하더니 뒤로 미끄러졌다. 순간 프로이트Sigmund Freud, 1856~1939[51]의 무의식 세계로 들어갔다.

얼마의 시간이 지났을까? 몽롱한 상태에서 깨어났다. 내 몸이 천근만근처럼 느껴졌다. 물에 빠진 생쥐처럼 땀으로 흠뻑 젖어 있었다. 그렇게 축 늘어진 상태로 누군가의 등에 업혀 계곡을 내려가고 있었다.

오른쪽 다리가 찌릿찌릿했다. 언뜻 보니 시퍼렇게 멍이 들고 한껏 부풀어 오른 오른쪽 발이 얇은 껍질에 매달려 덜렁덜렁하고 있었다. 왼발도 이상한 느낌이 들어 보니 약지와 새끼발가락이 뭉개지고 없었다. 꿈인지 생시인지 몰라 아리송했

---

50 한국전쟁 때 미군이 사용한 GMC 트럭을 말한다.
51 오스트리아의 정신과 의사로 정신분석의 창시자다.

다. 힘을 다해 더듬더듬 물어보았다.

"아, 저, 씨…, 이게… 꿈…이죠?"

그가 숨을 헐떡이며 말했다.

"시끄럽다, 이놈아! 가만히 좀 있어!"

내가 어디서 와서 어디로 가고 있는지 정말 아련했다. 하지만 힘이 없어 더 이상 물어볼 수도, 생각할 수도 없었다. 순간 시원적 공허가 주변에 밀어닥쳤다. 마치 뿌연 안개 속을 정처 없이 헤매는 듯했다. 그냥 한 편의 가상 드라마로 받아들이고 싶었다.

'그래. 이건 꿈이야!'

그리고 타르타로스Τάρταρος[52]의 어두운 구덩이 속으로 한없이 빨려 들어갔다. 숨 쉬는 고통마저 사라지고 모든 것이 평온했다. 한두 차례 깜빡깜빡 피조물의 희미한 피사체가 아른거렸으나 극히 짧은 찰나의 시간이었다. 무엇이 출렁거림을 느끼고 가물가물한 실눈을 떠서 만신창이 내 몸을 보았으나 금방 시야에서 사라지고 말았다.

'오오, 아버지 하나님이시여! 어찌하여 저를 버리셨나이까?'

'아들아, 내가 함께하고 있다. 구덩이 속의 요셉을 생각해라. 잿더미 위의 욥을 기억해라. 사자 굴의 다니엘을 상기해라. 용광로 속의 사드락과 메삭과 아벳느고를 회상해라. 우물 안의

---

[52] '가장 깊은 지옥'을 의미하는 헬라어다.

예레미야를 회고해라. 이 모든 일들이 주님의 영광을 드러내는 씨줄과 날줄이 될 것이다. 너는 강함이 아니라 약함으로 구원을 얻는다.'

"여호와여, 제가 고통을 받고 있습니다. 저를 불쌍히 여겨 주십시오. 제가 근심으로 시력이 약해지고, 제 몸과 영혼도 활력을 잃었습니다."(시편 31:9)

카오스모스

"지구는 질서 없이 혼돈하고 형태 없이 공허했다. 흑암이 깊은 곳 위에 있고 하나님의 영은 수면에 감돌았다."

(창세기 1:2)

'카오스모스Chaosmos'는 '카오스Chaos'와 '코스모스Cosmos'의 합성어로 '혼돈 속의 질서'를 말한다. 시간도 없고 물질도 없고 공간도 없는 시원적 태초에, 모든 것이 마냥 텅 비어 있는 영원한 곳에 어둠만 가득했다.

그때 천상천하 유아독존의 이마고데이Imago Dei[53]가 나타났다. 그 재료는 하찮은 먼지에 불과했으나 창조주의 생명이 들어감으로써 살아 있는 존재가 되었다. 하지만 금단의 선악과 열매를 따 먹고 태초의 순수성을 상실했다. 영원한 생명의 본성은 속절없이 깨어지고 고통과 절망의 나락으로 떨어지고 말았다.

나의 미약한 생명이 다시 이 땅으로 돌아오게 되었다. 처참하게 망가진 육신이 썩은 통나무처럼 나뒹굴었다. 원자탄을 맞은 원숭이처럼 느껴졌다. 여기저기 사람들이 모여 웅성거렸다. 영양 읍내의 '권의원'이라는 작은 병원이었다. 희미한 눈길이 창틀을 넘어 밖으로 나갔다. 마음씨 착한 동네 아저씨가 슬픔에 잠겨 눈물을 훔치고 있었다. 이장이 시뻘겋게 상기된 얼굴로 다가와 그에게 물었다.

"어찌 됐어? 죽었어?"

"아이씨, 아직 모르니더!"

그가 울상을 지으며 말했다. 그때 병원 안에서 큰 소리가 들려왔다.

"글쎄, 안 된다니까! 빨리 안동 가! 시간 없어! 시발이[54] 불러!"

병원장의 다급한 목소리가 들렸다. 그는 아버지와 같은 나

---

53 하나님의 형상을 가진 생명체를 말한다.
54 전쟁 때 미군이 쓰던 지프차를 개조한 택시를 말한다.

이로 우리와 일가친척이었다. 안절부절못하는 소리, 땅이 꺼질 듯 한숨을 짓는 소리, 이것저것 묻고 답하는 소리가 시공을 초월하여 한꺼번에 뒤엉켜 들려왔다.

꿈결같이 희미한 상태에서, 나는 그 모든 것을 허공에서 듣고 지켜보았다. 뒤늦게 도착한 마을 사람들이 사정을 알아보려고 애쓰는 모습이며, 시발이 운전사가 짜증스럽게 경적을 울리며 무리를 빠져나가는 것도 보였다. 신비한 끌개에 끌려 나비처럼 훨훨 날아다니며 잠시 유체 이탈을 경험한 것이다.

그리고 얼마 후 나는 다시 지구로 돌아왔다. 덜커덩거리는 시발택시 뒤에 축 늘어진 내 몸이 보였다. 방금 죽은 시신처럼 느껴졌다. 아버지는 앞에 앉아 뒤로 비스듬히 혈액병을 들었고, 이웃집 아저씨는 그 옆에서 링거액을 들고 있었다.

그는 일찍이 나에게 페니실린 주사를 놓아준 고마운 분이었다. 당시 영양에서 안동까지는 비포장도로였고 두 시간 반쯤 걸렸다. 다들 마음이 급하여 어쩔 줄을 몰랐다. 운전기사도 울퉁불퉁하고 굴곡진 땅을 피해 이리저리 핸들을 급히 돌리며 크게 소리쳤다.

"저도 최선을 다하고 있다니까요!"

그가 짜증스러운 말투로 땀을 뻘뻘 흘리며 말했다. 바로 전에 누가 뭐라고 다그친 모양이었지만 나는 그 말은 들을 기회가 없었다. 그들은 내가 지상으로 다시 돌아온 사실을 눈치채지 못했고, 나는 기력이 없어 무슨 말을 할 수도, 손가락 하나도 꼼짝달싹할 수 없었다. 그냥 희미한 눈초리로 보이는 것만 바라보았다. 창가로 휙휙 지나가는 산천초목이 너무나 아름답게 보였다.

마지막으로 눈길을 돌려 다시 한번 그 산을 보고 싶었으나 눈알이 말을 듣지 않았다. 그 순간 시야가 또 사라졌다. 내 몸이 물기를 잔뜩 먹은 나무토막처럼 너무나 무겁고 어색했다. 사그라지는 등불처럼 온몸과 정신이 까물까물하다는 느낌도 들었다. 모든 것을 훌훌 털어버리고 그냥 푹 쉬고 싶다는 생각이 들었다.

그리고 얼마의 시간이 지났는지, 그간 무슨 일이 있었는지 모르지만, 무슨 충격을 받고 실눈을 떴으나 나도 모르게 스르르 감겼다. 꾀꼬리 같은 아가씨의 목소리가 익숙한 내 이름을 부르며, 그 고운 손으로 내 볼을 찰싹찰싹 때리는 듯했다. 무의식적으로 고개를 슬며시 돌리며 깊은 잠에 빠져들었다. 그때 간호사가 한마디 하고 자리를 떴다.

"살아났어요!"

> "죽음의 문이 너에게 나타났느냐? 사망의 그늘진 문을 네가 보았느냐?"(욥기 38:17)

이마고데이

"하나님은 원본이고 우리는 사본이다."

2021년 협약교회 세미나 때, NCMNNations Changer Movement and Network[55] 대표 홍성건 목사가 말했다. 우리는 하나님의 형상Imago Dei대로 지어져 만물을 지배하고 다스릴 권한을 부여받았다. 이제 그리스도 예수 안에서 그 모든 권세를 회복했다.

나의 생명이 사선을 넘나들며 모진 노정을 이어가다 한숨 푹 자고 일어나게 되었다. 다소 멍한 상태에서 으스스한 기분을 느끼며 눈을 떴다. 창밖으로 야산이 보였고, 비탈진 언덕에 참나무가 서 있었다. 모진 세월에 칼바람을 맞으며 끈질기게 살아온 모습이 역력했다. 앙상한 가지에 차가운 기운이 감돌았다. 깡말라 한껏 오그라든 이파리 하나가 힘겹게 매달려 바들바들 떨고 있었다.

'아, 바로 그 마지막 잎새로구나! 저 잎마저 떨어지면 나도 죽겠지.'

그 마음을 알기라도 하는 듯, 그 잎은 내가 퇴원하는 5월 초까지 떨어지지 않았다. 흡사 죽은 가지처럼 보이는 것이 그 잎

---

[55] 기독교 문명 개혁 운동과 그 협약교회를 말한다.

을 끝까지 붙잡아 주었다. 그사이 내 오른쪽 종아리는 바람과 함께 사라지고 없었다. 뭉떵한 다리에 둔탁한 널빤지를 대고 두툼한 붕대로 칭칭 감아 침상 끝에 매달아 놓았다. 왼쪽 작은 발가락 두 개도 상실하고 그 옆에 나란히 탱탱 묶여 있었다. 최전방 전투에서 구사일생으로 살아난 병사처럼 보였다.

나는 3개월 남짓 병원에서 호의호식하며 잘 먹고 지냈다. 아버지와 어머니가 맞교대로 수발했다. 양쪽 발을 다쳐 목발을 짚을 수도 없었다. 담임 선생님이 위로금을 모금해 찾아왔다. 미스 박이라 불리는 스물네 살 간호사가 나를 친절히 살펴주었다. 그 작은 천사의 정성에 감동하여 쓴 약도 마다치 않고 아픈 주사도 기꺼이 맞았다.

205호 병실에 평생 잊지 못할 환자가 있었다. 술을 마시고 다리에서 떨어져 엉덩이뼈와 종아리뼈가 부러진 40대 남자였다. 골반 속으로 쇠막대기를 박아 엉덩이는 나았으나 정강이는 절반이 푹 내려앉은 채 아물었다. 재수술을 받아야 했으나 그놈의 돈이 없었다. 병원에서 주는 밥만 먹고 하루하루 무료하게 지냈다. 자책감에 술을 마시고 신세타령도 했다. 어느 때는 목 놓아 구슬피 울기도 했다. 목발을 짚고 화장실만 겨우 다녔다. 더 이상 치료도 없었고 약도 주지 않았다. 항상 감시를 받으며 밖에 나갈 수도 없었다.

어느 날 그가 감쪽같이 사라졌다. 누군가의 도움을 받아 병원에서 탈출했다. 모두가 잠들은 한밤중에 화장실 창틀에 밧줄을 매고 달아났다. 다음 날 아침, 그의 침대에 종이쪽지 하나가 놓여 있었다.

"원장님, 제가 죽지 않고 살아있는 한 반드시 병원비를 갚겠습니다."

그 몸으로 어디에 가서 무엇을 하며 살아갈지 정말 걱정되었다. 하지만 나로서는 아무것도 할 수 없었다. 삶의 기로에 선 사람을 그렇게 버려두는 현실이 너무 안타까웠다. 천하보다 귀하다는 이마고데이 사람이 무슨 의미가 있는가? 돈 때문에 다들 돌아서 돌아가는 세상이 너무 야속했다. 그때부터 마음속에 깊이 다짐했다.

'그래, 내가 살아 있는 한 무엇인가 꼭 하고 말 것이야. 돈 없는 사람도 치료는 받아야 한다. 이는 천부인권이다. 국가나 교회가 그 책임을 져야 한다.'

그러나 현실은 냉혹하고 비정했다. 이미 망조가 든 놈이 무슨 수로 그런 큰일을 하겠는가마는, 마을마다 전담 의사를 두고 모든 병자를 돌보고 싶었다. 그런데 하나님의 뜻은 나의 원대로가 아니라 하나님의 계획에 따라 착착 진행되고 있었다(2025년 현재, 기초생활수급자 등의 병원비와 약값 등은 정부가 지원한다).

"메멘토 모리Memento mori[56], 메멘토 모리…."

---

56 라틴어로 '죽음을 기억하라'는 말이다.

로마의 노예들이 원정에서 승리하고 돌아온 개선장군의 뒤를 따라가며 외쳤다. '지금은 승전하여 의기양양하게 입성하지만, 언젠가 당신도 전장에서 죽을 것이오. 우쭐대지 말고 더욱 겸손하시오!'라는 뜻이다. 이 모진 세상에서 암시하는 바가 매우 크다.

"아무 낙이 없다고 말할 때가 되기 전에 너의 창조자를 기억하라."(전도서 12:1)

하마르티아

'하마르티아Hamartia'는 아리스토텔레스Aristoteles, B.C. 384~322[57]의 『시학Poetics』에 나오는 죄의 개념이다. 화살이 과녁에서 벗어났다는 뜻이다. 비운의 주인공은 악의가 아니라 하마르티아에 의해 비극적 사건을 겪을 수 있으며, 자신의 판

---

[57] 고대 그리스의 철학자다. 소크라테스의 제자인 플라톤의 제자로서 알렉산더 대왕의 스승이다.

단 착오나 실수, 과실이 없어도 그에 따른 책임은 스스로 질 수밖에 없다는 것이다.

1970년 사고로 일진일퇴를 거듭하는 사투를 벌이다가 간신히 목숨은 건졌으나 그 후유증만은 피할 수 없었다. 치명적 PTSDPost Traumatic Stress Disorder[58] 장애를 입은 것이다. 하지만 그 사실조차 나는 인지하지 못했다. 온갖 실패와 좌절을 겪으면서도 다들 그렇게 사는 것으로 여겼다. 남들보다 운이 좀 나쁘거나 지혜가 부족하여 그런 줄로 알았다. 단순한 착각이 아니라 심한 꼴값이었다. 정신 분열까지 생겨 모든 것이 뒤죽박죽이고 무슨 일이든 한곳에 집중할 수 없었다.

차를 사도 쉬 싫증을 느끼고 오래 타지 못했다. 한번 사고 팔 때마다 적잖은 손해를 보았으나 뻔히 알면서도 그 짓을 되풀이했다. 차에 대한 콤플렉스였을까? 에고Ego와 이드Id[59]가 아예 망가진 상태였다. 따라서 사실을 직시하면서도 그 짓을 반복할 수밖에 없었다.

신앙적으로 보면 귀신에 사로잡혀 불신에 빠졌을 수도 있다. 지나치게 소심하고 조급했으며, 매사에 열등감을 느끼고 비굴했다. 쉬 피로감을 느끼고 중간에 주저앉기를 밥 먹듯 했다. 갑자기 성질을 부리고 남을 원망하기도 했다. 그러다가 그

---

58 '외상 후 스트레스 장애'를 말한다. 큰 사고를 당한 사람이 그 충격으로 받게 되는 정신적 트라우마다.

59 Ego는 인식과 행위의 판단력을, Id는 본능적 통제력을 말한다.

에 따른 피해와 낭패를 운명처럼 받아들였다.

1979년 10월 1일, 공직 생활을 시작하며 제자리를 찾는가 싶었으나 10·26사태를 거치며 더욱 비운의 주인공이 되었다. 불행은 끝없이 이어졌고, 날마다 선술집에서 니나노 부르며 희희낙락했다. 기원과 당구장, 대폿집을 오가며 주색잡기로 허송세월했다. 술 취하지 않으면 말 한마디 못 했고, 소외감과 수치심에 늘 시달렸다. 성령의 인도로 30세에 신학교를 졸업하고 전도사가 되지만, 고뇌와 번민을 거듭하며 방랑은 계속되었다.

'인간이 어찌하여 개처럼 배설하고 생리하는가?'
'개의 짝짓기와 사람의 짝짓기가 무엇이 다른가?'
이런 개 같은 문제에 사로잡혀 마음 편한 날이 하루도 없었다. 맨정신으로는 무엇을 하기가 어려웠고, 술친구 외에는 대화하지 못했고, 아무도 사귈 엄두가 나지 않았다. 지위가 높은 사람이나 화장한 여자를 쳐다보면 죽는 줄로 알았다.

하지만 술집에서 접대부만 만나면 마치 왕이라도 된 듯 거들먹거렸고, 하나님의 아들이라도 된 양 신앙적으로 우쭐거렸다. 그들의 요구를 거절하지 못했고, 뻔히 알면서도 값싼 호의를 베풀며, 아무것도 모른 척하고 속아주는 것을 미덕으로 여겼다.

사리를 분별하지 않은 채 마냥 퍼주기를 마다치 않았으며, 약자의 구원자라도 된 양 성인의 이름을 빌려 사기를 치기도

했다. 세상에서 가장 무능한 위선자의 오만이요, 불신이었다. 지천명에 이르기까지 어릿광대 페르소나(가면)를 한껏 뒤집어 쓰고, 디오니소스Dionysos, 포도주의 신 미치광이 축제를 맘껏 즐기며, 전형적 트라우마 형 복합 장애를 심하게 앓았다.

나르키소스Narcissus는 그리스 신화에 나오는 인물로 잠이나 무감각을 의미한다. 연못에 비친 자기 모습이 너무 아름다워 입맞춤을 시도하다가 빠져 죽었다고 한다. 이는 일종의 인격 장애로 자기애自己愛나 자기도취증Narcissism이다.

이처럼 나도 무의식 가운데 '피사 증후군Pisa Syndrome'[60]을 심하게 앓았다. 다행히 그리스도 안에 있는 믿음의 끈만은 완전히 놓지 않은바, 주님의 한량없는 은혜로 미약하게나마 시원의 모습을 회복하고 있었다.

> "내가 긍휼을 입은 까닭은, 그리스도 예수께서 내게 먼저 끝없는 인내를 보이심으로써, 앞으로 주를 믿어 영생 얻을 자들의 본보기로 삼으시려는 것입니다."(디모데전서 1:16)

---

60 '자세 조절 장애'로 파킨슨병 환자에게 자주 나타난다.

디오니소스

"주식酒食이 주식主食이여!"

1980년대 아버지뻘 되는 술친구이자 직장 동료의 말이다. 그가 우스갯소리로 이 말을 자주 했다. 그와 동병상련의 아픔을 겪으며 친하게 지냈다. 하지만 결국 디오니소스[61]의 저주에 걸려 간암으로 세상을 떠나게 되었다. 신은 죽었다고 선포한 니체에 의하면, 예수는 디오니소스적 긍정을 외면한 미완성 자유인이었다.

'그는 대지를 사랑하지 못했고 해학을 배우지 못했다. 고로 인생의 참맛을 누리지 못했다.'

이는 진상 고객black consumer의 만용이자 반항 고객angry bird의 부정이었다. 하지만 나는 디오니소스(술 귀신)를 숭배하고 흥청망청 축제를 즐기며 인생을 낭비했다. 니체의 사상을 모방하다가 개꼴을 당한 것이다. 그에 따른 대가는 혹독하리만큼 길게 이어졌다. 남의 길을 따라가는 현자보다 자기 길을 걸어가는 바보가 낫다는 말이 맞다.

청각과 언어에 장애가 있는 농아인 친구가 있었다. 나보다 열 살가량 많았으나 서로 통하는 데가 있어 편하게 지냈다.

---

[61] 그리스 신화에 나오는 '술과 향락의 신'이다. 로마 신화의 '바쿠스(Bacchus)'와 같다.

그는 대체로 사람을 믿지 못했다. 너무 많이 속았기 때문이다. 그러나 한번 믿은 사람에게는 끝까지 신뢰를 보냈다. 원래 심성이 착해 싫어하는 사람이 없었다. 가끔 나와 막걸리도 마시고 노래도 부르며 회포를 풀었다. 그는 자기만의 곡조로 소리를 꽥꽥 질렀으나 나는 그의 절규에서 한 많은 사연을 들었다.

그는 나와 동병상련의 아픔을 느끼며 나에 대한 애틋한 사랑과 배려를 아끼지 않았다. 그의 집은 읍내 가까이 있었다. 그 부친이 우리 마을 정미소를 인수해 그에게 맡긴바, 매일 출근했다. 아무것도 듣지 못하고 말도 하지 못했으나, 울리는 진동과 감각으로 원동기의 고장 여부를 진단하여 척척 수리했다. 사람들은 보리나 밀, 벼 등을 찧은 후 곡물로 수수료를 대신했고, 그는 그것으로 필요한 물건도 사고 외상값도 갚았다.

어느 따스한 봄날, 그가 어디에 가서 예쁜 색시를 데리고 왔다. 술집 여자라는 소문이 들렸으나 그건 별로 의미가 없었다. 정미소 모퉁이에 신방을 꾸며 살림을 시작했다. 언뜻 보기에 그들은 행복했다. 시간이 지나도 임신의 기색이 없자 동네 아낙들이 의심의 눈초리로 보기 시작했다. 그러자 자기 같은 농아인 자식이 태어날까 봐 각시가 애를 원치 않는다고 친절히 설명했다. 그는 아내가 원하는 것은 무엇이나 다 들어주었다.

그런데 그녀가 갑자기 바람과 같이 사라졌다. 은금 패물을 챙겨 아무도 모르게 야반도주했다. 믿은 도끼에 발등이 찍힌 바, 그는 크게 낙심해 맨날 술만 퍼마셨다. 한없이 울다가 길거리에 곤두박질치며 나자빠지곤 했다.

나도 그를 위로한답시고 술을 처먹고 신작로에 나자빠졌다. 개 대가리 같은 세상에서 개새끼처럼 살다가 개고기가 되자고 개나발을 불며 동조했다. 그러다가 결국은 정미소가 문을 닫았다. 폐업 상태로 오랫동안 방치하다가 도로포장 공사로 철거되었다. 이후 그는 이 마을 저 마을을 돌아다니며 집도 고쳐 주고 담도 쌓아 주며 궂은일을 도맡아 했다.

그리고 세월이 많이 지나서, 포터 트럭에 시멘트 블록을 싣고 가는 그를 우연히 만났다. 추석날 할아버지 성묘를 다녀오는 길이었다. 서로 얼싸안고 한동안 그대로 있었다. 만감이 교차했다. 그는 정미소보다 그 일이 오히려 수입이 좋다고 활짝 웃으며 자랑했다. 나는 주름살투성이 그 얼굴을 보고 쉽게 따라서 웃을 수 없었다.

능한 목수는 상한 나무도 버리지 않는다는 속담이 있다. 그는 일평생 농아인으로 살았으나 힘도 좋고 재주도 많았다. 자신이 맡은 일을 성심성의껏 수행함으로써 사람들에게 신망이 두터웠고 대인관계도 원만했다. 그래서 사람들은 일거리를 몰아주었고, 그는 그 기대를 저버리지 않으려고 열심히 일했다. 이후 우리는 다시 만나지 못했다.

"술 취하지 마십시오. 그로 인해 방탕하게 됩니다. 여러분은 성령의 충만을 받으십시오."(에베소서 5:18)

아디아포라

'아디아포라Adiaphora'는 스토아학파의 양심 개념이다. 사회 통념상 선악 구분이 어렵고, 성경에서 특별히 금하거나 명하지 않은 것, 우상에게 바쳐진 제물의 섭취나 육신의 할례, 포도주 음용 등, 신앙적이나 윤리적으로 '그리 대수롭지 않은 것들'이다. 나는 제사 음식이 조금 께름칙해도 그냥 먹기를 마다치 않았다. 나름대로 담대함을 드러내기 위한 허세가 아니었나 싶다.

할례 의식은 당시 율법으로서 그 의미가 매우 컸다. 하지만 주초酒草 문제는 그리 간단치 않다. 중독성 물질로 상당히 위험하다. 술에 장사 없다는 말도 맞고, 술로 패가망신한 사람도 많다. 사탄의 앞잡이 노릇을 하며 인성과 신성을 파괴하기 일쑤이다.

우리 마을에 나와 동갑내기 지적장애인 친구가 있다. 정신

박약자로 공부를 포기하고 일찍감치 농사일을 배웠다. 서른 살이 넘도록 장가를 가지 못하다가 이웃집 농아 자매와 결혼했다. 딸을 낳았으나 역시 농아였다. 그 장인이 농아인 손녀를 어디다 데려다주고 딸에게 불임 수술을 시켜 주었다.

그는 건장한 체격에 근면했다. 그처럼 검소하고 솔직담백한 친구는 없었다. 6킬로미터가 넘는 읍내를 항상 걸어 다녔다. 자전거를 타지 못했다. 명절을 맞아 고향을 찾으면 꼭 나타나 반겨 주었다. 마을에서 유일한 젊은이로 동네 허드렛일을 도맡아 했다. 비록 지능은 떨어지고 말은 더듬었으나 마음 씀씀이만은 천사와 같았다. 그들 내외는 마을 대소사를 빠짐없이 챙기며 성심성의껏 어르신들을 섬긴바, 뭇사람의 칭찬이 자자했다. 예수를 믿고 내외가 다 집사가 되었다.

청소년 시절, 영주에 있는 양계장으로 현장 실습을 갔다. 3개월 동안 닭 모이 주고, 알 꺼내고, 똥 치우고, 집 소독하고, 예방주사 놓는 일을 했다. 당시 4H 운동이 활발하여 농촌지도소에서 보내 주었다.

그 농장에 식모살이하는 자매가 있었다. 귀가 어두워 잘 듣지 못했지만 어눌하게나마 말은 조금씩 했다. 열여섯 살로 신장이 작았으며 얼굴은 둥글고 흰 편이었다. 자매의 소원은 돈을 벌어 보청기를 사는 것이었다.

사람들은 자매를 하녀처럼 취급했으나 늘 생글생글 웃으며 즐겁게 일했다. 상대방의 입술과 표정을 보고 무슨 말을 하는

지 대충 짐작했다. 내 농아 친구의 농아 여동생과 모습이 비슷했다. 나이와 몸매, 생김새와 웃는 모습까지 빼닮았다. 이 상야릇한 연민의 정을 느꼈다. 사람들이 자매를 무시할수록 나는 더욱 사랑스럽고 귀엽게 보였다.

어느 따스한 봄날 오후, 닭에게 썰어줄 아카시아 잎을 따기 위해 뒷산으로 올라갔다. 우연히 자매를 만났다. 한번 포근히 안아주었으면 하는 마음이 간절했다. 큰맘 먹고 가까이 오라고 손짓했더니 얼굴을 붉히며 아래쪽으로 내려가 버렸다. 자매가 주춤주춤하며 몇 번 뒤돌아보았으나 괜한 오해를 살까 봐 더 이상 부르지 않았다. 그 뒷모습만 물끄러미 바라보았다.

작은 몸뻬62 입은 자매의 뒤태가 아주 깜찍하고 앙증스러워 묘한 감정이 솟구쳐 올랐다. 고개를 가로저으며 긴 한숨을 내쉬고 그 자리에 누워 하늘을 우러러보았다. 이런저런 생각에 잠겼다가 깜빡 잠이 들었다. 가위에 눌려 애를 먹었다. 땀이 흥건했다.

나는 늘 사회적 약자와 함께했다. 나도 모르게 평생 그렇게 되었다. 공직에서 물러나 장애인 단체와 장애인복지관에서 1년 동안 일했다. 한국 장애인을 대표하는 단체장의 운전사 겸 비서로 일하며 지위가 높은 사람도 많이 만났고, 농아와 시각 등

---

62 여자 작업복으로 일본에서 들어왔다. 허벅지 통이 크고 허리에는 고무줄이 들어 있다.

다른 단체의 장들과 식사도 하며 서로 협력 방안을 논의했다.

어느 날 단체장이 복지부를 방문하여 장애 담당 국장을 면담했다. 국장실에 들어가자마자 다짜고짜 욕하며 구둣발로 정강이뼈를 걷어찼다.

"야, 이 새끼야! 네가 뭐야? 새끼야!"

"아이고, 회장님! 왜, 왜 이러십니까?"

정부 부처 국장이 안절부절못했다. 공직 생활을 20년 하고 퇴직한 나는 깜짝 놀랐다. 실무 사무관을 만나서도 그렇게 폭력을 가했다. 그는 양다리가 다 의족이었다. 그런 일이 다반사라 사람들이 대수롭지 않게 여기는 듯했다.

나는 지적장애인도 많이 만났다. 내가 근무하는 종합복지관에 장애인 공동생활 가정도 두 곳 있었고, 장애인재활작업장과 주간, 단기보호시설도 있었기 때문이다. 그때 비로소 나의 민낯을 보게 되었다. 나도 그들과 똑같은 장애인으로서 이런저런 핸디캡을 갖고 있다는 사실을! 이후 작은 자들을 더욱 아끼게 되었으며, 그들의 친구가 되신 우리 주 예수 그리스도의 마음을 어느 정도 알 것도 같았다.

"너희는 가서 시각장애인이 보고, 지체장애인이 걸으며, 나환자가 깨끗해지고, 청각장애인이 들으며, 죽은 자가 살아나고, 가난한 사람에게 복음이 전파된다고 하라."

(누가복음 7:22)

디아볼로스

헬라어 '디아볼로스διάβολος'는 히브리어 '사탄שׂטן'을 말한다. 살인자, 악한 자, 대적자, 모함, 미혹, 비방, 중상, 참소하는 자, 거짓말쟁이 등 어둠의 권세를 확산시키고 사람들을 타락시키는 더러운 영이다.

"잘 살려고 애쓰지 말고 잘 죽기를 바라시오."

'사랑의 원자탄'으로 유명한 손양원孫良源, 1902~1950[63] 목사의 말이다. 그는 1948년 여순사건으로 두 아들을 잃었으나 그 살해자 안재선을 구명하여 양아들로 삼았다. 예수로 살다가 예수로 죽은 예수의 종이었다. 그는 음식을 잘 먹는 것보다 마음을 잘 먹는 것이 더 중요하다고 했다. 자신의 마음을 비워야 주님의 마음이 채워진다. 비움과 채움의 원리는 자연의 법칙이자 하늘의 방법이다.

내 바로 아래 동생은 서울에서 상업고등학교를 다니다가 폐병에 걸려 심한 기침과 각혈을 했다. 독한 약을 먹어 몰골이 사나웠다. 졸업을 얼마 앞두고 휴학한 뒤 고향으로 내려갔다. 보건소에서 정기적으로 검진을 받으며 식이 요법으로 치료했

---

[63] 여순사건 때 자기 아들을 죽인 좌익 청년의 구명 운동을 벌여 구출한 후 양자로 삼아 '사랑의 원자탄'이라는 별명을 얻었다. 하지만 한국전쟁 중 공산당원에게 체포되어 돌아가셨다.

다. 누가 지성이면 감천이라 했던가? 부모님의 극진한 돌봄으로 폐결핵을 물리치고 건강을 회복했다.

그리고 집에서 요양하며 공무원 시험을 준비했다. 가정 형편을 고려해 직장을 다니며 학업을 계속할 요량이었다. 검찰 사무직을 공부하다가 과목이 비슷한 교정직에 응시하여 단번에 합격했다.

법무부 소속 공무원으로 임용되어 서울구치소에서 근무했다. 그때 입영통지서가 나와 다시 고향으로 내려가 무기고 초병이 되었다. 집에서 산길로 12킬로미터쯤 떨어져 있었다. 1일 꼬박 근무하고 2일 연속 쉬는 3교대 방식이었다. 오전 9시부터 다음 날 오전 9시까지 24시간 근무하고 이틀간 쉬었다. 따라서 초병들은 농사를 지으며 복무했다. 근무일에는 도시락을 세 개 싸 들고 어둑새벽에 집을 나섰다.

1981년 8월 15일, 우리 민족이 일본 강점기 치하에서 해방된 날이다. 마을마다 큰 잔치를 벌였다. 그 의미는 잘 모르지만 '초해 먹는 날'이라 불렀다. 그 집의 사정과 형편에 따라 정성껏 음식을 마련해 강변에서 나눠 먹으며 즐거워했다. 초대교회가 예배 후 함께 모여 공동 식사한 사랑의 애찬식과 비슷했다. 어른과 아이, 동네 머슴들까지 다 같이 즐기는 사회적 명절이었다.

이날 동생이 끔찍이 살해되었다. 제대를 1개월 앞두고 있었다. 초병들은 관례에 따라 단합대회를 열었다. 제대를 하루

앞둔 병사가 있어 더욱 의미가 깊었다. 그가 디오니소스의 흉악한 마술에 걸려 동생을 흉기로 찔러 죽였다. 그들은 무기고 들마루에서 전별 회식을 했다. 그 옆에 초등학교 분교가 있었고, 그 운동장을 평소 연병장으로 사용했다.

그날 아침, 초병 여덟 명이 네 명씩 편을 갈라 축구를 했다. 당일 근무자 한 명만 빼고 모두 참가했다. 전체 초병이 세 명씩 세 개 조로 아홉 명이고, 직속상관은 그 마을에 사는 예비군 중대장이었다. 축구는 그들의 체력 단련을 위한 연중 행사 계획에 포함되어 있었다. 그런데 그것이 군무이탈이 되었다. 오랜 관행과 정황은 인정되지만, 초병에 대한 엄격한 규율이 요구된 시대적 상황과 군사재판의 판례상 어쩔 수 없다고 핑계했다.

당시 10·26사태로 독재자가 죽고 신군부가 등장하는 등 시국이 매우 어수선했다. 관할 연대장이 진급을 앞두고 사건을 축소하여 처리했다는 소문도 들렸으나 나로서는 어쩔 방도가 없었다. 더욱이 내 코가 석 자라고, 임용된 지 1년도 안 된 놈이 그럴 능력도 없었지만, 갑자기 큰 변상을 맞고 공황 상태에 빠져 있었기 때문이다.

동생은 차석 선임자로서 후임 초병들의 안전을 위해 나름대로 최선을 다하고 십자가를 졌으나 결국은 변사 사건으로 처리되어 허망한 죽음을 맞이했다. 어떤 사람의 말처럼 우리도 언젠가는 불의 재료가 되고 벌레의 먹이가 되겠지만, 동생의 허망한 죽음에 대해 아쉬움이 너무 컸다.

"오, 주여! 저들을 용서하여 주소서."

"이는 여호와의 말씀이다. 내가 이 물을 고쳤다. 다시는 이 물을 먹고 사람이 죽거나 농산물이 열매를 맺지 못하는 일이 없을 것이다."(열왕기하 2:21)

네팔리우스

그리스어 '네팔리우스νηφαλιους'를 칼뱅은 '술 취하지 말라'고 번역했다. 원뜻은 '절제'로 매사에 언행 심사를 조심하라는 뜻이다. 알코올 중독은 의학적 치료가 꼭 필요한 사회적 질병이다. 그 피해와 해악이 심각하기 때문이다. 마약처럼 통제하고 전염병같이 대처해야 한다. 물에 빠져 죽은 사람보다 술에 빠져 죽은 사람이 더 많다는 속담이 있다. 술주정뱅이는 하나님의 나라에 들어가지 못한다는 사실을 직시하고, 교회가 먼저 그 계도에 앞장서야 한다.

동생은 폐결핵 후유증으로 몸이 쇠약하여 애당초 술과 담배를 배우지 않았다. 무기고 초병들의 전별 회식이 시작되자 제대를 하루 앞둔 자에게 술잔이 집중되었다. 술에 장사 없다는 말이 있듯, 그는 한껏 고무되어 실컷 마시고 인사불성 상태가 되었다. 민족 축제일이자 마을 잔칫날이요, 자기 전별식이니 오죽이나 했겠는가?

그런데 그는 못된 주사酒邪가 있었다. 술기운이 인성을 지배하자 단체 기합을 실시했다. 자기 권위를 과시하려고 크게 거들먹거리며 으스댄 것이다. 다음 날 그는 그 일을 기억하지 못했다. 소위 필름이 끊긴 것이다. 1980년대 군대의 음주문화는 정말 후진적이고 망국적인 고질병이었다.

그날 동생은 당일 근무자 사수로서 최선을 다했다. 불미스러운 사고를 사전에 방지할 책임이 있었던바, 그냥 모른 척하고 지나갈 수 없었다. 어떻게 하든지 만취자의 행패로부터 후임 초병들을 보호해야 했다. 그 바쿠스Bacchus, 술 귀신 하수인만 빼고 동생이 최고 선임이었기 때문이다. 그때 초병들은 동생만 쳐다보고 있었다고 한다. 그래서 무모한 기합을 말릴 수밖에 없었고, 결국은 동생과의 말다툼으로 이어지게 되었다.

그는 자기 명을 거부한다는 이유로 술병을 깨어 들고 헐크처럼 덤벼들었다. 동생이 위험을 느끼고 무기고 뒤쪽으로 피하자 뒤따라가 심장을 찌른 것이다. 그렇게 동생은 제대를 1개월 앞두고 무참히 쓰러지고 말았다. 바닥에 피가 흥건한 채 시신을 그대로 방치했다. 군 경찰이 사고 경위를 조사하여 기록한 조서 내용을 살펴보니 이러했다.

'무기고 초병이 근무지를 이탈하여 축구 시합을 했을 뿐만 아니라, 근무 중 회식에 참석하여 근무 수칙을 지키지 않았으며, 회식 중 동료 초병과의 사소한 시비 끝에 싸움이 벌어져 상대방이 휘두른 흉기에 찔려 사망했다.'

참으로 기가 막히는 언어도단의 횡포였다. 의례적 규정을 앞세워 실체적 진실을 교묘히 덮어버린 것이다. 그렇게 사건은 변사로 처리되었다. 그리고 세월이 흘러 문민정부가 지나고 국민의 정부로 이어졌다. 그동안 가려진 군 의문사 사건들의 진상이 속속 규명되었다. 자살과 변사로 처리된 사건이 순직으로 바뀌는 등, 억울하게 죽은 병사들의 명예가 많이 회복되었다.

나도 언젠가는 내 동생의 명예가 회복되리라 믿고 그에 따른 자료를 하나도 버리지 않고 보관했다. 당시 목격자들의 증언을 듣기 위해 여러 번 현장도 방문했다. 그리고 때에 맞춰 진정서를 제출했다. 하지만 철저하게 외면당한 진실을 회복하기에는 역부족이었다. 나의 무능함에 치를 떨며 디오니소스의 술수를 개탄할 수밖에 없었다.

그러다가 하나님께서는 이 일을 어떻게 여기시는지 주의 이름으로 기도했다. 비록 세상에서는 인정을 받지 못했어도 천국에서는 위로를 받을 것이라는 성령의 감동이 다가왔다.

'그 죽음은 절대 헛되지 않았다. 전우애의 십자가를 스스로

지고 희생한 것이다.'

　주님의 파레시아Parrhesia, 정의에 감사하며 홀가분한 마음으로 20년간 보관한 자료들을 모두 소각하고 유품을 정리했다. 사람이 술을 마시고 술이 술을 마시고 술이 사람을 마신다는 말이 있다. 술은 사탄의 앞잡이로서 지금도 그 악행의 길잡이 노릇을 톡톡히 하고 있다.

"이와 같이 집사들도 신중하고 일구이언하지 않으며, 술 취하지 않고 부정한 이득을 탐내지 않아야 합니다."(디도서 3:8)

메타노이아

　그리스어 '메타노이아μετάνοια'는 '생각을 바꿔 돌아서는 것', 즉 회개이다. 기독교 교리의 중심이자 신앙의 핵심이다. 마음을 고쳐먹고 방향을 전환하여 정체성identity을 회복하는 일이다.

　사람은 회개함으로써 죄의 길을 떠나 의의 길로 들어선다. 그때 전인적 변화가 일어난다. 그래서 세례 요한과 그리스도 예수의 사역 첫 일성이 회개하고 복음을 믿으라는 것이었다. 회개는 천국 입성의 관문이다. 먼저 '파라노이아Paranoia'[64]를 떨쳐 버려야 그 문턱을 넘을 수 있다.

"선가선비진선禪可禪非眞禪"

만해 한용운韓龍雲, 1879~1944 선생의 말이다. 선을 선이라 하면 그 선은 이미 선이 아니라는 말이다. 선에는 그 이름을 붙일 수 없다. 복잡다단한 일상에서 벗어나 유유자적한 인생을 즐기라는 것이다. 그래서 노자도 『도덕경』 제1조에서, '도가도 비상도 명가명비상명道可道非常道 名可名非常名'[65]이라 했다.

아이는 실수도 자연스럽다. 갓 태어난 아기가 걸을 수 없다. 숱한 시행착오를 거친 후 바로 걸을 수 있다. 나무는 겨울을 지나야 여름에 열매를 맺는다. 반드시 추위를 견뎌야 한다. 겨울 동안 뿌리에 영양분을 비축하여 봄에 싹을 내고 여름에 꽃을 피워 가을에 결실하는 것이다.

우리의 인생도 믿음의 내공을 쌓으라고 하나님께서 고난과 고통을 주신다. 지상 최고의 지혜는 우리 주 예수 그리스도를 바로 알고 제대로 믿어 풍성히 누리는 일이다. 그는 길이요 진리요 생명이시다(요한복음 14:6).

2000년 초, 20년간 공직 생활을 정리하고 명예퇴직을 준비

---

[64] 다른 사람이 자기에게 해를 끼친다고 여기는 정신적 질환으로 피해망상증이라 한다.
[65] '도를 도라고 하면 이미 그 도가 아니며, 이름에 이름을 붙이면 이미 그 이름이 아니다.'라는 말이다.

했다. 과장이 새로 부임하여 강남의 유명 한식집에서 회식했다. 식사를 마치고 술판이 벌어졌다. 소주가 한 박스 통째로 들어 왔다. 그가 모두 다 보란 듯이 한 병을 따서 글라스에 붓더니 쭉 마시고 머리 위에 엎어 흔들었다. 그리고 옆 사람에게 주며 말했다.

"자, 다들 봤지. 이렇게 원 샷one shot 하고, 마음에 드는 사람에게 돌려! 한 방울이라도 떨어뜨리면 계속 고go야!"

그 옆에서 알랑방귀를 뀌던 직원이 손을 벌벌 떨며 받아 벌컥벌컥 마셨다. 그런데 마지막 순간에 재채기하여 몇 방울을 내뿜었다. 그가 기다렸다는 듯이 말했다.

"모두 봤지? 원 모 글라스one more glass!"

그리고 한 병을 따서 부어주었다. 그가 잠시 숨을 내쉬고 다시 마신 후 잔을 돌렸다. 과장이 또 시비를 걸었다.

"야, 이 사람아! 다 마셨으면 '원 샷!' 하고 잔을 머리 위에 엎어 흔들어야지. 그래야 한 방울도 남기지 않고 다 마셨다는 걸 알 게 아닌가? 한 잔 더!"

"좋습니다, 과장님! 그러시면 한 잔 더 마시겠습니다!"

그렇게 그는 소주 세 병을 연거푸 마시고 나서 겨우 잔을 돌렸다. 잔은 소위 인기순으로 돌아갔다. 잔을 받은 사람은 누구나 과장 앞에 나와서 머리를 조아리고 술을 받아야 했다. 어떤 사람은 "감사합니다. 과장님!" 하고 충성을 맹세하듯 소리를 지르기도 했다. 이윽고 그 잔이 신입 직원에게 넘어갔다. 그가 사색이 되어 더듬거리며 말했다.

"과, 과, 과장님! 저는 이걸 마시면 죽을 것 같습니다."

그 모습을 보고 나는 자리에서 일어나 밖으로 나왔다. 한참 하늘을 쳐다보다가 집으로 돌아갔다. 그날 밤 결국 한 사람이 병원으로 실려 갔다고 한다. 다음 날 아침, 그 친구의 혈압이 크게 떨어져 죽는 줄 알았다고 과장이 멋쩍게 웃으며 말했다. 그래서 세례 요한이 광야에서 외쳤다.

"회개하고 복음을 믿어라!"

"지혜 있는 자가 어디 있으며 학자가 어디 있습니까? 이 시대에 철학자가 어디 있습니까? 하나님께서 세상 모든 지혜를 어리석게 하지 않았습니까?"(고린도전서 1:20)

필라델피아

그리스어 '필라델피아Φιλάδελφιά'는 '형제 사랑'을 말한다. 베드로가 유일하게 사용한 단어로, 혈육의 우애는 물론이고 믿음의 형제와 자매간의 사랑도 소중하다는 말이다. 그래서 사도 요한이 말했다.

"예수님이 우리를 위해 희생하심으로써 우리가 사랑을 알게 되었으니, 우리도 형제를 위하여 희생하는 것이 마땅합니다."

헬렌 켈러Helen Keller, 1880~1968가 말했다.

"이 장애를 통해 하나님을 알게 되어 감사합니다."

그녀는 뇌척수염으로 태어나 9개월 만에 청각과 시각, 언어를 상실하여 삼중고 장애인이 되었다. 하지만 49년 동안 함께한 가정교사 설리번 선생의 헌신적 사랑으로 대학을 졸업하고 작가이자 교육자, 사회운동가가 되었다.

이집트에서 종살이한 이스라엘 백성이 바란 광야를 통과하지 않고 바로 가나안 땅으로 들어갈 수는 없었다. 불평불만은 하나님을 대적하는 것이다. 높은 성공이 아니라 낮은 섬김이, 많은 소유가 아니라 적은 나눔이 우리의 일상이 되어야 한다.

욕심의 반대는 자족이다. 스스로 만족하는 법을 배워야 욕심을 떨쳐 버릴 수 있다. 영원히 변치 않는 것은 변화뿐이다. 하나님은 제물이 아니라 자비를 원하신다. 예수님은 마리아의 향유가 아니라 그 마음을 갸륵히 여기시고 받으셨다. 사람은 외모를 보지만 하나님은 중심을 보신다. 학습지를 끊고 문제지를 받자. 이제는 이론이 아니라 이행이다.

"우리가 예수를 믿음으로 천국에 들어가는 게 아니라 예수와 함께함으로써 천국이 따라오는 것이다. 천국과 지옥은 하나이다."

C. S. 루이스Clive Staples Lewis, 1898~1963의 말이다. 나무는 스스로 적당히 열매를 맺지만, 사람의 욕심은 끝없는 무저갱이다. 지옥에 들어가도 버리지 못한다. 대가를 찾아 일하면 수입도 떨어지고 고생만 하지만, 가치를 위해 일하면 수입도 늘어나고 기쁨이 넘친다. 그래서 네게브 사막에서 대대손손 유목민으로 살아가는 베두인이 말했다.

"여기는 사나운 모래 폭풍과 작열하는 태양만 있습니다. 그러나 우리는 행복합니다."

영양의 첩첩산중 오지 암자에서 30년간 참선하며 수행하는 스님이 있다. 그가 오래 묵은 장작더미를 가리키며 말했다.

"이것은 내 장례를 위한 다비茶毘[66] 목입니다. 나를 위해 남이 쓸 것입니다."

그는 낡고 닳은 지게를 자기 분신이라 했다. 욕심은 부리는 게 아니라 버리는 것이다. 부리면 부릴수록 불행하고 버리면 버릴수록 행복하다. 성경은 주는 것이 받는 것보다 복이 있다고 했다. 하나님의 위대하심은 위대한 사람을 찾아 위대하게 쓰시는 게 아니라 평범한 사람을 들어 평범하게 사용하시는 것이다. 진정한 차인茶人은 차를 파는 사람이 아니라 차를 대접하는 사람이다.

---

66 '불에 태운다'는 뜻이다. 시신을 화장하여 유골을 거두는 장례 방식이다.

"오, 주여! 어찌해야 이들에게 하나님의 사랑(아가페)을 전할 수 있을까요? 어떻게 해야 이들이 친구의 사랑(필리아)을 이해할 수 있을까요? 이들이 저들보다 더 순수하고 깨끗함을 주께서 아십니다. 이들은 약삭빠르지도 않고 잔꾀를 부리지도 않습니다."

재활 작업장의 지적장애인 형제들이 로봇처럼 둔하게 일했다. 주, 단기보호시설의 어린 친구들이 장난감처럼 무감각하게 놀았다. 공동생활 가정의 작은 천사들이 아바타처럼 음식을 먹었다. 마음이 너무 무겁고 답답하여 호소했다.

"그렇습니다, 주님! 주께서 사랑하시는 이들이 바로 여기 있습니다!"

> "삼가 이 작은 자 중의 하나도 업신여기지 말라. 그들의 천사들이 하늘에 계신 내 아버지의 얼굴을 항상 뵙고 있다."(마태복음 18:10)

†

제2편

중년기

파라노이아

헬라어 '파라노이아παρανοια'는 '피해망상 인격 장애'로 편집증偏執症이다. 열린 마음으로 생각을 바꾸는 게 아니라 닫힌 생각으로 마음을 붙잡는 것이다. 사람은 회개함으로써 피해의식의 늪에서 빠져나올 수 있다. 오만과 편견에 사로잡혀 지속적으로 복수심을 불태우며 남을 미워하고 원망한다면 정말 예삿일이 아니다. 이는 비운의 왕자 '압살롬의 병'이다. 용서받지 못할 죄를 짓는 것이다.

"회개하라. 하늘나라가 가까이 왔다!"

세례 요한과 그리스도 예수가 똑같이 첫 일성으로 선포한 말이다. 여기서 회개는 미완료 진행형이다. 어느 한 시점의 이야기가 아니라 영원히 지속되는 현재형 동사라는 뜻이다. 따라서 '메타노이아'는 마음 문을 활짝 열어 구원을 받아들이는 것이고, '파라노이아'는 마음 문을 꽁꽁 닫아 구원을 밀어 내치는 것이다. 이는 인생 최악의 위기로서 생명줄을 끊어 지옥의 나락으로 떨어지게 만든다. 양과 염소, 알곡과 쭉정이가 여기서 갈라진다.

1970년 차 사고로 인해 나는 치명적 장애를 입었다. 약 4개월간의 병원 생활을 마치고 5월 초 퇴원하여 집에서 쉬고 있었다. 햇살이 유난히 따스했다. 텅 빈 집의 툇마루에 홀로 앉아 하염없이 하늘만 쳐다보고 있었다. 치명적 장애를 안고 앞으로 살아갈 날이 어떨지 막연히 불안했다.

그때 갑자기 요란한 목탁 소리가 '탁탁 탁탁' 들렸다. 피둥피둥 살찐 젊은 비구가 느닷없이 내 앞에 나타나 염불을 외기 시작했다. 만사가 귀찮았다. 계속 하늘만 쳐다보았다. 얼마의 시간이 지났을까? 무심중에 있다가 깜짝 놀랐다.

그가 쌍욕을 하며 침을 탁탁 뱉더니, 자기 분에 휩싸여 씩씩거리고 꽈배기처럼 몸을 비틀며 가재걸음으로 떠나갔다. 예기치 못한 돌발 사태에 가슴이 벌렁벌렁했다. 그렇게 나는 사고 후 바가지 저주를 받으며 몰골의 인생을 시작했다. 속이 매스껍고 울렁거렸다. 마음이 더욱 심란하고 뒤숭숭했다.

'제기랄, 신이 있다면 저놈은 분명히 돌중이야!'

나도 속으로 그를 욕하며 신을 의지했으나 여전히 불안했다. 그리고 1개월쯤 있다가 복학했다. 중학교 2학년 2반이었다. 읍내에 셋방을 얻어 자취를 시작했다. 희수를 넘긴 할머니가 우리 형제를 따라와 뒷바라지했다. 당장 자전거 통학이 어려웠기 때문이다. 하지만 나는 공부에 흥미가 없었다. 모든 것이 예전 같지 않았다. 더욱 심란한 것은, 그때부터 읍내 친구들과 어울려 주초酒草를 배우고 어른 흉내를 내기 시작했다는 점이다.

"너희들이 그렇게 살면 틀림없이 낙오병이 돼!"

한국전쟁 참전 용사인 친구 아버지가 자신의 전투 경험담을 들어가며 훈계했으나 우리는 아랑곳하지 않았다. 그래서 최소 20년 이상을 정말 낙오병으로 살게 되었다. 그냥 무턱대고 남을 따라 하며 그렇게 사는 것이 멋지게 보였다. 나는 실로 너무 오랫동안 무의식적 무능력 상태에 빠져 있었다. 그 악마의 앞잡이가 불치의 상처에 저주의 기름을 퍼부은 것이다.

아, 이제 와서 이 무슨 궤변이란 말인가! 그동안 수십 번, 아니 수백 번이나 그 기운을 꺾으려고 애썼건만, 깊게 틀어박힌 쓴 뿌리를 뽑아내기는커녕 오히려 동조하지 않았던가? 그놈의 술기운이 나를 지배할 때는 하늘을 날아가는 듯했고, 늘 가까이 다가와 다정한 천사처럼 속삭이며 황홀감과 쾌락을 부추겼다.

'그래, 너는 세상에서 가장 선한 천사로 태어났어!'

그래서 그랬던가? 나는 정말 이제까지 망할 천사표로 살았다. 그것이 바알세붐[67]의 올무요, 악마의 차코라는 사실을 몰랐다. 그놈의 영향력은 대단하여 상상을 초월했다. 나는 날마다 무릎을 꿇고 굴복했다. 이 추한 몸뚱이는 말할 것도 없고, 천사표 내 영혼까지 좀먹고 황량하게 만들었다.

---

67 히브리어로 '똥파리의 임금'을 의미한다.

"회개하지 않으면 내가 속히 가서 내 입의 칼로 그들과 싸울 것이다."(요한계시록 2:16)

거짓과 진실

'거짓은 한 문장으로 가능하지만, 그에 따른 진실을 밝히려면 수십 장의 문서와 증거가 필요하다.'

나치 정권의 홍보 담당, 괴벨스Paul Joseph Goebbels, 1897~1945의 말이다. 그는 하이델베르크대학교 출신의 천재 웅변가로서 진심 없이 히틀러를 지지하고 충성했다. 원칙이 아니라 편의적으로 정치적 야심을 펼친 것이다. 그러다가 총리로 임명되는 날 자결하여 거짓 선동가로서 연출 인생을 마감했다.

"위대한 사람보다 참다운 인간이 낫습니다."

미국 제32대 대통령, 루스벨트Franklin Delano Roosevelt, 1882~1945의 말이다. 유복한 어린 시절을 보냈으나 39세에 하반신이 마비되었다. 1930년대 뉴딜정책으로 대공황을 타개하고, 1940년대 제2차 세계대전을 승리로 이끌었다.

어느 날 대통령이 술주정뱅이라는 기사가 한 주간지에 실렸다. 고심 끝에 손해배상을 청구했다. 판사가 배심원과 논의하여 판결했다.

"귀 잡지사의 기사는 허위가 명백하고 대통령의 명예는 크게 훼손되었습니다. 그에 따른 손해배상금을 지급하시오."

사람들은 당연한 결과라며 그 잡지사는 망했다고 웅성거렸다. 그때 판사가 말했다.

"배상금은 1달러입니다. 재판을 마칩니다."

모두가 깜짝 놀라 물었다.

"고작 1달러란 말입니까?"

대통령이 미소를 지으며 말했다.

"내게 필요한 건 돈이 아니라 진실이라오."

오늘날 진실을 가장한 거짓이 판치는 세상이다. 내 인생도 거짓의 아비가 자기들 놀이터로 만들었다. 나도 모르게 점점 더 깊은 수렁으로 빠져들었다. 언제부턴가 나는 회개를 봉쇄하고 위선의 향수를 즐겼다. 거짓 선동가로서 아담을 농락한 사탄이 파놓은 그 함정이었다.

어느 날 주님의 계시를 보았다. 가끔 신령한 꿈을 꾸거나 신비한 환상을 본다. 새벽기도를 드리고 누웠더니 한 편의 드라마가 펼쳐졌다. 나름대로 열심히 일하며 살았다. 호구지책의 수단이긴 했으나 주님의 사명으로 받아들였다.

하지만 늘 개운치 않았다. 일을 마치고 나면 꼭 지저분한 쓰레기가 내 뒤에 널려 있었다. 아무리 치우고 또 치워도 끝이 보이지 않았다. 그래서 늘 빚진 자의 심정으로 살았다. 그러다가 지나온 내 발자취를 쭉 훑어보았다. 이제껏 살아온 내 뒤안길이 의외로 깨끗하여 놀랐다. 나와 함께 걸으며 뒤치다꺼리하는 보이지 않는 손이 있었다.

"그래, 바로 주님이시다!"

순간 자리에서 벌떡 일어나 감사의 기도를 드렸다. 여러 잡다한 일들이 얽히고설켜 늘 초조하고 불안했으며, 밤마다 번민하고 잠을 설치다가 오랜만에 단잠을 잤다. 그런데 자리에서 일어날 때, 그놈의 목소리가 또 내 귓가를 울려 긴장했다.

"하나님이 참으로 네게 동산 모든 나무의 실과를 먹지 말라고 하시더냐?"

아, 자유를 가장한 아디아포라, 하찮은 쓰레기여! 그 몹쓸 평화로 가장한 페르소나, 가면이여! 너희가 정말 생사람을 잡고 말았다. 문화와 시류를 핑계로 세상을 타락시키며 조용히 다가와 온갖 풍파를 일으키고, 무죄한 사람의 피를 한껏 빨아먹었다.

나는 처음부터 실패할 징조를 보였다. 그러나 이제는 다 끝났다. 예수님이 십자가에 달려 돌아가시며, "이제 다 이루었다!"라고 나에게 선포하셨기 때문이다.

"거짓 그리스도와 거짓 예언자들이 일어나 큰 기적과 놀라운 일을 행하여, 할 수만 있으면 선택된 사람들까지 속이려고 할 것이다."(마태복음 24:24)

오만과 편견

"겸손한 척하는 것보다 더 큰 기만은 없습니다."

영국의 여류소설가, 제인 오스틴Jane Austen, 1775~1817이 『오만과 편견』에서 한 말이다. 겸손은 깊지 않은 생각일 수 있고 분별없는 태도일 수 있다. 때로는 은근한 자기 자랑이나 과시일 수도 있다. 누구나 겸손의 굴레에 갇히면 기만의 함정에 빠지게 된다. 우리는 천사의 표가 아니라 성령의 인이 필요하다.

하루는 애달픈 환상을 보았다. 알거지가 될 징조였다. 지옥 아귀의 갈증이요, 음부 마귀의 욕정이다. 오래전 외할머니의 탄식이 그대로 이루어지는 듯했다.

'애들아, 어쩌자고 그러느냐? 도대체 어쩌자고!'

그다지 크지도 않고 작지도 않은 강이 보였다. 그 중앙에 느닷없이 큰 구멍이 생기더니 주변의 수자원과 어패류를 한꺼번에 쫙 빨아들였다. 그러고도 여전히 목마른 듯, 위에서 흘러오는 물과 아래로 흘러가는 물까지 모조리 빨아들여 쭉쭉 소리를 내며 삼켜버렸다. 순식간에 샘의 근원까지 바싹 말랐다.

그럼에도 여전히 부족한 듯, 산 너머 다른 강의 물줄기까지 끌어와 깡그리 들이마셨다. 일순간 온 사방의 강이 황량하게 되었다. 그때 나는 높은 산등성이에 올라가 살고 있었다. 큰 바위 비좁은 틈새를 기어서 드나들며 가끔 아래쪽 산하를 둘러보았다. 기약 없이 삭막한 모습에 크게 실망했다. 그 시커먼 구렁텅이는 흑암천녀의 아가리 같았다.

다른 서글픈 환상도 보았다. 동산의 온갖 나무들이 다양한 열매를 주렁주렁 달고 있었다. 보기에 참 좋았다. 그런데 하나같이 익지 않고 풋과일 상태로 떨어졌다. 내가 하는 일들이 결실치 못할 것이라는 뜻으로 다가왔다. 한없이 비참한 모습에 안타까워했더니 천사의 메시지가 들려왔다.

'주님의 손을 꼭 잡고 따라가야 한다. 이 여정의 파고를 넘어야 한다. 기도의 가교를 타고 말없이 순종하며 땀을 흘려야 한다.'

그래서 그동안 받은 주님의 메시지를 하나하나 되새겨 보며 다짐했다.

'그래, 그래도 감사하며 살다가 감사함으로 들림을 받자. 불평불만이나 불순종은 하나님의 뜻이 아니야. 이제라도 깊은 곳으로 가서 그물을 내려 보자.'

그런데 다시 고달픈 환상이 보였다. 시내가 얕아 물고기가 헤엄치기 어려웠다. 그 물이 점점 더 빠지더니 고기 등이 아예 밖으로 드러났다. 순간 물이 조금 불어나는가 싶더니 다시 빠지기 시작하여 아주 싹 말라 버렸다. 고기가 옆으로 드러누워 숨을 헐떡이며 나를 쳐다보았다. 그 옆에 다른 물줄기가 있었다. 수심이 깊고 깨끗했다.

그때 고기는 자갈밭으로 뛰쳐나와 몸부림치며 가쁜 숨을 몰아쉬었다. 참으로 안타까웠으나 나로서는 어찌할 방도가 없었다. 시공간의 차원이 달랐기 때문이다. 그 고기의 눈동자에서 내 가련한 모습이 엿보였다.

또다시 어설픈 환상을 보았다. 작은 언덕 위에 낡은 초가집이 있었다. 내 짐이 두세 개의 큰 보따리와 서너 개의 작은 봇짐으로 나누어졌다. 그것이 해결의 실마리는 아닌 걸로 보였다. 마당 앞에 10미터가량의 낭떠러지가 있었다. 그 아래로 모든 짐을 던졌다. 소파와 장롱 같은 세간은 물론이고 크고 작은 소품까지 버렸다. 그때 '가벼운 환란'과 '거룩한 수단'이 나를 도와주었다. 그리고 아래쪽을 바라보니 그걸 주워서 재활용하려는 사람들로 북적거렸다.

믿음의 가장 큰 오류는 오만과 편견에서 나온다. 주님의 사랑이 왜곡되어 미움과 증오가 일어나기 때문이다. 석가모니가 '자등명 법등명自燈明 法燈明'이라 했다. 나를 의지함이 법을 의지함이다. 나의 등을 밝혀야 법의 등이 밝아진다. 하늘의 지혜는 순결하고 평화롭고 친절하고 온순하고 자비와 선한 열매가 풍성하고 편견과 위선이 없다.

"너희는 허리띠를 띠고 등불을 켜놓고 깨어 있어라."(누가 12:35)

아드 폰테스

'아드 폰테스Ad Fontes'는 '기본으로 돌아가라'는 말이다. Ad는 전치사to이고 Fontes는 근원fountain, 원천source, 기본basic 등을 의미한다. 목마른 사슴이 시냇물을 찾기에 갈급하듯이 메마른 영혼은 하나님을 찾기 마련이다. 이는 삶의 선택이 아니라 생의 필수다. 우리의 본향은 하나님의 품이다.

1979년 10월 1일, 공직에 임용되면서 10·26사태가 일어났다. 대통령이 죽고 얼마 후 기관장이 바뀌더니 직무감사가 시작되었다. 엉겁결에 150만 원의 변상을 받았다. 그때 내 월급은 6만 5000원, 하숙비는 6만 원이었다. 150만 원은 스스로 감당하기 힘든 금액이었다. 사회생활의 첫 단추가 잘못 끼워져 평생 빚쟁이 신세가 되었다.

2025년까지 그 지옥의 풀무불이 계속 나를 따라다녔다. 빚더미 인생이 빛을 보기란 정말 어려웠다. 짙은 먹구름이 늘 앞길을 가로막았다. 내 삶은 피폐했고, 어느 한순간도 편할 날이 없었다. 주의 말씀이 너무 매정하고 야속하게 들렸다.

> "너희가 마지막 한 푼까지 다 갚기 전에는 결코 거기서 나오지 못할 것이다."(마태복음 5:26)

"오, 주 예수여! 주의 긍휼하심만이 저의 살길입니다!"
아디아포라Adiaphora[68] 쓰레기들로 시름을 달래 보려고 했지만 그 또한 고도화된 사탄의 속임수로 다가왔다. 그것이 지옥 아귀의 아가리로 더욱 나를 이끌어갔다. 나는 더욱 의기소침해 가라앉았으며, 원수는 기세등등하게 자기 배를 채워나갔다. 바울의 위로가 구만리 장천의 메아리처럼 아련하게 들렸다.

> "하나님을 사랑하는 자들에게는 모든 일이 합력하여 선을 이룰 것입니다."(로마서 8:28)

1980년, 서울의 봄은 안개같이 사라지고 신군부가 득세하

---

[68] 신앙적으로 선악이 뚜렷하지 않은 주초酒草 문제나 잡기雜技 등을 말한다.

더니, 서슬 퍼런 기관장이 별을 세 개 달고 의기양양하게 등장했다. 전임자가 판공비를 다 쓰고 떠났다는 이유로 성질을 부리며 복지관 감사를 하라고 지시했다. 그 의도를 알아차린 기회주의자들이 저마다 충성을 다하려고 애썼다. 그럴 때는 상이 아니라 벌이 더 필요했다. 그 시절에는 그런 따위의 눈치만 잘 봐도 누구나 출세 가도를 달렸다.

직원 복지관은 현역 군인들을 배제하고 일반 직원들이 자체적으로 운영했다. 현역은 2년마다 인사이동이 있어 회비 등을 받기가 어려웠다. 식당 2곳과 매점 2곳, 다방, 이발소, 세탁소, 아파트 3동 등 여러 시설을 관리했다. 수익금은 직원들의 복지를 위해 사용했으나 기관장의 활동비로 많이 들어갔다.

따라서 직원 1000명 가운데 200명의 현역은 늘 불만이 있었다. 자기네 밥값과 찻값 등의 수익금이 일반 직원들의 복지에 사용되었기 때문이다. 아파트 입주권도 현역에게는 주어지지 않았다.

나는 총무과 복지계 소속으로 발령을 받고 매점과 물품 창고 등의 관리 업무를 맡았다. 공병대 출신의 낙하산 계장이 나이도 많고 눈이 어두워 내가 현금 출납까지 겸했다. 물품 수납은 단기사병에게, 매점 운영은 계약직 여직원 두 명에게 맡겼다.

감사가 끝나고 직원 네 명이 모두 징계위원회에 넘겨졌다. 변상금 부과와 아울러 대기발령이 났다. 고래 싸움에 새우등이 터진 경전하사鯨戰蝦死의 참극이 일어났다. 흑암의 권세 앞에 광명의 진리는 비칠 공간이 없었다.

일반 직원들로 구성된 운영위원회는 강제로 해산되고 소관 업무는 국가기관인 복지단으로 이관되었다. 물품은 위원회가 인수하고 현금으로 인계하라는 어처구니없는 지시도 떨어졌다. 위원회가 그럴 돈이 있을 리 만무하여 그 피해는 고스란히 담당 직원들에게 전가되었다. 위원장이 국방부 감사실에 제소하겠다고 했으나 결국은 포기했다. 시국이 하도 어수선하여 그 자리도 보전하기 힘들었기 때문이다.

아파트 지하 창고에 물품이 산더미처럼 쌓여 있었다. 쥐와 좀 등에 의해 훼손된 물건도 많았다. 전임자와 그 전임자가 다 그렇게 인계인수해 나도 예외가 아니었다. 아이러니하게도 1년 6개월 만에 전임자와 그 전임자 두 명은 모두 사직했고, 내가 세 번째 타자로 투입되어 그 특수 임무를 맡았다. 그래서 나는 초짜 순례자로서 스스로 헤어나기 힘든 지옥의 우물에 빠졌다.

"하나님이시여, 사슴이 시냇물을 갈망하듯이 내 영혼이 주를 갈망합니다."(시편 42:1)

낭패와 교활

"불행은 동료를 사랑한다Misery loves company."라는 속담처럼 고통은 더하기를 좋아한다. 그래서일까? 뒤로 자빠져도 코가 깨지고 재수에 옴 붙은 사람도 있다. 그는 설상가상雪上加霜이요 첩첩산중疊疊山中이다. 반면에 날마다 금상첨화錦上添花요, 하는 일마다 일거양득一擧兩得인 사람도 있다. 이는 정말 『이상한 나라의 앨리스』가 아닌가?

12세기 금나라의 이고전李杲傳에 낭패狼狽라는 짐승이 나온다. 다리 짧은 이리들이 겪는 곤경으로 난맥상을 이룬다. 성질이 난폭하고 꾀 없는 낭狼은 뒷다리가 짧고, 성질이 온순하고 꾀 많은 패狽는 앞다리가 짧았다. 적을 만나면 낭이 앞장서 앞다리로 싸우고, 패가 뒤에서 뒷다리로 받쳐 주었다. 그런데 먹이를 두고 다툴 때는 서로 이전투구 하며 난장판을 벌였다. 자승자박自繩自縛하고 지리멸렬支離滅裂했다. 그래서 그들은 늘 굶주림에 시달렸다고 한다.

낭패는 무지의 결과요 독선의 선물이다. 부질없는 욕심에 사로잡혀 고난을 자초한 것이다. 하지만 그에 따른 약간의 보상은 주어진다. 밭에 감춰진 보물처럼 그것을 찾기가 매우 어렵다. 평생 낭패를 당한 사람만이 찾을 수 있는 파산의 산물이다. 영적인 사랑과 미움, 정적인 기쁨과 슬픔의 애증과 애환, 그 쓰디씀과 다디닮을 동시에 맛본다는 말이다.

세상천지에, 아닌 밤중에 홍두깨라고! 예수를 미혹하고 석가를 훼방한 마魔가 미천한 자에게도 미쳤단 말인가? 6만 5,000원짜리 초짜 월급쟁이에게 2년 치 상당의 변상금이 떨어졌다. 그걸 갚으라는 최고서와 독촉장이 내 고향의 읍장과 농촌지도소장, 그리고 부모에게 송달되었다.

내 집안은 물론이고 남의 가정까지 파산시킬 수 있었다. 1979년, 그 당시에는 공무원 임용 시 사무관 이상의 현직 공무원 두 명의 연대보증이 필요했다. 우리 지방은 군수 빼고 그들밖에 없어 부득이 그들의 도움을 받은 것이다.

하루는 나와 함께 낭패를 당한 동료 두 명이 찾아와 말했다.
"우리가 총무과장(인사권자)을 찾아가 빌어야 한다. 계장은 이미 자기 구명운동을 벌이고 있다. 우리도 가만히 있으면 다 잘린다."

1980년 초, 서리가 하얗게 내리고 안개가 자욱이 낀 어느 몹시 추운 날 주일 아침이었다. 우리는 과일바구니를 사 들고 잠실의 한 아파트를 찾았다. 다음 날 월요일 오후, 우리 셋은 다시 보직을 받았다.

그러나 고달픈 인생길은 피할 수가 없었다. 돈으로 돌아가는 세상에서 빚더미 생활은 정말 힘들고 고달팠다. 직장을 그만두고 싶었으나 그 낭패가 또 길을 막았다. 지옥의 우물은 너무 깊어 헤어날 기미는 보이지 않았고, 새로운 보직은 받았으나 그 자리에 앉아 일을 볼 수도 없었다.

　복지위원장의 요청과 과장의 배려로 3개월 동안 알거지 앵벌이를 했다. 위원장은 직원들을 대표하는 최고위직의 위치에 있었고, 과장은 인품이 고상하여 모든 직원의 존경을 받았다. 얼마 후 조직 개편으로 내가 속한 국局이 아예 없어졌다. 본부 직원의 10퍼센트에 해당하는 80여 명의 동료가 강제로 해고되었다. 어느 날 과장이 나를 불러 조용히 말했다.

"어느 부서로 가길 원하는가?"

"저는 아직 아는 곳이 없습니다. 회계직으로 들어왔으니 그 직제대로 가면 좋겠습니다."

　기획관리국 회계과로 발령이 났다. 반년 만에 네 번의 인사명령을 받았다. 회계과로 출근한 첫날, 계장이 은행 대리를 불러 조용히 뭐라고 한마디 하자 바로 그날 그 큰돈을 빌려주었다. 일단 날강도 변상금을 갚았다.

　교활狡猾도 전설 속의 동물이다. 교狡는 개처럼 생겼으나 쇠뿔이 달려 풍요의 상징이 되었고, 활猾은 돼지 털이 난 간악한 짐승으로 평소 동굴에 살았다. 하지만 한번 포효하고 나타나면 공포의 대상이었다. 적을 만나면 몸을 돌돌 말아 적의 입속으로 들어간다. 거기서 내장을 파먹고 적이 죽으면 태연히 빠져나온다. 나는 교활을 만나 오장육부가 다 상했고, 낭패까지 당하여 큰 곤욕을 치렀다. 하지만 주님의 긍휼로 목숨만은 부지했다.

"가버나움아, 네가 하늘까지 치솟을 셈이냐? 지옥까지 떨어질 것이다."(누가복음 10:15)

오욕의 세월

"제발, 프랑켄슈타인! 다른 사람은 두고 왜 나만 못살게 구시오? 나도 당신의 정의와 사랑을 받을 권리가 있소. 나는 당신의 피조물이잖소? 아담이 되어야 마땅했으나 당신이 나를 내쫓아 타락한 천사가 되었소. 보시오, 온 세상이 기쁨으로 가득하지만 나만 누리지 못하고 있소! 내게 맞는 여자를 만들어 주시오. 그러면 세상을 떠나 조용히 살겠소."

영국의 작가, 메리 셸리Mary Shelley, 1797~1851의 소설 『프랑켄슈타인』에서, 팔척장신의 괴물이 자기를 만든 주인에게 대들며 한 말이다. 그는 납골당의 뼛조각과 도살장의 시체 조각으로 지어져 흉측한 모습을 지녔으나 선한 양심을 가진 인간이었다. 하지만 자신의 끔찍한 외모로 사회적 일원이 될 수 없다는 사실을 알고 살인을 저질렀다.

1980년대 서슬 퍼런 군사정권 시절, 천사표가 타락하여 세상을 떠돌다가 사탄의 함정에 빠졌다. 부동산에 손을 댔다가 연패하고, 주식에 눈을 돌렸다가 영패하고, 딱한 여직원의 보증을 섰다가 봉급이 압류되어 분패하고, 직장 동료가 도장을 도용하여 돈을 빌려 쓰고 갚지 않아 소송에 휘말려 석패하고, 집과 가게가 집중 호우로 유실되어 완패하고, 집주인의 야반도주로 전세금까지 날려 참패하고, 무허가 건물이라 하여 정부 보상에서 제외되어 몰패하고, 이래저래 어찌할 수 없는 자연재해까지 당함으로써, 우리 가족은 황량한 화장터 동네 길거리에 나앉게 되었다.

설상가상으로 신도시 상가를 분양받았더니 회사가 부도나 낙망하고, 강원도 관광지 개발에 투자하자 사업이 취소되어 절망하고, 마지막 남은 조상의 위토(位土)까지 팔아 식당을 개업하자 IMF 사태가 터져 패가망신하고, 국유지 가옥을 인수하자 폭풍으로 폭삭 무너져 쫄딱 망했다. 카드깡과 고리채로 마지막 승부수를 띄웠지만, 낭패와 실패를 거듭하며 폐망과 좌절의 늪으로 더욱 깊이 빠져들었다. 참으로 안타깝게도, 모자란 인간의 본전 심리를 이용한 맘몬의 전략에 계속 말려든 것이다.

"아, 이제야 비로소 알겠다! 나는 피그말리온Pygmalion[69]이

---

[69] 그리스 신화에 나오는 키프로스의 전설적 조각가다.

만든 백색 미녀, 갈라테이아[70]가 되어 주인의 사랑을 받기를 원했지만, 결국은 프랑켄슈타인이 만든 흉악한 괴물이 되고 말았어! 이런 빌어먹을! 사탄이 꾸미고 마귀가 연출한 난파선 프로젝트에 된통 걸려들었어! 오라질 것! 그래서 무저갱의 모리배가 모조리 몰려와 나를 비웃고 조롱하며 십자가에 매달아 못을 박았어. 젠장!"

그때 사도 바울이 작은 위로자로 찾아왔다.

> "사실 우리도 전에는 본능적 욕심에 따라 육신의 욕구대로 살았어. 그래서 그들과 마찬가지로 하나님의 진노를 살 수밖에 없었지."(에베소서 2:3)

그럼에도 나는 예수 그리스도에 대한 믿음의 끈만은 완전히 놓지를 않았다. 위선과 가식의 페르소나(가면)를 뒤집어쓰고, 이중적 삼중고 고난도 인생의 곡예를 펼치면서도, 보이지 않는 그 손길에 이끌려 작은 교회를 섬기며 최소한의 인간적 도리를 다하려고 노력했다. 그 어려운 와중에서도, 수입의 30퍼센트를 교회의 헌금과 이웃의 구제와 선교를 위해 사용했다.

"아서라, 이 몹쓸 인간아! 이쯤 되면 너도 '신은 죽었다!'라고

---

70 피그말리온이 만든 조각상으로 '하얀 여인'이란 뜻이다. 바다의 요정 50명 가운데 하나다.

선포할 때가 되지 않았니?"

레기온Legion[71]이 밤낮으로 나를 졸졸 따라다니며 주님과의 갈라치기를 부추겼다. 그때 실낱같은 희망도 없었지만, 그래도 언젠가는, 그 어떠한 형태로든지, 나도 남들처럼 제대로 살 수 있을 것이라는, 믿음의 오기를 부리며 참고 또 참으며 버텨나갔다.

"그런데 아, 아버지여! 제가 잊을 만하면 꼭 나타나 채찍을 휘두르며 막무가내로 다그치는 폭력과 저주에 한껏 주눅이 들었고, 그때마다 어머니를 핑계 대며 자리에서 벌떡 일어났습니다. 그리고 정신 줄을 놓은 채 가엾은 아이들을 마구 짓밟으며 이리저리 떠돌아다녔습니다. 그러던 어느 날 깜짝 놀랐습니다. 그 아버지의 자리에 제가! 그것도 해괴망측한 프랑켄슈타인의 괴물로 서 있었습니다. 오, 주여! 이제 다 끝났습니다. 제발, 제 목숨을 거두어 주십시오."

> "실은 사람이 자기 욕심에 끌려 유혹을 받고 함정에 빠지는 것입니다."*(야고보서 1:14)*

---

[71] 고대 로마의 군대 조직으로 3천에서 6천 명쯤 되었으며, 마가복음에는 떼거리 귀신으로 나온다.

애잔한 여행

"도생일 일생이 이생삼 삼생만물道生一 一生二 二生三 三生萬物[72]이요, 만물부음이포양 충기이위화萬物負陰而抱陽 沖氣以爲和[73]이니라."

노자의 『도덕경』에 나온다. 융화는 전쟁을 방지하고 평화를 유지하는 최고의 전령이다. 융화의 벗은 조화요 조화의 짝은 겸손이다. 오만한 마음과 거만한 말씨가 전쟁의 원흉이다. 겸손한 맘과 온유한 말이 평화의 사자다.

1970년 5월, 4개월간의 긴 공백을 깨고 중학교 2학년으로 복학했다. 모든 것이 예전 같지 않았다. 자전거 통학이 어려워 읍내에서 자취를 시작했다. 동생과 함께 연탄가스 중독으로 지옥행 급행열차를 탈 뻔했다.

이후 희수의 할머니가 내려와 우리 형제의 뒷바라지를 했다. 그간 밀린 공과를 교과서와 참고서를 통해 쭉 훑어보았다. 일주일 만에 마스터하고 마음을 가다듬었다. 하지만 은연중 깊은 수렁으로 빠져들고 있었다. 사춘기 호기심의 올무에

---

[72] 무극無極이 태극太極을, 태극이 음양陰陽을, 음양이 만물萬物을 낳았다.
[73] 만물은 음을 짊어지고 양을 껴안으며, 그 기운이 교류하여 융화融和를 이룬다.

걸려 낙오병의 길을 걸었다.

이듬해 5월, 후반기 공납금을 가지고 친구 두 명과 함께 무작정 서울로 올라갔다. 청량리역에 내리자마자 모리배들에게 끌려갔다. 어두컴컴한 골목길 쓰레기장 옆에서 뭇매를 맞고 돈을 다 빼앗겼다. 그들이 골목길로 사라지자 우리는 망연자실하여 서로 쳐다보았다. 나를 두고 달아나지 못해 같이 매를 맞아준 친구들에게 미안했다.

나는 장애가 뭔지 몰라 사회에 적응하지 못하고 스스로 위험천만한 길을 걸었다. 우리는 청량리역 대기실에서 날이 새기를 기다렸다. 우리가 찾아갈 곳은 직업소개소뿐이었다. 애처롭고 안쓰러운 유랑 드라마가 시작되었다.

답십리 봉제공장에서 일하다가 일주일 만에 도망쳐 나왔다. 보문동 주유소에서 일하다가 3일 만에 쫓겨났다. 종암동 가죽 공장에서 1개월 일하고 그만두었다. 쇠막대를 깎아 안테나 봉을 만드는 가내 공업사에서 먹고 자고 지냈다.

그리고 어디 자개 공장을 거쳐 용두동 목각 업체에서 일하다가 상계동 공예사로 옮겨갔다. 아침 6시에 일어나 밥 먹고 일하기 시작하면 밤 10시가 되어 끝났다. 휴식은 오전과 오후에 각 10분, 휴일은 한 달에 하루, 생산품은 휴지걸이였다. 수익금은 적고 경쟁사는 많아 종사자들이 희생할 수밖에 없다고 했다. 온종일 라디오를 틀어놓고 일했다. 연속극과 대중가요를 무진장 들었다. 정신이 혼미했다.

하루 쉬는 주의 날이었다. 가랑비가 추적추적 내렸다. 질퍽한 거리를 무작정 걷다가 상계동 10번 버스 종점에 이르렀다. 작고 아담한 주홍색 교회당이 보였다. 보이지 않는 손길이 나를 그곳으로 인도했다. 안이숙 여사의 〈죽으면 죽으리라〉라는 영화를 보고 큰 감명을 받았다.

다음 날 오후, 10분간 쉬는 시간이 되었다. 신비한 기운에 이끌려 개울의 징검다리를 건넜다. 가파른 산비탈 좁은 길을 기어서 한참 올라갔다. 어제 갔던 교회의 십자가를 하염없이 바라보았다. 눈물이 주르륵주르륵 흘러내렸다.

이제 아버지의 집으로 돌아가고 싶은 마음이 간절했다. 영락없이 집 나온 탕자였다. 추석을 며칠 앞두고 있었다. 왼손 검지 첫마디가 조각도에 의해 날아갈 뻔한 칼자국만 남기고 애잔한 노마드nomad[74] 여행을 마쳤다. 그리고 학교로 다시 돌아갔으나 학업에는 더 이상 흥미가 없었다.

나는 스스로 망조를 즐겼다. '라가(바보, 얼간이)'라 불리기를 마다치 않은 망종이 되었다. 그걸 천사표로 여겼다. 받기보다는 주기를, 천재보다는 천치를 원했다. 이제 남은 내 시간의 조각을 작은 위로자로 내어주고 싶지만, 그마저 내 마음대로 할 수 없음을 나는 경험상 잘 알고 있다.

"오, 주여! 이 부정한 입술을 엘리야의 숯불로 지져 주소서!"

---

[74] 일정한 틀에 얽매이지 않고 자유분방하게 살아가는 유목민을 말한다.

"너희는 그저 '예'라고 할 것은 '예'라 하고, '아니오'라고 할 것은 '아니오'라 하라. 그 이상의 말은 악에서 나오는 것이다." (마태복음 5:37)

노매드랜드

〈노매드랜드〉는 세상을 떠돌아다니며 세월을 아끼는 일용 근로자들의 이야기로 2020년 개봉한 미국의 실화 영화다. 라틴어 노마드nomad는 유목민을, 랜드land는 그 삶의 현장을 말한다. 이들은 일상적 생활 방식에서 벗어나 끊임없이 새로운 길을 추구한다. 레갑의 아들, 요나답의 후손들처럼 무소유 정신으로 즐겁게 유랑하며 살아간다. 따라서 정서적으로 사고는 풍부하지만, 경제적으로 가난할 수밖에 없다.

아버지의 친구이자 친척인 보건소장의 소개로 칠곡의 직조 공장에 들어갔다. 가는 고무줄이 들어간 압박 붕대를 만들었다. 30대 중반의 기사 가족과 귀가 약간 어두운 남자 친구, 두 명의 여자애가 있었다. 나는 13세 소녀가 맘에 들었으나 16세 숙녀까지 내게 관심을 보여 조금 난처했다.

사장은 상이군인으로 양손이 없었다. 양팔에 갈고리를 끼고 군복 바지를 입었다. 늘 담배를 피우며 질근질근 씹고 다녔다. 볼펜을 입에 물고 하루도 빠짐없이 일기를 썼다. 수십 권의 일기장이 우리 숙소에 쌓여 있었다. 한국전쟁에 참가한 용사였다. 그가 나를 불러 조용히 말했다.

"기사가 하는 일을 보고 잘 배워라. 그러면 그를 내보낼 것이다."

그리고 매일 실타래를 점검하여 기록하라고 작은 공책을 건네주었다. 나는 공장에서 글 모르는 그 친구와 함께 지내며 사장이 시키는 대로 했다. 어느 날 아침에 보니 실타래 한 줄이 감쪽같이 사라지고 없었다. 뭔가 낌새가 이상하여 먼저 기사에게 알렸다. 그가 당황하여 얼굴을 붉히며 말했다.

"그게 어딜 갔겠나? 하늘로 올라갔겠나, 땅으로 내려갔겠나? 안 그런가? 오늘 저녁 우리 집에서 밥이나 같이 먹자."

그래서 그날 저녁, 우리는 오래간만에 융숭한 대접을 받았다. 이후 실타래 재고에 이상이 없었다. 붕대는 대구동산병원으로 납품했다. 그 아래쪽 골목에 사장의 2층 양옥집이 있었고, 나는 화물용 자전거를 타고 붕대를 배달했다.

철길을 건너고 시장을 지나서 갓길로 다녔으나 도로에 넘어진 적도 있었다. 무게는 가벼웠으나 부피가 커서 바람이 불면 통째로 날아갈 듯했다. 배달을 마치면 사모님이 500원짜리 동전을 하나씩 주었다. 그러다가 명절을 맞아 귀가한 후 다시 돌아가지 않았다. 가끔 그 소녀의 볼록한 새가슴과 또랑또랑한 눈망울이 눈에 아른거렸다.

서울 종로에 있는 TV 학원을 나갔으나 흥미가 없었다. 진공관과 저항 등에 대한 6개월 과정을 마치고 정릉에 있는 전파사로 갔다가 영등포 카라디오로 옮겼다. 1개월 일하고 용돈을 좀 달라고 했더니 사장이 핀잔을 주었다.

"네가 한 일이 뭔데?"

이후 비원 앞에서 휴대용 라디오를 조립하다가 종묘 공원 조성 사업으로 건물이 철거되어 창신동 비탈길 지하 차고로 옮겼다. 기사 한 명 외에 여자애 두 명과 남자애 세 명이 일했다. 어느 날 여자애 가운데 하나가 술을 잔뜩 먹고 길거리에 퍼진 것을 보고 우리가 집까지 끌어다 주었다. 그때 여자애 젖이 밖으로 튀어나와 처음으로 여자 유방을 보았다.

그리고 열세 살 남자애가 회의에 빠져 늘 괴로워하기에 『벤저민 프랭클린 자서전』을 사서 읽어 보라고 했다. 다음 날 바로 그의 모습이 딴판으로 변했다. 매사에 적극적으로 임하며 열심히 일하는 모습이 보기에 참 좋았다. 그때 나는 그 책을 읽은 적이 없고 누군가에 의해 그 말을 들었을 뿐이었다.

명동 입구에 있는 어느 빌딩 11층 사무실로 출근했다. 사장이 한국 최초로 유선 리모컨을 개발하여 영업사원을 통해 판매하기 시작했다. 나는 그 리모컨을 설치하고 고쳐 주는 일을 맡았으나 아는 것이 별로 없어 심히 두려웠다.

처음으로 이태원의 한 가옥을 찾아가 리모컨을 설치해 주었다. 자리에 누워서 TV를 보고 끌 수 있어 너무 좋다고 했다. 그는 몸이 상당히 불편한 사람이었다. 며칠 후 삼성에서 무선 리모컨이 나왔다고 TV에서 광고했다. 다음 날 바로 사무실 문이 닫혔다.

무교동 지하 술집에서 접시도 좀 닦았다. 낮에 자고 밤에 일했다. 몸매가 작고 가냘픈 아가씨가 내게 관심을 보이며 브래지어 고리를 걸어 달라고 자기 등을 내밀곤 했다. 가무스름한 속살을 볼 때마다 가슴이 두근거렸다. 일주일간 그 지하에 있다가 지상으로 나갔더니 눈이 부셔 앞을 볼 수 없었다. 이후 나는 정신을 차리고 사법 시험을 준비하다가 5급 국가 공무원이 되었다.

"썩어 없어질 양식을 위해 일하지 말고 영생에 이르는 양식을 위해 일하라."(요한복음 6:27)

삶의 뒷골목

"여인과 소인은 다루기 어렵다. 가까이하면 불평하고 멀리하면 원망한다."

영화 〈공자〉에서 공자가 한 말이다. 그는 아내 올관씨兀官氏를 자기 집에서 내쫓았다. 며느리와 손부까지 3대에 걸쳐 여인들이 모두 쫓겨났다. 삼강오륜三綱五倫[75]의 윤리를 가르치고 가화만사성家和萬事成[76]을 강조한 유교의 시조도 자기 집안의 여인만은 어쩔 수가 없었던 모양이다. 하지만 남자가 악처를 만나 위인이 되는지, 여자가 위인을 만나 악처가 되는지는 잘 모르겠다.

소크라테스의 아내 크산티페Xanthippe는 그리스어로 '금발의 여인'을 뜻하지만, 일반적으로 악처의 대명사가 되고 말았다. 어느 날 손님을 맞아 담소하는 남편에게 물을 한 바가지 끼얹었다. 제자들이 그에게 물었다.

"스승님, 이런 결혼을 꼭 해야 합니까?"

"결혼하게. 양처를 만나면 행복할 것이고 악처를 만나면 철

---

[75] 삼강三綱은 군위신강君爲臣綱, 부위자강父爲子綱, 부위부강夫爲婦綱이고, 오륜五倫은 부자유친父子有親, 군신유의君臣有義, 부부유별夫婦有別, 장유유서長幼有序, 붕우유신朋友有信이다.

[76] 우선 가정이 화목해야 모든 일이 잘 풀린다는 말이다.

학자가 될 걸세."

러시아의 소설가 톨스토이는 아내 소피아의 잔소리로 인해 늘그막에 가출하여 결국은 객사했다. 그가 막내딸의 품에 안겨 죽으며 말했다.

"그 여자만은 내 장례식에 데리고 오지 마라."

미국의 제16대 대통령 링컨이 중요한 일로 간부들과 토론할 때 그 아내 메리 토드가 들어와 소리를 질렀다.

"아까 내가 부탁한 말 어떻게 됐어요?"

"아, 시간이 없어서 아직 못했어요."

"내 말보다 더 중요한 게 있단 소리야!"

그리고 문을 박차고 나갔다. 링컨이 웃으며 말했다.

"신경 쓰지 말게나. 내 아내는 저렇게 해야 안정을 찾는다네. 그대로 둬야 내가 편하거든."

감리교 창설자 웨슬리는 아이를 네 명 둔 미망인 몰리 바제일Molly Vazeill과 결혼했다. 오만불손한 데다가 탐욕스럽고 시기와 질투까지 했다. 집에 친구를 데려오지 말고, 돈을 마음대로 쓰게 하며, 외출 시 일일이 보고하라고 다그쳤다. 남편을 하인처럼 부리며 중상모략도 마다치 않았다. 하루는 사람들이 보는 앞에서 남편의 머리채를 잡고 질질 끌기도 했다.

오스트리아의 작곡가 하이든의 아내 마리아는 평생 바가지를 긁으며 남편을 괴롭혔다. 마음씨 착한 하이든도 그녀를 '지옥의 짐승'이라 불렀다. 나폴레옹의 아내 조세핀은 바람둥이,

모차르트의 아내 콘스탄체는 욕심쟁이였다. 푸시킨의 아내 나탈리아는 자기애에 빠져 남편을 황야의 무법자로 몰고 갔다. 숙종의 아내 장희빈은 인현 왕후를 질투하여 사약을 받았다.

아합의 아내 이세벨과 그 딸 아달랴는 권세욕에 사로잡혀 결국 비극을 맞았다. 욥의 아내 시티스Sitis도 악처로 유명하다. 자식과 재산을 모두 잃고 병까지 얻어 신음하는 남편을 찾아와 매몰차게 몰아붙였다.

"차라리 하나님을 욕하고 죽어라!"(욥기 2:9)

그러나 그들도 역사의 무대에서 한 역할을 감당했다. 크산티페의 악역무도로 소크라테스는 위대한 철학자가 되었고, 몰리의 후안무치로 웨슬리는 큰 믿음의 용사가 되었으며, 소피아의 안면박대로 톨스토이는 『전쟁과 평화』라는 불후의 명작을 남겼다.

아, 크산티페! 머리에 수건을 쓰고 가슴에 손을 포개라. 위의 위로를 사모하고 아래의 위안을 내쳐라. 양심의 우물에 오만의 오물을 뿌리지 말라. 물 댄 동산의 오아시스를 나미브 사막의 데드블레이Deadvlei, 죽은 계곡로 만들지 말라.

오, 음부의 권세여! 지옥의 사자여! 하지만 까닭 없이 악마의 조각으로 지어진 원초적 크산티페가 어디 있겠는가? 위인이란 남정네의 위선적 뒷골목 풍경이 소박한 어편네의 소소한 삶을 짓밟았을 수도 있지 않을까? 그래서 올관씨가 빨래를 치대며 여인들에게 넋두리하지 않았을까?

"밤에도 공자라더냐?"

"천사들이 보니 여자는 남편의 권위를 인정하는 표시로 머리에 수건을 쓰라."(고전 11:10)

미니멀리즘

"노점상에서 물건을 살 때는 그 값을 깎지 말라!"

김수환 추기경의 인생 덕목이다. '미니멀리즘minimalism'은 '최소'에 '주의'를 붙인 말로 '비우는 삶'을 의미한다. 한국을 대표하는 20세기 종교인 세 분의 공통분모는 청지기 정신이었다.

한경직 목사님은 1902년 태어나 2000년 소천하시며 닳은 지팡이를 남겼고, 김수환 추기경님은 1922년 태어나 2009년 선종하시며 낡은 사제복을 남겼으며, 법정 스님은 1932년 태어나 2010년 열반에 드시며 누더기 가사를 남겼다. 어떤 사람은 가난하게 살다가 부자로 죽고, 어떤 사람은 부자로 살다가 가난하게 죽는다.

한때 일본 유학을 염두에 두고 일본어를 배우다가 법률 공부에 심취하여 사법 시험을 준비했다. 한문도 익히고 법률 용어도 어느 정도 깨우쳐 한창 열정을 불태울 즈음에 유신헌법이 나왔다. 어린 내가 봐도 정말 같잖았다. 한번 쭉 읽어 보고 내팽개쳐 버렸다. 법을 가지고 장난치는 듯했다.

그리고 공무원 시험을 준비하다가 처음으로 응시한 곳에 합격한바, 1979년 10월 1일 국가 공무원이 되었다. 후암동에서 하숙하다가 1980년 5월 신림동으로 옮겨 자취했다. 1982년 미아리에서 여동생들과 함께 살다가 1983년 결혼하여 정릉에서 살림을 차렸다. 1985년부터 용산 복지 아파트에서 5년, 1990년부터 상계동 공무원 임대 아파트에서 5년을 살고, 1995년 화정동 현대아파트를 분양받아 입주했다. 아파트값이 오르자 부질없는 욕심이 생겼다.

어느 날 일산신도시 터미널 상가에 투자하면 큰돈을 벌 수 있다는 마케팅 전화를 받고 분양사무소를 찾았다. 아파트 추가 대출로 계약하고 중도금까지 몇 번 납부했으나 회사가 부도나고 말았다. 영업사원이 그 손해를 만회시켜 준다고 꼬드겨 스키장 부지를 3필지나 계약했더니, 10년 이상 질질 끌다가 결국은 사업이 무산되었다. 죄가 장성하여 사망을 낳았다.

1997년 화정동 아파트를 팔고 고양동 비닐하우스를 임대하여 이사했다. 1998년 8월 6일 경기 북부 집중 호우로 그마저 수마가 할퀴고 지나갔다. 그 하우스 주인의 야반도주로 전세금 2천만 원까지 허공으로 날아갔다. 우리 네 식구는 백구 한 마리만 데리고 황량한 길거리에 나앉았다. 그 작은 개가 새벽 3시에 나를 깨워 우리 가족을 살렸다. 1개월간 라면으로 끼니를 때우며 여관방에서 지냈다.

얼마 후 공릉동 관사 아파트로 특별 입주했다. 이사를 마치고 출근하자 봉급이 압류되어 있었다. 언젠가 크리스천 동료의 소개로 여직원에게 보증을 선 것이 기억났다. 아버지의 유일한 땅, 위토位土를 팔아 월계동 굴다리식당을 인수했다. IMF 사태로 장사가 안돼 식구까지 공황에 빠졌다. 융자금을 떠안고 정릉동 북한산 기슭의 한옥과 교환했다. 국립공원 속의 무허가 주택으로 융자금에도 미치지 못하는 깡통이었다. 빚만 잔뜩 늘어나고 말았다.

2000년 6월 30일부로, 20년 6개월간의 공직 생활을 마감했다. 관사를 비워 주고 우이동 빌라로 이사했다. 가족을 버리고 고시원과 여관방을 전전했다. 정수기 외판원을 일주일간 하면서 우리 집에만 하나 팔았다. 중계동 중개회사에 2주 정도 나가다가 논현동 기획부동산으로 옮겼으나 점심만 한 끼 얻어먹고 그만두었다. 이 세상 모든 것들이 나를 등지고 있었다.

2001년 4월, 장애인고용촉진공단의 소개로 한 단체에 들어가 협회장 비서로 6개월 일한 후 복지관으로 옮겨 1년간 근무했다. 공직 경력이 인정되어 호봉이 높아 대우도 좋고 환경도

괜찮았다. 하지만 에일리언[77]처럼 번식하는 빚더미 앞에 더 이상 버틸 힘이 없었다.

"아, 맞아! 그러니까 성부聖富의 은총을 기리다가 성빈聖貧의 명예규율名譽規律, Honor Code[78]에 빠진 거야. 그래서 마메르티눔Mamertinum[79]의 생지옥에 갇히고, 시시포스Sisyphos[80]의 형벌까지 받게 되었어. 오, 케노시스Kenosis![81] 이미 죽은 자가 지금 살아 있는 자보다 복된 것을!"

> "예수는 원래 하나님의 모습을 지니고 계셨지만, 하나님과 동등이 여기시지 않고 오히려 자신을 비워 종의 모습을 취하셨습니다."(빌립보서 2:6~7)

---

[77] 영화 에일리언 시리즈에 나오는 가공할 외계 생명체다.
[78] 단체의 구성원이 그 명예를 위해 지킬 필수적 준칙이다.
[79] 정치인이나 이방인을 처형하기 위해 만든 고대 로마의 감옥이다.
[80] 제우스를 속인 죄로 지옥에 떨어져 평생 바위를 산 위로 밀어 올리는 형벌을 받았다.
[81] 하나님의 아들로서 신적 권위를 내려놓은 예수 그리스도의 자기 비움을 말한다.

파라다이스

"내가 분명히 말하지만, 오늘 네가 나와 함께 낙원에 있을 것이다."(누가 23:43)

예수님이 십자가에 달려 돌아가실 때 우편 강도에게 약속하신 말씀이다. 여기서 낙원Paradise은 그리스어 '파라다이소스παραδαισος'로 하나님이 조성하여 아담과 하와에게 주신 '기쁨의 동산'을 말한다. 하지만 그들의 죄로 지상에서 상실한바, 이제는 새 하늘과 새 땅이 임할 때까지 성도들이 들어가 머무는 나라, 천국을 상징하게 되었다.

1980년 5월 어느 따스한 봄날, 후암동 하숙비가 부담되어 신림동 달동네로 이사했다. 안방과 외진 부엌, 화장실 옆에 딸린 쪽방이 있었다. 1·4후퇴 때 월남하여 재혼한 70대 할아버지와 50대 권사님이 살았다. 그 외아들이 입대하여 내가 그 골방을 월세로 얻었다.

그 바로 옆 산자락에 아담하고 작은 교회가 있었다. 나는 이사한 후에도 정릉동의 교회로 다녔다. 권사님은 날마다 내 방문을 두드려 깨워 주었고, 나는 매일 새벽기도회에 나갔다. 기도를 마치고 산비탈 오솔길을 따라 산 위로 올라갔다. 산등성이에 마을 사람들이 부치는 작은 밭이 줄지어 있었다. 산꼭

대기에는 제각기 운동하는 사람들이 몰려와 있었다. 그들은 서편의 넓은 길로 다녔고, 나는 동편의 좁은 길로 다녔다. 그 산 중턱에 작은 너럭바위가 있었다. 하산하며 거기 앉아 여명을 맞았다. 기온은 쌀쌀해도 기운은 쌩쌩했다.

그날 새벽 그 너럭바위 위에서, 희끄무레 밝아오는 동녘 하늘을 하염없이 바라보고 있었다. 회색빛이 짙게 깔린 하늘이 한 폭의 수채화 같았다. 순간 산마루와 맞닿은 지평선 너머의 먼 하늘이 날카롭게 찢어지기 시작했다. 엄청난 굉음을 내며 번개 치듯 지그재그로 쩍쩍 갈라졌다. 어두침침한 그 하늘 속에서 희고 새파란 속 하늘이 나타났다. 티 하나 없이 맑고 싱그러웠다. 신성한 기운에 휩싸여 넋을 잃고 바라보았다. 어느새 나는 그 하늘 속으로 빨려 들어가 둥둥실 떠다녔다.

> "민족들이 그 빛 가운데로 다닐 것이요, 땅의 왕들이 그들의 영광을 그 도성으로 들여올 것입니다."(요한계시록 21:24)

그때 그 새 하늘이 다시 쪼개지기 시작했다. 다이아몬드보다 더 강한 껍질이 강제적으로 찢어지듯 정말 힘들게 파열되었다. 여기저기 갈라진 틈새로 날카로운 불꽃이 펑펑 튀었으며, 그 불기둥이 레이저 광선처럼 솟구쳐 올랐고, 태초의 빅뱅처럼 큰 폭발음을 내면서 섬광이 번쩍번쩍 발했다. 어디선가 밀려온 엄청난 양력에 의해 하늘 울타리와 그 테두리가 모두 파괴되는 듯했다.

순간 그 하늘 속에서 더욱 새하얗고 밝은 세 번째 하늘, 삼층천三層天이 싱그럽고 성스럽게 나타났다. 세상에서는 가히 볼 수도 없고, 아무도 드러낼 수도 없는 신령한 기운이 감돌았다. 티 하나 없이 맑고 고요하고 평화로운 수정의 바다와 유리의 거울을 보는 듯했다. 그 셋째 하늘을 보다가 두 번째 하늘을 생각하니 마음이 너무 무거웠다. 그 둘째 하늘에 비해 지나간 첫 번째 하늘을 머리에 떠올리니 그야말로 생지옥 같았다. 흑암의 지옥처럼 느껴져 다시는 그리로 돌아가고 싶지 않았다.

> "주께서 자기 백성의 상처를 싸매시고 고치시는 날에 달이 해처럼 밝을 것이며, 햇빛은 7배나 더 밝아 7일간의 광량에 맞먹는 빛을 낼 것이다."(이사야 30:26)

그리고 그 세 번째 하늘 속에서, 새하얗고 예리한 초음속 광선이 번쩍하는가 싶더니, 아! 내 눈썹과 눈썹 사이, 양미간 이마에 극초음속 속도로 들어와 쾅 박혔다. 온몸에 전율이 일어나며 파르르 떨었다. 벼락을 맞은 것 같기도 하고, 초고압 전선에 감전된 것 같기도 했다.

얼마의 시간이 지났는지, 나는 산 아래 그 교회 앞에서 어떤 사람의 목에 무동舞童 타고 있었다. 그저 텅 빈 공허 속에서, 평소와 같이 회색빛 동녘 하늘을 물끄러미 바라보았다. 세상이 너무 혼탁하여 숨통이 꽉 막히는 듯했다. 한시라도 빨리 이 갑갑한 세상에서 벗어나고 싶었다. 그러다가 서서히 현실을 직시하고 다시 지상의 세계로 돌아오게 되었다.

"나는 새 하늘과 새 땅을 보았습니다. 이전의 하늘과 땅은 사라지고 바다도 없어졌습니다."(요한계시록 21:1)

긍휼의 은총

"그는 14년 전에 세 번째 하늘로 올라갔습니다. 그때 실제로 몸이 올라간 것인지, 아니면 영이 몸을 떠나 올라간 것인지 나는 모르지만, 하나님은 아십니다."(고린도후서 12:2)

사도 바울이 직접 본 삼층천을 간증했다. 신자의 신비한 체험은 하나님의 특별한 선물로서 객관적으로 증명하기 어렵다. 바울은 자신을 'the'라는 삼인칭으로 지칭하며 조심스럽게 말했다. 당시 교회가 저마다 자기 은사를 내세우며 덕을 세우지 못하고 파벌 싸움을 하는 등, 온갖 문제를 일으켜 바울이 겸손의 본을 보였다. 또 바울은 다마스쿠스 길에서 강력한 빛을 받고 부활하신 예수님을 만났다. 그가 땅바닥에 거꾸러져 소리쳤다.

"주여! 당신은 누구십니까?"

"나는 네가 핍박하는 예수다!"

그때 바울과 동행하는 사람들도 그 음성을 들었다고 한다. 바울이 시력을 상실하고 흑암의 그늘에 앉아 3일간 금식하며 기도할 때, 주님의 제자 아나니아가 찾아와 새로운 시력을 회복시켜 주었다. 순간 혜안이 밝아져 열성적 박해자가 열정적 전도자로 탈바꿈했다. 게다가 영안이 활짝 열리며 치유와 축사逐邪 등 다양한 은사까지 선물로 받았다. 그래서 이방인의 사도로서 기독교 역사상 가장 위대한 선교사가 되었다.

"바나바와 바울은 우리 주 예수 그리스도의 이름을 위해 자기 목숨을 내놓은 사람들입니다."(사도행전 15:26)

형제도 바울과 같이 세 번째 하늘을 똑똑히 보았다. 지독한 환난 속에서도 신앙의 지조를 지키려고 애쓰다가 레이저 광을 받았다. 주님만 바라보며 그 고난의 강을 건너라고 성령의 위로가 임한 것이다. 그때 현실 속에서 그 신비한 체험을 했는지, 아니면 가상공간에서 꿈을 꾸거나 환상을 보았는지 확실치 않다. 하지만 그 사실을 확인하려고 애쓰거나 기도하지 않았다. 신앙은 그 자체가 신기하고 신비하며, 신성하고 신령하기 마련이다.

오래전 술을 마신 기억은 있으나 집에 돌아온 기억은 없었다. 아침에 일어나 보니 우리 집이요 내 방이었다. 소위 필름이 끊긴 것이다. 그러나 그 하늘에서 나온 광선의 체험은 너무 강렬하고 생생하여 오감으로 분명히 느꼈다. 평소 창가에서 이불을 반으로 접어 깔고 자다가 추우면 덮었다. 그런데 그날 아침, 출입문 입구 바닥에서 새우처럼 쪼그리고 누워 자다가 속옷이 함빡 젖은 상태로 깨어나 한기를 느꼈다. 이는 단순히 메타버스Metaverse[82]의 경험만이 아니라는 증거이다.

그리고 세월이 지나서, 한 목사님이 이 간증을 듣고 성령의 불세례를 받았다고 일러 주었다. 이마에 불을 받은 것은 지혜를 의미하며, 손이나 발, 가슴, 등에 받는 사람도 있다고 했다. 그렇다면 하나님이 형제에게도 신령한 지혜의 선물을 주신 게 아닌가? 그러나 형제는 여전히 산 자로서 어려움을 겪으며, 이미 죽은 자로서 도리를 다하지 못했다.

그 신령한 체험으로 형제는 무슨 은혜를 받았는지 아직도

---

[82] 현실 세계와 가상 세계의 경계를 말한다.

잘 모른다. 특별히 드러낼 만한 변화나 간증할 만한 발전도 없었고, 특이한 사건이나 표적도 따르지 않았다. 다만 하늘나라가 분명히 있으며, 거룩하신 하나님의 존재만은 확실히 알게 되었다. 오죽 믿음이 없었으면 그렇게까지 하셨을까 싶다. 성도의 신앙적 경험은 하나님이 주권적으로 허락하시는 긍휼의 은총이다. 결코 자랑할 일이 아니다. 그에 따른 특별한 혜택도 주어지지 않는다. 사도 바울처럼 주님을 위해 더 많은 고난이 따를 뿐이다.

"나는 너희를 회개시키려고 물로 세례를 준다. 그러나 내 뒤에 오시는 분은 나보다 능력이 많은 분이시다. 나는 그분의 신발을 들고 다닐 자격도 없다. 그분은 너희에게 성령과 불로 세례를 주실 것이다."(마태복음 3:11)

안드로포스

"성령의 인도를 받는 사람은 다 하나님의 자녀입니다."

(로마서 8:14)

신약성경에서 가장 많이 나오는 단어는 사람(안드로포스ανδρ
οπος)이고, 다음이 하나님(데오스), 주님(퀴리오스) 순이다. 헬라
어 '안드로포스'는 '사람'과 '얼굴'의 합성어로 하늘을 바라보며
영원을 사모하는 존재라는 뜻이다.

사람은 하나님의 형상Imago Dei대로 지어져 하나님과 신령
한 관계를 유지하며 살았다. 신적 생명을 부여받아 영원히 죽
지 않는 독보적 존재였다. 태어나면서부터 땅만 바라보고, 먹
이 사슬을 찾아 동분서주하며, 종족 보존을 위해 버둥거리는
포유류가 아니었다.

> "육체라고 해서 다 같은 것이 아닙니다. 사람의 육체와
> 짐승의 육체와 새의 육체와 물고기의 육체가 각각 다릅
> 니다."(고린도전서 15:39)

영원한 생명을 지닌 '이마고 데이' 사람은 천상천하 유아독
존의 피조물이다. 먹고 자고 싸고 번식하고 죽는 지상 동물
이 아니라, 하늘의 신령한 양식으로 살아가는 영적 존재라는
말이다. 언제 어디서나 하나님을 흠모하는 백성이요, 물과 성
령으로 거듭난 성도다. 그래서 예수님도 자기를 '사람의 아들'
이라고 했다. '인자人子'는 먼저 메시아를 상징하지만, 하나님이
함께하시는 사람, 즉 임마누엘Immanuel의 하나님을 의미한다.

하나님을 찾는 사람Human Being은 원초적 존재성을 드러낸

다. 동물적 이기성利己性을 추구하는 후마니타스Humanitas는 그냥 호모 사피엔스일 뿐이다. 사람은 아버지의 몸에서 나온 썩을 몸도 가졌지만, 하나님의 영에서 나와 영원히 썩지 않을 몸도 가졌다.

> "그러므로 우리는 낙심하지 않습니다. 우리의 겉 사람은 낡아지지만, 속사람은 나날이 새로워지고 있습니다."
> (고린도후서 4:16)

1990년 어느 날, 고심 끝에 '소금 언약'을 선포했다.

'이는 하나님과 맺은 계약으로서 영원히 변치 않고 절대 깨어지지 않는다.'
제1조 주초커피 청산(酒草커피 淸算)
제2조 새벽기도 준행(새벽祈禱 準行)
제3조 요한복음 암송(요한福音 暗誦)
제4조 엘림동산 조성(엘림東山 造成)
제5조 십의이조 실천(十의二條 實踐)

그러나 커피도 가끔 마시고, 새벽기도도 온전히 드리지 못했다. 야고보서를 암송한 후 요한복음을 외우기 시작했으나 신념과 능력의 한계를 느꼈다. 30년쯤 지나서, 2020년부터 엘림동산 대신 엘림원의 농부가 되었으며, 십의 이조를 넘어 십의 삼조로 주님의 영광을 드러내기도 했으나 그마저 흐지부지했다. 하지만 주께서 선히 여기시면 나의 모든 것, 십의 십조를 온전히 드릴 때가 있으리라 본다. 종교적 허세와 신앙적 허영의 바벨탑을 무너뜨리고, 그리스도 예수 안에서 참 자유를 드러내며, 주님과의 약속이 온전히 회복되기를 소망한다.

"이제까지 나는 세상만사 다 실패했다. 모든 것을 내려놓고 항복한다. 그리스도만 믿고 따라간다. 다른 아무것도 의미가 없다. 오직 예수, 예수 그리스도뿐이다."

이제 70세가 가까워 돌아보니, 주님은 그때 그 언약을 하나도 잊지 않고 기억하고 계셨으며, 음으로 양으로 이 죄인을 이끌어주고 계셨다. 실로 하나님은 항상 우리와 함께하시며 한결같은 사랑으로 은혜를 베푸신다. 하지만 우리는 제대로 알지 못하여 바로 믿지 못하고, 온전히 믿지 못하여 풍성히 누리지 못한다. 그래서 회개하고 세례를 받으라는 요한의 선포는 지금도 계속 이어지고 있다. 회개는 나를 버리고 주님을 따르는 일이다. 하나님의 품에 안길 때까지 지속되어야 한다. 이 또한 주님의 크고 놀라운 은혜다.

"나의 속사람은 하나님의 법을 즐거워하나 내 육체에는 또 다른 법이 있습니다. 그것이 내 마음의 법을 거슬러 아직도 나를 죄의 종으로 만들고 있습니다."(로마서 7:22~23)

생명의 원리

"그래서 나는 이미 죽은 자가 지금 산 자보다 복되며, 그보다 아예 태어나지 않은 사람이 더 복되다고 했다."(전도서 4:2~3)

사람은 세 번 죽고 산다. 처음은 3일 살이 미생물이요, 다음은 300일 살이 수중 생물이요, 그다음은 3만 일 살이 지상 동물이다. 한번 죽을 때마다 수명이 100배씩 늘어난다. 그리고 예수를 영접하는 자, 곧 그를 믿는 사람은 영원히 산다. 이는 하나님이 만드신 창조의 원리요, 생명의 법칙이다(요한복음 1:12).
1992년 5월 초 어느 봄날 이른 새벽에, 주님이 선포하셨다.
'이제는 네가 산 것이 아니다!'
순간 용수철에 튕기듯 내 몸이 공중으로 솟구쳤다가 바닥으로 거꾸러지며 자동으로 무릎이 꿇렸다. 비몽사몽간, 내가 산 것인지 죽은 것인지 분간되지 않았다. 눈앞이 캄캄했다. 한동안 멍하게 있었다. 지난 36년간의 카이로스Kairos 시간이 일순간 뇌리를 스치며 주마등처럼 지나갔다. 눈물이 주르륵 주르륵 흘러내렸다. 애잔한 회개가 애처롭게 이어졌다.
"주여! 제가 잘못했습니다. 저를 불쌍히 여겨 주소서…"
상계동 15단지 아파트 8층 복도 쪽 작은 방에서 있었던 일이다. 이후 그 말씀을 마음에 새기며 난관이 닥칠 때마다 되뇌었다. 이를 고백할 때마다 주님이 함께하셨다.

"오, 주 예수 그리스도! 나의 하나님이시여!
1992년 5월 초 어느 봄날 이른 새벽에
'이제는 네가 산 것이 아니다!'라는
주님의 음성을 듣고 나는 죽었습니다.
그런즉 이제는 내가 산 것이 아니라
내 안에 그리스도께서 사신 것입니다."
아기사자我旣死者 예수 내주來駐!
아기사자 예수 내주內住!
아기사자 예수 내 주主!"

"내가 그리스도와 함께 십자가에 못 박혀 죽었으니, 그런즉 이제는 내가 산 것이 아니라 내 안에 그리스도께서 사신 것입니다. 지금 내가 육신 안에 사는 것은, 나를 사랑하시고 나를 위해 죽으신 하나님의 아들을 믿는 믿음으로 사는 것입니다."(갈라디아서 2:20)

"이미 죽은 자가 무슨 맘이 있으리오.
이미 죽은 자가 무슨 말이 있으리오.
이미 죽은 자가 무슨 힘이 있으리오.

이미 죽은 자가 무슨 돈이 있으리오."

무심무언 무능무전無心無言 無能無錢!

"여러분은 자신이 믿음 안에 있는지 스스로 살피고 검증하십시오. 예수 그리스도가 여러분 안에 계신다는 사실을 모르십니까? 모르면 실격자입니다."(고린도후서 13:5)

"주의 길을 가려고 길을 나섰더니
가는 길 바로 앞에 큰 산이 막힌지라.
멈칫멈칫하다가 산기슭을 바라보니
준수한 말 두세 필이 준비되어 있는지라.
'그래, 저 말을 타고 산을 넘자!'
기쁜 마음으로 다가가서 말고삐를 잡았더니
말은 말없이 순응했다."

1992년 어느 여름날 새벽, 주님의 부르심을 받고 무작정 길을 나섰다. 한참 가다가 보니 태산준령이 앞을 가로막았다. 꼭대기는 가히 하늘에 닿은 듯했고, 도저히 그 산을 넘을 수 없을 것 같았다. 나는 이미 지칠 대로 지쳐서 모든 것을 포기하고 돌아서려 했다.

그때 산기슭 나무 그늘 밑에 한가로이 쉬고 있는 말 3마리가 보였다. 그중에 한 마리는 어린 새끼였다. 털이 반지르르한 것이 세 마리 모두가 건강하게 보였다. 먼 길을 힘겹게 걸어온 나는 구세주를 만난 듯 기뻤다. 조용히 다가가서 말고삐를 잡았더니, 마치 기다리기라도 한 듯이 말들이 기뻐하며 선뜻 따라나섰다. 그래서 나는 용기를 내어 다시 길을 가기 시작했다.

"너희는 여호와를 위하여 광야에 길을 준비하라. 너희는 우리 하나님을 위하여 사막에 대로를 평탄하게 하라. 모든 골짜기가 메워지고 모든 산이 낮아질 것이며, 거친 땅이 평탄해지고 험한 곳이 평지가 될 것이다."(이사야 40:3~4)

창조적 영성

"자연에는 직선이 없다!"

오스트리아의 화가요, 건축가요, 환경운동가인 훈데르트바서Hundertwasser, 1928~2000의 말이다. 제주 우도에 그의 갤러리 파크가 있지만 거기에는 직선이 없다. 직선은 완고하고 오만

하지만, 곡선은 유연하고 겸손하다. 직선이 만나면 날카로운 모가 생기고, 곡선이 만나면 부드러운 면이 생긴다. 그 직선에는 하나님도 계시지 않는다.

독일의 바이올린 마이스터, 마틴 슐레스케Martin Schleske, 1965~는 자신의 작업장에서 창조적 영성을 발견하고 『가문비나무의 노래』를 출간했다. 1만 그루 가운데 1그루의 노래하는 나무를 찾아 자기만의 독보적 바이올린을 만드는 장인이다.

"일상의 일에 깨어 있으면 그것이 바로 기도가 됩니다. 일과 믿음은 하나입니다."

그 말대로, 일과 믿음은 별개가 아니며 차츰차츰 만들어지는 예술 작품이다. 저지대서 서둘러 자란 나무는 고지대서 서서히 자란 나무에 비길 수 없다. 생존을 위한 고난의 떨림이 촘촘한 나이테를 만들어 섬김의 울림으로 나타나는 것이다.

스스로 가지를 자르며 곧게 자라는 가문비나무처럼, 우리도 우리에게 해로운 것을 버릴 자유가 있다. 나무는 교훈이나 비결을 설명하지 않고, 삶의 원리를 노래할 뿐이다. 뿌리와 잎은 줄기를 통해 서로 양분을 주고받으며 아름다운 꽃을 피운다. 하지만 이기적 인간은 자기도 죽고 남도 죽이며 서로 함께 죽인다. 우리는 나를 위해서가 아니라 남을 위해서 살아야 한다.

'나는 믿음으로 무장한 스승보다 믿는 제자가 되겠다.'

일은 하나님의 선물이고, 그 일로 우리는 믿음의 표상이 된다. 기도는 노동이고, 노동은 믿음이다. 이를 별개로 생각하면 재능의 도구로 전락한다. 우리는 하나님의 가족으로 상품이 아니라 작품을 만들어야 한다. 바이올린과 바이올리니스트가 하나이듯, 우리는 서로를 위한 한 몸이다.

"소금이 맛을 잃으면 길가에 버려져 사람에게 짓밟힐 뿐이다."(마태 5:13)

1992년 9월, 여름 방학이 끝나고 개학할 즈음에 아이가 가훈을 만들어 달라고 했다. 그래서 평소의 생각을 일러 주었다.

'섭리에 순응하고, 이웃을 이해하며, 자신에 순수하자.'

이는 창조적이 아니라 포용적이다. 이마저도 실천하기 힘들었다. 나는 섭리에 순응하지 못했고, 이웃을 이해하지 못했고, 자신에 순수하지 않았다. 다만 어려운 문제에 부딪힐 때 '그래, 섭리에 순응하자!'라고 하니 주님의 평화가 찾아왔고, 이웃이 힘들게 할 때 '그래, 이웃을 이해하자!'라고 하니 그의 잘못이 나의 허물로 다가와 받아들이게 되었다.

하지만 '자신에 순수하자!'라고 했더니 나의 버킷 리스트만 줄줄이 드러났다. 나는 물질의 빚은 물론이고 양심의 빚까지

지고 있다. 사람의 교훈이 죄다 그렇지만, 이 피동적 가훈조차 나의 의지로 지키기 어려웠다. 그래서 이것도 몽학 선생의 훈계 조각으로 남았다.

사람이 만들어 스스로 지킬 수 있는 계명은 하나도 없으며, 그 길을 온전히 따라갈 위인도 없다. 예수가 바로 길이요 진리요 생명이다. 그를 통하지 않고는 아무도 아버지께 나아갈 수 없다. 예수는 모든 인생의 모든 길이다.

예수만이 참으로 우리를 자유롭게 할 수 있고, 그 안에서만 참 평화를 누릴 수 있다. 자유는 생명의 본질이다. 그래서 우리는 사나 죽으나 주의 것이요, 살아도 주를 위해 살고, 죽어도 주를 위해 죽어야 한다.

"그대가 이런 교훈을 형제들에게 잘 가르치면 그리스도 예수님의 훌륭한 일꾼이 될 것이며, 그대 자신도 믿음의 말씀과 그대가 이제까지 지켜온 선한 교훈으로 양육을 받게 될 것입니다."(디모데전서 4:6)

알레데이아

"진리가 무엇이오?"

빌라도 총독이 예수를 심문하다가 빈정대듯 물었다. 그리스어 '알레데이아άλήθεια'는 '만고불변의 진리'를 말한다. 약간의 이물질만 섞여도 순금이 아니듯, 사람이나 사정에 따라 변하면 참 진리가 아니다.

세상에는 겉만 번지르르하게 포장된 불량한 인간이 많다. 그리스도 안에서만 진리를 찾을 수 있지만, 세상은 그를 알 수도 없고 알려고도 하지 않는다. 그 안에 진리가 없기 때문이다. 그들은 사람다움Humanitas을 외면하고 동물적 인간 Homo sapiens을 추구한다.

어둠이 빛을 이길 수 없듯이 거짓은 참을 이길 수 없다. 이것이 진리이지만 사람들은 거짓을 세상의 지혜로 여기며 광적 대혼란Anomie에 빠져 있다. 이른바 리플리 증후군Ripley Syndrome[83]을 앓으며『지킬 박사와 하이드 씨』의 길을 걷고 있다. 미국의 환경운동가, 헨리 데이비드 소로Henry David Thoreau, 1817~1862가 말했다.

---

[83] 출세욕에 사로잡혀 거짓말을 하다가 자기마저 속이는 인격 장애를 말한다. 하이스미스Highsmith의 소설『재능 있는 리플리 씨』에서 유래했다.

"스펙과 프로필의 감옥에 갇히지 말라."

소로의 수필집 『월든』에서, 편견과 불안의 노예로 살아가는 사람이 99퍼센트라고 한다. 위선과 가식을 쫓아 변태와 전이를 거듭하는 아메바 같은 코로나 인간이 많다. 그들의 양심은 화인火印을 맞아 진리라곤 찾아볼 수가 없다. 오늘날 정치인들이 무속에 빠져 잔인성을 보이며, 폭탄주에 절어 인간성을 상실한 채, 몰상식하고 부정직한 길을 걷고 있다.

'원칙이 승리보다 귀하다.'

미국 선교사 호머 헐버트Homer B. Hulbert, 1863~1949의 말이다. 그는 한국인보다 한국을 더 사랑한 조선의 독립운동가로서 최초로 한글 교과서 『사민필지』를 편찬했다. 그의 평소 소원대로, 지금 서울 양화진 외국인 묘지에 고이 잠들어 있다.

1992년 어느 날, 사정없이 망가진 나를 보고 된시름에 빠졌다가 주님의 위로를 받았다.

> "무심결에 태어나 무지 중에 자랐소.
> 저주받은 인생이 방황하며 살았소.
> 은혜는 보았으나 구원받진 못했소.
> 깨닫고 살펴보니 상처가 깊어졌소.
> 모두 포기하고 돌아서려 했더니
> 그제야 그에게 '길 예비하라!'시네."

"길 잃은 양처럼 내가 방황합니다. 여호와여, 주의 종을 찾으소서. 내가 주의 계명을 잊지 않았습니다."(시편 119:176)

"우리가 추구하는 하나님의 나라는
감사하고 순종하는 기도의 교회요,
구제하고 선교하는 공의의 교회요,
순수하고 자유로운 평화의 교회다."

이는 아버지에 대한 아들의 본분이요, 이웃에 대한 이웃의 책임이요, 우리에 대한 우리의 의무이다. 이로써 주님의 교회를 세울 동기가 주어졌고, 그때부터 십의 이조를 구별하여 구제하기 시작했다. 우선 만 원짜리 신권 5장과 천 원짜리 신권 20장을 가지고 다니며 교회와 이웃에게 전달했다. 빚더미가 발목을 잡았지만, 배은망덕한 밑바닥 인생만은 피하고 싶었다.
'엘림동산의 엘림교회가 예수 그리스도의 이름으로 작은 성금을 드립니다.'
미국의 생태주의자 소로가 월든 호숫가에 오두막을 짓고 숲속을 산책하며 말했다.
"대지를 즐기되 소유하지 말라. 영혼의 생필품을 사는 데는 돈이 필요치 않다."
소로는 집과 짐과 음식을 줄이고, 자연 생태계와 우정을 나누며, 온몸으로 소박한 삶을 실천했다. 한국 '무소유'의 법정 스님, 미국의 인권운동가 루터 킹 목사, 러시아의 대문호 레프 톨스토이, 인도의 독립운동가 마하트마 간디, 남아공의 국민 영웅 만델라 등이 그 영향을 많이 받았다고 한다. 그도 역시. 소로가 지상 순례를 마치며 말했다.

"참 좋은 여행이었어. 이제 더 멋진 항해가 시작되겠지!"

"너희가 진리를 알게 되면 그 진리가 너희를 자유롭게 할 것이다."(요한 8:32)

메멘토 모리

라틴어 '메멘토 모리Memento Mori'는 '죽음을 기억하라'는 말이다. '카르페 디엠Carpe Diem'이나 '아모르 파티Amor Fati'도 그와 비슷한 뜻이다. 고대 로마의 개선장군이 시가지를 행진할 때 노예들이 그 뒤를 따르며 소리쳤다.

"메멘토 모리! 메멘토 모리!"[84]

---

[84] 당신도 언젠가는 죽을 것이오! 우쭐대지 말고 더욱 겸손하시오!

한국의 지성, 이어령1934~2022 선생이 죽음을 앞두고, 그리스 트로이 전쟁의 영웅 필록테테스Philoctetes의 상처와 활을 빗대어 자신의 인생이 전적으로 하나님의 은혜라고 했다.

'사람은 지혜를 가진 죽는 자이며, 그 과정은 고난의 이야기다.'

김지수 작가가 편집한 『이어령의 마지막 수업』에서, 선생은 머리로 생각하는 죽음과 신경으로 느끼는 죽음은 거리가 멀다고 했다. 삶과 죽음은 한 몸의 양 날개와 같다. 늘 함께 동거하지만 절대 동행할 수 없다. 누구나 죽을 수밖에 없고, 한 번 죽는 것은 정한 이치다. 그러나 믿는 사람은 영원한 생명을 누리며 부활의 소망에 동참한다(요한복음 6:47).

나는 숱한 죽음의 고개를 넘고 또 넘어 여기까지 정말 힘겹게 살아왔다. 그 길은 고난의 연속이었고, 그때마다 나는 무기력해지고 무질서에 빠졌다. 골백번 죽어 마땅한 죄인으로서 오로지 주님의 긍휼만을 구했다.

어린아이일 때, 오징어를 통째로 삼키고 급체하여 숨통이 끊길 뻔했다.

1970년 1월 24일 정오, 산판 트럭에 깔려 지옥Tartarus의 문턱을 수시로 넘나들며 사후의 세계를 경험했다.

1980년대 초, 호기심에 오토바이를 타고 거리를 달리다가 화물차 꽁무니를 들이박을 순간 옆으로 튕겨 나가 간신히 살아났다. 지금 생각해 봐도 이건 불가사의다. 주님의 손길이 아니라면 설명할 수가 없다.

 1980년대 어느 여름, 친구와 싸우다가 절벽 아래에 떨어졌으나 작은 싸리나무에 걸려 간신히 살아났다.

 1990년대 봄, 속이 뒤틀려 오물까지 다 토하고 의식을 잃었다가 겨우 회복했다.

 1990년대 중반, 외발로 펄쩍펄쩍 뛰며 화장실에 가다가 뇌빈혈로 쓰러졌다가 깨어났다.

 1998년 8월 7일 3시, 발바리가 잠을 깨워 가까스로 수마水魔에서 건져냄을 받았다.

 2000년 초 오밤중, 서울 동부간선도로에서 운전 중 졸다가 깨어 보니 앞차 범퍼에 내 차가 아슬아슬하게 붙어 있었다. 그때 누가 어떻게 브레이크를 밟았는지 나로서는 지금도 알 길이 없다.

 2000년대 겨울, 정선 산간 도로에서 차가 미끄러지며 빙빙 돌다가 벼랑 끝 눈덩이에 걸려 멈추었다.

 2007년 여름, 울진 산골에서 종아리와 발바닥의 생살이 터지고 피를 흘림으로써 혼수상태에서 벗어나 정신을 차렸다.

 2010년대 후반, 심한 어지럼증을 느끼고 의식을 잃었다가 병원 응급실에서 안정을 찾았다.

 공직 생활을 하며 직원 아파트에 살 때로 보인다. 자정이 넘어 총알택시를 타고 귀가하다가 학교 사거리에서 다른 택시와 충돌할 뻔한 일도 있었다. 지금 생각해도 정말 아찔하다.

그리고 지금도, 시도 때도 없이 찾아오는 '육체의 가시'[85]와 생사가 걸린 싸움을 계속하고 있다. 하지만 돌아보니, 그 모든 사건과 사고에서 주님의 신비스러운 손길이 있었다는 사실만은 절대 부인할 수 없다. '사고뭉치 삼돌이'의 크신 은혜라고 본다.

> "나는 땅속 멧부리까지 내려갔습니다. 땅이 빗장을 질러 나를 영영 가두어 놓으려 했습니다. 하지만 주 나의 하나님, 주께서 그 구덩이 속에서 내 생명을 건져 주셨습니다."(요나 2:6)

"너희들을 사랑한다. 예수 잘 믿어라. 천국에서 다시 만나자."
『너 뭐 하다 왔니?』의 이은상 목사가 오지 선교를 떠나며 자녀들에게 한 말이다. 베드로의 기질과 바울의 열정으로, 순교를 각오하고 열방에 복음을 전하는 순종의 여종이다. 고난의 밭을 갈다가 비움kenosis의 보화를 발견한 후, 스스로 소박한 삶minimal life을 실천하며 온몸으로 예수의 흔적을 드러내고 있다.

'어느 민족 누구에게나 복음이 들어가면 변화가 일어납니다. 언제 어디서나 하나님께서 계시니 차마고도茶馬古道까지

---

[85] 병명도 없고 치료제도 없는 환상통이다.

복음 들고 갑니다. 저는 그저 전할 뿐입니다.'

  춘추시대 공자의 윤리적 교훈이나 묵자의 평화주의, 전국시대 맹자의 정치사상이나 장자의 자연주의, 진나라 한비자의 현실주의도 필요하지만, 우리는 먼저 인자 시대의 예수 주의를 가장 먼저 추구해야 한다. 그 안에 영생이 있기 때문이다.

> "이것이 바로 그리스도께서 직접 우리에게 약속해 주신 영원한 생명입니다."(요한1서 2:25)

모노게네스

  그리스어 '모노게네스μονοχενης'는 '오직 하나의 아들The One and only Son'로서 성육신Incarnation하신 독생자, 예수 그리스도를 말한다. 따라서 몸도 하나요, 성령도 하나요, 그 안에서 부르심을 받은 우리의 소망도 하나다(에베소서 4:4).

> "기소불욕 물시어인己所不欲 勿施於人"

'내가 원치 않는 일은 남에게도 하지 말라'는 뜻이다. 『논어』 제23장에 나온다. 어느 날 제자 자공子貢이 스승 공자에게 물었다.

"제가 평생 지킬 일이 있다면 무엇입니까?"

공자가 대답했다.

"그건 서恕다."

'서'는 문자적으로 용서容恕를 의미하지만 해석하면 여심如心이다. 사람의 마음은 누구나 다 같다는 말이다. 공자만이 아니라 석가모니도 『법구경』에서 말했다.

"나에게 해로운 물건은 남에게 주지 말라."

예수도 제자들에게 가르쳤다. 이른바 기독교의 황금률이다.

"남에게 대접을 받고 싶은 대로 너희가 먼저 남을 대접하라."(마태복음 7:12)

남이 원하는 것을 내가 먼저 솔선수범하면 그것이 바로 인륜대사의 원칙이요, 최상의 법도가 된다. 따라서 이런 속담도 있다.

'가는 정이 있어야 오는 정도 있다.'

그 외에도 역지사지易地思之, 상대방의 관점에서 바라보라, 인지상정人之常情, 평범한 마음을 가지라, 사필귀정事必歸正, 반드시 바른길로 간다 등의 사자성어도 그와 비슷한 경구로서 인간관계에서 매우 중요하다.

"무릇 지킬만한 것보다 더욱 네 마음을 지키라. 생명의 근원이 여기에서 나온다."(잠언 4:23)

식물은 동물의 먹이가 되고, 동물은 다른 짐승의 먹이가 되지만, 사람은 그 어떤 부류의 먹이가 되려고 태어나지 않았다. 하나님의 형상Imago Dei으로 지어져 영원한 생명을 가진 천상천하 유아독존의 독보적 인물Andropos이다. 우리는 땅에 사는 하늘의 사람이다.

'정신을 바짝 차리고 깨어 있으십시오. 여러분의 원수 마귀가 우는 사자와 같이 삼킬 자를 찾아 두루 돌아다닙니다.'(베드로전서 5:8)

우리는 하나님을 담는 그릇이다. 그 역량이 무궁무진하다. 하나님의 사람으로서 독자적인 자유와 평화를 누릴 권세도 있다. 나는 나로서 나밖에 다른 이가 없다. 이는 독선이나 독단이 아니라 존귀와 존엄이다. 나만 잘난 것이 아니라 우리가 모두 나의 주체로서 유일무이하고 독특하다는 말이다. 모든 사람의 모든 것, '옴니아 옴니부스Omnia Omnibus'[86]로서 독립 독행하는 단 하나의 실존이다.

"우리는 이 보물을 질그릇에 담고 있습니다. 이 엄청난

---

[86] '모든 사람에게 모든 것을 주어라'는 라틴어로 사제들의 소명 의식이다.

능력이 하나님에게서 나는 것이지 우리에게서 나는 것이 아닙니다."(고린도후서 4:7)

우리의 그릇은 항상 깨끗하게 보전되어야 한다. 이것이 머나먼 수도의 길이다. 죄인을 초대하여 의인의 자리로 인도하는 믿음의 담력이 여기서 나온다. 더러운 그릇에는 하나님을 담을 수도 없고, 그 능력을 드러낼 수도 없다. 그래서 "내가 거룩하니 너희도 거룩하라"라고 했다(레위기 11:45).

"그러므로 누구든지 이런 것에서 자신을 깨끗이 하면, 주인의 선한 일에 요긴하게 쓰이는 귀하고 거룩한 그릇이 됩니다."(디모데후서 2:21)

우리의 그릇이 종지면 종지로, 사발이면 사발로, 대야면 대야로 그 목적에 따라 사용될 때 가장 존귀하게 된다. 부질없는 욕심은 본질의 상실에서 나온다. 그릇은 용량이 아니라 용도가 핵심이다. 그래서 주님이 아나니아를 사울에게 보내며 일러 주셨다.

"가거라! 그는 내 이름을 널리 전할 내가 택한 나의 그릇이다."(사도행전 9:15)

이후 박해자 사울은 역사상 가장 빛나는 선교사 바울이 되었다.

"토기장이가 진흙 한 덩이를 가지고 하나는 귀히 쓸 그릇을, 다른 하나는 막 쓸 그릇을 만들 권리가 없겠습니까?"(로마서 9:21)

마음과 믿음

"마음과 마음이 서로 통하면 사귀지 못할 친구가 없습니다."
포항 내연산 기슭의 암자에서 활발히 수행하는 50대 스님과 그 아랫마을 성당에서 은밀히 사역하는 80대 신부님이, 오랫동안 우정을 나누며 다정한 친구처럼 지내는 모습을 보았다. 그 생활양식이나 사고방식, 인생의 여정은 서로 달랐지만, 종교적 이념과 나이, 성격, 환경 등을 다 초월하여 협력하며 살아가는 모습이 정말 아름다웠다. 이것이 바로 '서로 사랑하라'는 지상 대명제의 실현이 아닐까 싶다(요한복음 13:34).

"우리의 도움이 천지를 지으신 여호와의 이름에 있다."

(시편 124:8)

　몸에 입은 상처는 아물면 그나마 잊히게 되지만, 마음에 입은 상처는 잘 아물지도 않고 쉽게 치유되지도 않는다. 사랑하는 가족이나 친구, 친척 등에 의해 생긴 상처는 더욱 깊고 큰 자국으로 남는다. 신앙생활에서 양심적으로 받은 상처는 일평생 남는 상흔이 되기도 한다.

　2022년 7월 17일, 마을에서 다소 떨어진 외딴곳 하천부지 비닐하우스에서 홀로 살아가는 80대 노인이 65년 만에 교회를 찾았다. 1950년대 청소년 시절, 어머니를 따라 열심히 교회에 다녔지만, 나중에 알고 보니 박태선朴泰善, 1917~1990 장로의 전도관이었다. 그 모친이 전 재산을 바치고 알거지가 되었을 때, 그의 가족은 신앙촌을 떠나 뿔뿔이 흩어졌다고 한다.

　믿음의 바탕은 마음이다. 마음을 닫고 믿음을 말할 수 없다. 믿음은 마음으로 성장하고 마음은 믿음으로 성숙한다. 마음과 믿음의 관계는 손등과 손바닥 같고 새의 양 날개와 같다. 서로 함께 잘 지내거나 죽으면 같이 죽을 수밖에 없다. 이는 일시적 협업collaboration이 아니라 영원한 결합hybrid이다.

　의인은 그 믿음으로 산다. 천연덕스러운 자아를 십자가에 못 박고 날마다 죽어야 한다. 물과 성령으로 거듭나지 않고는 결코 하나님의 나라에 들어갈 수 없다. 반드시 예수 그리스도 안에서 새로운 피조물이 되어야 한다. 그때 지성에서 감성으로, 감성에서 영성으로 나아갈 수 있다.

"오, 주여! 헤라클레스Heracles[87]같이 저도 열두 가지 과업을 수행하란 말인가요?"

"필록테테스Philoctetes[88]같이 저도 독사의 이빨 자국을 지니고 살아가란 뜻인가요?"

"앨버트로스Albatross[89]같이 큰 날개로 날지 못하는 비애를 저도 품으란 것인가요?"

2005년 5월 초, 이런저런 생각에 사로잡혀 다시 슬럼프에 빠졌다. 나이는 지천명, 주님의 부르심을 받기는 했으나 조바심이 났다. 갑갑한 마음에 기도원 땅굴에서 양손을 맞잡고 간절히 기도했다. 내 인생의 뒤안길이 너무 서글프기도 하고 안쓰럽기도 했다. 그때 무너진 자취가 뇌리를 스치며 빈자의 한숨으로 밀려왔다. 애잔한 멜로디가 클로즈업되었다.

'오, 주여! 이제 돌아보니, 참으로 죄송스럽고, 한편으론 감사할 따름입니다. 골백번 죽어 마땅한 죄인을 기가 막힐 웅덩이에서 건져 주셨습니다. 내 어찌 그 큰 은혜를 망각하고 이

---

[87] 그리스 신화와 아울러 로마 신화의 영웅이다. 열두 가지 과업을 완수하여 신으로 추앙되었다.
[88] 그리스 신화에 나오는 활의 명수로 트로이 전쟁을 승리로 이끈 영웅이다.
[89] 날개가 가장 큰 새로 신천옹信天翁이라 한다. 그 날개의 무게로 인해 땅에서 날아오르는 것이 오히려 쉽지 않다.

따위 상념에 붙잡혀 있겠습니까? 그 모든 일을 선으로 합력시켜 주신 주님의 사랑을 외면하고 언제까지 이 부질없는 생각에 얽매여 있겠습니까? 오, 주여! 제가 주님의 마음을 잘 모르고 살았습니다. 몰라도 너무 몰랐습니다. 부디 용서해 주십시오.'

아, 그러고 보니 언제부턴가 내가 힘들어 부르짖을 때마다 주님이 찾아와 위로해 주셨다.

'아기사자我旣死者 예수 내주內住!'[90]

'무심무언無心無言 섭리순응攝理順應!'[91]

'아생감사我生感謝 주생主生 사랑!'[92]

> "그러므로 믿음은 들음에서 생기고, 들음은 그리스도를 전하는 말씀에서 비롯됩니다."(로마서 10:17)

---

[90] 나는 이미 죽은 자, 예수님이 내 안에 사신다.
[91] 아무 생각도 없이, 말도 없이, 주님의 뜻에 따르리라.
[92] 내가 살아 있으니 감사하고, 내 안에 주님이 사시니 사랑하리라.

테네브리스

'오, 주여! 이 무슨 해괴망측한 미혹의 마술입니까? 이것이 정녕 테네브리스Tenebris, 흑암가 꾸미고 파르마키아Pharmakeia, 마법가 조작한 고통의 미궁이란 말입니까? 벌써 아포칼립스Apocalypse, 종말가 되었습니까? 파루시아Parousia, 주님의 재림는 언제입니까?'

오늘도 약자의 한숨을 내뿜으며 개미의 노래를 읊조린다. 2004년 3월 19일, 오늘도 오밤중에 흉악한 그 손님이 또 찾아왔다. 무턱대고 들이닥쳐 무자비하게 족치는 무지막지한 불청객이다. 차라리 바울의 '육체의 가시'였다면 그나마 좀 낫지 않을까? 콕콕 찌르는 사탄의 사자는 정말 참기 어렵다. 아무 힘도 없고 용기도 없는 이 무지렁이를 어찌 이다지도 모질게 조지는지? 징그러운 저림과 몸서리치는 떨림 속에서 또 이 밤을 지새운다.

"아, 사탄의 저주여! 악마의 사자여! 이제 제발 나를 떠나라! 이 상처에 주님의 거룩한 흔적이 있다!"

이는 의학적으로 치료가 없는 환상통이다. 난치병을 넘어서 불치병이다. 미리 지어놓은 약이 냉장고 안에 수북이 들어있다. 녹색, 핑크색, 노란색, 흰색의 약들을 한입에 털어 넣고 다시 자리에 누웠으나 진정될 기미가 없다. 어느 때는 일주일

이상 이 지독한 괴물이 무지막지로 괴롭힌 적도 있다. 가장 큰 고통은 잠을 못 잔다는 것이다. 어쩌다 잠이 좀 들려고 하면 마치 기다렸다는 듯이 쿡쿡 찌르는 고문이 다시 시작된다. 고압 전선에 감전된 듯 찌르륵찌르륵 경련이 일어나고, 머리털부터 발끝까지 뒤틀리며, 속이 매스껍고 토할 것 같다. 정말 추악하고 고약하고 더러운 병이다.

1980년대 초, 용산 후암동에서 한 외과의원을 찾았다. 그때까지 그 원인조차 몰랐다. 노 의사가 이르기를, 수술할 때 신경을 제거하지 않았기 때문이며, 한국전쟁 때 그런 환자가 무수히 많았지만, 제때 제대로 수술을 받지 못해 지금까지 고통을 받는다고 했다. 그리고 나도 재수술을 받으라고 권했다. 하지만 나는 그럴 사정이 아니었다. 공직 생활을 막 시작했을 뿐만 아니라, 10·26사태의 여파로 플루토스Plutos, 재물의 저주까지 밀어닥쳤기 때문이다.

'아, 이 밤도 정말 지긋지긋하구나! 절굿공이같이 뭉떵한 다리가 너무 원망스럽다. 누가 이 사정을 상상인들 하겠는가? 잠 못 이루는 이 처절한 밤을! 인정사정없이 마구 쑤시고 갈퀴는 독사의 침을! 이제 속이 매스껍고 토할 것 같다. 잠시 보이다가 금세 사라질 안개 같은 인생이 왜 이다지도 고달프단 말인가? 내가 무슨 죄를 그리 많이 지었던가? 어찌해서 이토록 다양한 고통이 욥의 형편을 뺨치는가? 급기야 이빨마저 따닥따닥 부딪히며 뼈마디까지 투두둑거리는구나! 아, 저주받

은 상처여! 독사의 이빨 자국이여! 필록테테스의 애환이여! 트로이 목마의 바이러스여!'

"오, 주여! 당신은 정말 살아계십니까? 어디 한번 대답이라도 시원하게 해 보십시오! 왜 이리 무정하고 무관심하십니까? 어찌하여 못 본 체하고 모른 척하십니까? 이게 당신의 파레시아(정의)입니까? 이것이 정녕 당신의 아가페(사랑)입니까? 어찌해서 이다지도 매정하단 말입니까? 아, 무엇이든 하실 수만 있거든, 제발! 이제 좀 돌아봐 주십시오! 무지막지하게 마구 물어뜯고 할퀴는 이 뱀의 날 샌 이빨에서 빼내 주십시오. 흑암의 마법사가 파놓은 이 깊은 수렁에서 꺼내 주십시오! 아니, 차라리 이 자리에서 모조리 지옥으로 보내 주십시오!"

나는 정말 힘들고 고달픈 인생길을 여기까지 걸어왔다. 그 무거운 짐을 지고 모진 역경과 싸우며 고난의 강을 수없이 건넜다. 내가 쉴 만한 물가는 그 어디에도 없었고, 디스토피아Dystopia, 반이상향만이 나의 연분이었다. 음부의 사슬로 탱탱 옭아맨 검은 마법의 포승이 나를 꼼짝달싹 못 하게 만들었다.

"오, 주여! 야베스의 고통과 슬픔을 벗겨 주신 것처럼, 이 종의 고충과 설움도 살펴주소서."

"슬프다, 내 상처여! 내가 중상을 당했다. 그러나 내가 말한다. 이는 참으로 나의 고난이다. 내가 참아야 한다."

(예레미야 10:19)

파르마키아

그리스어 '파르마키아Φαρμακεία'는 '어둠의 마법사'를 말한다. 영적 세계의 뒷골목을 누비며 약자의 삶을 짓밟는다. 그의 왕국은 '고통의 미궁'으로 지옥이며, 모든 민족이 그의 마술에 속고 있다(요한계시록 18:23).

인생은 소망의 바다를 향해 가는 쪽배를 타고, 고된 노를 저으며 세찬 물살을 거슬러 올라가는 사공이다. 사행천의 물처럼 온갖 질곡을 거쳐 대양에 이르게 된다. 그 여정에서 구원자의 도움이 꼭 필요하며, 보혜사의 보살핌으로 모든 역경을 헤쳐 나갈 수 있다.

우리는 지상의 순례자다. 때가 되면 다시 천상으로 올라간다. 이를 분명히 알아야 자신에게 주어진 고난의 시간을 감당할 수 있다. 하지만 지구촌 여행은 그리 만만치 않다. 미혹의 마법사가 파놓은 고통의 미궁이 개미지옥처럼 곳곳에 도사리고 있기 때문이다. 한번 빠지면 쉽게 벗어날 수도 없다. 구원자의 손길과 보혜사의 보호가 꼭 필요한 이유다.

> "내가 받은 계시가 너무 크고 놀라워 주님이 나로 교만하지 않게 하시려고, 내 몸에 가시, 곧 나를 괴롭히는 사탄의 사자를 주셨습니다."(고린도후서 12:7)

공자의 『논어』 제11장에 '인무원려 필유근우人無遠慮 必有近憂' 가 나온다. '사람이 멀리 생각하지 않으면 항상 근심 걱정을 안고 살아갈 수밖에 없다'라는 뜻이다. 그리고 제12장에는 '군자불기君子不器'가 나온다. '지도자는 그 쓰임새가 한정된 그릇이 아니다'라는 말이다. 자기만의 틀에 박혀 순리적 발전을 외면하거나 편협한 생각에 사로잡혀 대범하지 못한 사람은 통치자로서 자격이 없다.

2004년 9월 25일 토요일, 이윽고 추석 연휴가 시작되었다. 기도하고 싶은 마음이 간절하여 파주에 있는 기도원으로 올라갔다. 토굴 속으로 들어가니 4시 15분이었다. 다리를 편하게 하고 물과 떡을 그 앞에 두며 자리를 잡았다. 성경 위에 열네 가지 버킷 리스트와 열두 개 기도의 짐 보따리를 올려놓고 엎드려 하소연하며 부르짖기 시작했다.

"아! 부덕한 이 몸이여, 악덕의 자아여!"

그때 한 말씀이 임했다.

"가서 기름을 팔아 네 빚을 갚아라."(열왕기하 4:7)

그러고 보니 어느새 어둑어둑했다. 6시 15분이었다. 두 시간이 순식간에 훌쩍 지나간 것이다. 자리를 정돈하고 소품을 챙겨 구내식당으로 갔다. 통통 부르튼 1000원짜리 잔치국수로 맛있게 식사를 마쳤다.

그리고 저녁 예배를 드릴 때, 어떤 사람이 옆에서 찢어지는 목소리로 기도했다. 강사를 비롯하여 모든 사람의 시선이 그에게 집중되었다. 그 옆에 앉은 여자들은 아예 자리를 옮겼다. 여기저기서 킥킥거리는 소리가 터져 나왔다. 그는 성대를 상실한 듯했다. 무엇인가 다른 기관으로 억지소리를 질렀다. 이후 입을 다물고 침묵으로 일관했다. 그의 간절한 마음을 백분 이해할 수 있었다. 그에 비해 나는 너무 느슨했다.

"정발산역!"

예배를 마치고 서둘러 차를 몰고 나올 때, 어떤 사람이 소리를 꽥 질렀다. 차를 세우자 한 남자가 탔다. 말없이 정발산역까지 가서 내렸다. 성대 없는 바로 그 사람이었다. 입이 있어도 말할 수 없는 내 처지와 비견되어 마음이 뒤숭숭했다.

오피스텔 주차장으로 들어갈 때 전화가 왔다. 딸애였다. 내일 점심 먹고 시골에 같이 가기로 약속했지만 내 마음은 여전히 무겁고 어두웠다. 푸시킨의 인내가 뇌리를 스치며 내 인생의 연분으로 다가왔다.

> "네가 고난 중에 부르짖으므로 내가 너를 건졌고, 뇌성의 은밀한 곳에서 네게 응답했으며, 므리바의 물에서 너를 시험했다. 셀라." (시편 81:7)

아데모네오

그리스어 '아데모네오Αδημονέω'는 심히 근심하거나 몹시 괴로워한다는 뜻이다. 예수님이 십자가를 목전에 두고 겟세마네 동산에서 피땀을 흘리며 기도하실 때, 그 깊은 고뇌와 번민으로 가득 찬 상태를 표명한 말이다(마태 26:38, 마가 14:34).

2004년 9월 26일, 9시 예배를 드리고 이른 점심을 먹었다. 아이들을 만나 고향으로 내려가기 위해서였다. 차량 정체로 1시 반쯤 우이동에 도착했다. 길가에 차를 세우고 아이들에게 전화했다. 한참 후에 딸만 나오고 아들은 안 나왔다. 몇 차례 통화를 더 했으나 끝내 시골에 가지 않겠다고 했다. 순간 몹쓸 자아가 못된 본능을 일깨워 고약한 고통의 굴레에 걸려들고 말았다.

'그래, 맞아! 내가 아무리 아비 노릇을 못 해도 그렇지. 명절을 맞아 방구석에 처박혀 코빼기도 내보이지 않는 놈이 어디 있단 말인가?'

마구 부추기는 보복성 분노를 이기지 못하고 잠재의식에 깔린 욕지거리를 모조리 내뱉었다.

"이런 빌어먹을 새끼를 봤나? 야, 이놈아! 너는 아비도 없고 조상도 없냐? 배은망덕한 새끼 같으니! 이놈이 생각할수록 정말 싹수가 없네. 그렇게 살 바에는 차라리 혀라도 깨물고 뒤

져버려라. 이 짐승만도 못한 새끼야!"

아, 그 순간 애들도 놀라고 나도 놀랐다. 이후 대화가 평생 중단되었다. 오래전 돌중의 저주가 생각났다.

'아! 그 망발의 앙갚음을 내가 애들에게 하다니? 죽을 놈은 애가 아니라 아비였어!'

아직 어린애가 무슨 인생을 알겠는가마는, 어쩌면 나보다 더 깊은 상처를 받고 힘들었을 수도 있지? 하지만 그 어미도 그렇지. 명절이 되면 으레 아이들을 아비의 고향으로 보내야 하지 않나? 그때 삼손의 치명적 실언이 생각났다. 온몸에 진땀이 주르륵주르륵 흘러내렸다. 아버지로부터 전화가 왔다. 항상 벽에 붙여 놓고 되뇌는 경구가 뇌리를 스치며 무안하게 다가왔다.

'我旣死者 예수 內住!'[93]

일산 오피스텔로 돌아왔다. 이미 죽은 자? 그놈이 다시 살아나 역겨웠다. 처참하게 망가진 나를 보니 당장 때려죽이고 싶었다. 뺨을 치고 대가리를 쥐어박아도 흥분된 자아는 좀처럼 가라앉지 않았다.

"이런 맞아 죽을 놈 같으니! 남들처럼 쉽게 뒈질 수도 없는 놈이! 야, 이 미친놈아! 네가 예수를 믿는다고? 정말로 지랄하고 나자빠졌네. 세상에서 가장 더럽고 추접한 잡놈이!"

---

[93] 나는 이미 죽은 자, 예수님이 내 안에 사신다(갈라디아서 2:20).

나도 정말 대단한 놈이다. 천사표 얼굴을 하고 어디서 그런 추악한 말이 마구 튀어나오는지? 평생 듣고 본 막말의 구정물을 더러운 하수구로 마구 토해낼수록 진땀이 더욱 솟구쳐 올랐다. 그 자리에 벌러덩 나자빠져 드러누웠다. 다시 일어나 이리저리 배회하며 안절부절못하다가 밤 10시가 넘어 딸에게 전화했다. 어제와 달리 기가 팍 죽어 있었다. 못난 아비에게 크게 실망한 듯, 내가 봐도 정말 가증스러운 놈이었다.

'그래, 맞아! 나는 구제 불능이야. 아무리 봐도 내가 예수를 믿는 자라고 할 수가 없어. 그저 한갓 더러운 짐승, 인간종일 뿐이야. 그것도 얼간이 망종!'

9월 27일 자정, 주변을 정리하고 다시 자리에 누웠다. 휘영청 밝은 한가위 보름달이 창을 통해 역겨운 놈의 집구석을 쫙 비추었다. 그럼에도 달을 보자 기도하고 싶은 생각이 들었다. 베개를 등에 괴고 이불장에 기대어 성경책을 들었다. 애절한 하소연이 폭포수처럼 쏟아졌다.

"오, 아버지 하나님이시여! 제가 잘못했습니다. 정말 죄송합니다. 너무너무 송구합니다. 아이에게 퍼부은 저주를 저에게 몽땅 돌려주십시오. 제가 달게 또 달게 받겠습니다. 백번 받아 마땅하고 남습니다. 이 부정하고 더러운 입술을 절대 용서하지 마십시오!"

이후 나는 주둥이는 있어도 말을 못 하는 사가랴의 신세가 되었다.

"보라, 내가 너를 정련하되 은처럼 하지 아니하고 고난의 용광로에서 택했다."*(이사야 48:10)*

아마데이스

'아마데이스Amadeis'는 영적 진리를 배우지 못해 믿음의 기반이 부실하고, 성령의 인도를 받지 못해 일을 그르치는, 이른바 '무식한 자들'이다. 그 삶은 설상가상이요 첩첩산중이다. 엎친 데 덮치고 뒤로 자빠져도 코가 깨진다. 한번 일이 꼬이기 시작하면 연거푸 꼬여 난맥상이 일어난다. 일사천리와 만사형통을 추구하는 예수쟁이에게 더욱 혹독하게 다가온다. 바른길이 아니라는 방증이다.

2002년 10월, 일산으로 이사했다. 카드깡으로 2000만, 부동산 가등기로 5000만, 여자 친구 사채로 3000만, 총 1억 원의 거금을 마련했다. 내 평생 가장 큰돈을 만진 듯하다. 우선 급한 빚을 갚고, 남은 돈을 잘 활용하여 다른 채무까지 단번에 정리하기 위해 궁리했다. 처음에는 일이 순조롭게 진행되는 듯했다. 머지않아 나도 자유인이 될 수 있다는 장밋빛 희망을 품었다. 하지만 사회 경험도 없고 세상 물정도 모르는 놈이, 찍새[94] 드라마로 승부수를 띄웠다가 정말 된통 찍힌 새가 되고 말았다.

그해 12월 초, 공매로 매입한 임야에다 1000만 원의 웃돈을 주고 공릉동 삼거리의 식당과 교환했다. 친구의 언니를 소개받아 장사를 시작했다. 반지하에 난방이 안 된 상태여서 견적을 받아보니 장난이 아니었다. 도저히 안 되겠다 싶어 급매로 지역신문에 광고를 냈다. 일주일간 작정하고 간절히 기도했다.

"오, 주여! 이 식당만 팔리게 해 주시면 술 파는 가게는 평생 쳐다보지도 않겠습니다!"

기가 막힐 정도로 딱 일주일 만에 24시 해장국집 사장이 찾아와 계약하고, 다음 날 바로 인수인계를 마쳤다. 그리고 일산으로 돌아왔다. 그런데 참으로 안타깝게도, 그 서원 기도를 돌아서서 바로 잊어버렸다. 오히려 서울은 넓고 사람은 많다는 사실에 크게 고무되었다.

2003년 1월, 1200만 원에 다른 임야를 얹어 주고 응암동 시장의 2층 카페를 찍었다. 문을 닫은 지 꽤 오래되었다. 서둘러 그 자매의 명의로 영업허가를 내고 사업자등록을 했다. 식자재를 구매하고, 소주와 맥주를 들여놓고, 카드단말기를

---

[94] 중개인의 부동산을 찍어서 실수요자에게 되파는 사람을 이르는 말이다.

임대하여 영업 준비를 마쳤다. 그때부터 일이 자꾸 꼬이기 시작했다. 어렵게 마련한 자금을 다 까먹고 빚더미의 최고봉을 찍을 때까지, 나는 미련 방퉁이(바보)가 되었으나 그 기도를 기억하지 못했다.

카페를 오픈하자 IMF 시절보다 더 심한 불경기와 강추위가 밀어닥쳤다. 자매가 카페 의자에 앉아 쪽잠을 자고 밤을 지새우며 기다렸으나 찬 바람만 쌩쌩 불었다. 2월 초, 급기야 기습 한파로 가게 수도와 하수구까지 얼어 터졌다. 주인이 해동할 때까지 기다려달라고 했으나 그럴 수가 없었다. 내가 직접 업체를 불러 수리하고 상당한 비용을 치렀다.

"그대는 고집이 세고 회개할 마음도 없으니, 하나님의 공정한 심판이 나타날 진노의 날을 앞에 두고, 자기에게 임할 벌을 스스로 쌓고 있는 것입니다."(로마서 2:5)

그때 매도한 임야에 문제가 생겼다. 한 등기에 두 필지가 등재된바, 작은 땅은 2월 12일 카페 주인에게 확인서면으로 소유권을 넘겨 주고, 큰 땅은 2월 21일 다른 사람에게 등기필증으로 소유권을 넘겨 주었다. 그런데 나중 받은 자가 먼저 등기를 신청하면서 두 필지를 다 이전한 것이다. 그리고 딴청을 피우며 배짱을 부렸다. 인간의 몰염치와 맘몬의 비정함을 새삼 맛보았다.

이후 파라오의 열 가지 재앙을 다 받았다. 사람의 말로 다 할 수 없는 고난과 고통이 성난 파도처럼 밀려왔다. 코뚜레를 당한 송아지처럼 그 주인의 손에 이리저리 끌려다닐 수밖에 없게 되었다. 정말 혹독한 대가를 치르며 어려운 고비를 수없이 넘겼다. 그리고 서서히 찍새 드라마의 막을 내리게 되었다.

"아, 천사의 옷을 입고 다가온 재물변작財物變作[95]의 공작이여! 허공에 던져진 내 영혼의 비애여!"

하나님의 징계와 사랑의 채찍은 이 육신의 장막을 벗을 때까지 계속 이어지게 될 것이다.

> "하나님께 서원했거든 미루지 말고 지키라. 하나님은 어리석은 자를 기뻐하지 않으신다. 너는 약속한 것을 지켜라."(전도서 5:4)

---

[95] 사사로운 이익을 위해 재물을 이리저리 활용하는 방식을 말한다.

스토케이아

'스토케이아Stoicheia'는 세상의 초등 학문을 말한다. 조상의 전통이나 사회 통념 등 기초 원리에 근거하지만 근본 진리가 아니다. 피조물 세계의 '하찮은 권세들'로서 그 법과 원칙을 앞세워 인간의 삶을 지배한다. 하지만 그것도 하나님의 섭리 하에 유지, 보존되고 있으며, 혼돈과 혼란의 세상을 질서와 조화로 바꾸는 순기능의 역할도 수행한다.

그런데 타락한 사람들이 그 권세를 오남용함으로써 악마의 화신이 되었다. 이른바 양의 탈을 쓴 이리들로서, 자기 가족이나 종족 등 이해관계 집단을 위해 악용하며, 선을 악으로 갚고 악을 선으로 바꾸기도 마다치 않는다. 종교적 극단주의, 무속 신앙에 찌든 자들이 더욱더 악랄하다.

이제 예수 그리스도의 십자가로 그들의 정체가 드러나고 무장은 해제되었으나 긴장은 계속 이어지고 있다. 믿음의 지조를 지키고 미신에 빠지지 말라는 예방적 방편이요, 제방의 역할이다. 하나님의 교육 방법은 우주의 원소보다 많고 다양하다. 비록 하찮은 권세들이나 그 훼방까지도 역이용하신다.

2003년 5월, 응암동 카페의 3개월간 인건비와 월세, 공과금은 물론, 부대비용까지 생돈이 들어갔다. 다시 웃돈 1000만 원과 수고비 200만 원을 주고 갈현동 빌라와 바꾸었다. 그 카폐를 처분하기 위한 수단이었으나 더욱 깊고 어두운 늪으로 빠져들었다. 건축주가 1억에 전세를 놓아 주되, 1000만 원을 되돌려 준다는 이상한 방법이었다. 알고 보니 고수의 고차원 전략이었다.

곧 나갈 것이라는 전세는 3개월이 지나도 감감무소식이었다. 그러자 중개인이 융자금 7000만 원을 안고 2000만 원을 추가로 부담하여 그 소유권을 아예 넘겨받으라고 했다. 그럴 여유도 없었지만, 시세가 그보다 낮았다. 카페는 넘겨 주었으나 깡통 빌라는 해결의 실마리가 보이지 않았다.

결국 1000만 원을 포기하고 다시 웃돈 1000만 원과 수고비 200만 원을 주고 제주도 주택과 바꾸었다. 고수가 책임지고 팔아준다는 조건이었다. 반신반의하면서도 응할 수밖에 없었다. 일이 너무 꼬이고 꼬여 고수만이 이 문제를 풀 수 있다고 믿었기 때문이다. 아버지의 집을 뛰쳐나간 탕자처럼, 알거지가 되어 다시 돌아갈 때까지, 나는 그 지겹고 역겨운 돼지치기를 계속했다.

나중에 알고 보니, 제주도 주택도 그 빌라 주인의 소유였다. 고수가 노숙자를 내세워 하수에게 전매한 것이다. 참으로 어처구니가 없었다. 그 집은 전 소유자의 융자금 3000만 원과 가압류 등이 포괄적으로 근저당 되었는바, 그 채무가 이미 집값을 넘어 이전을 포기했으며, 그도 빌라가 분양되지 않아 궁여지책으로 그 집과 교환한 후 낭패를 보았으며, 불경기로 주택값이 떨어져 애물단지가 된 것이다.

게다가 그즈음, 그 집의 건축주가 도로 지분의 자기 땅을 팔기 위해 가압류를 추가로 설정했다. 하수의 수렁은 끝이 없었고, 고수는 그 비참한 모습을 지켜보며 속으로 웃고 있었을지 모른다. 하루는 고수가 하수를 불러 다정히 말했다.

"건축주가 도로 지분값으로 350만 원을 요구하니 200만 원만 내세요. 내가 150만 원을 보태 가압류를 풀고 팔아주겠습니다. 매입할 손님이 있습니다."

그래서 또 또 또 그놈의 200만 원을 주고 가압류를 말소한 뒤 저당권을 승계하려고 은행에 갔다. 은행 직원이 유심히 바라보더니 차분히 설명했다.

"등기상 채무자가 신용불량자입니다. 그의 신용카드 대금 500만 원도 갚아야 합니다. 현재 그 집 시세가 800만 원 정도입니다. 나머지 2700만 원도 부담해야 합니다."

'아, 무지의 장막! 안개의 구름이여! 그 끝은 어디냐?'

정말 해도 해도 너무한다는 생각이 들었다. 그때 욥의 아내가 조용히 다가와 말했다.

"이래도 당신은 여전히 신실함을 지킬 겁니까? 차라리 하나님을 저주하고 죽는 편이 낫겠습니다."(욥기 2:9)

오, 세상 풍조를 따라 욕심이 잉태한 자! 공중 권세를 쫓다가 죄가 장성한 자야!

"속지 말라. 하나님은 업신여김을 받지 않으시니, 사람이 무엇을 심든지 그대로 거둘 것이다."(갈라디아서 6:7)

아멤프토이

"여러분은 흠도 없고Amemptoi 순결한 하나님의 자녀로서 빛을 발하며, 생명의 말씀을 굳게 잡고Epekontes 주님의 구원을 확실히 드러내십시오."(빌립보서 2:15~16)

바울의 유고 편지에 나온다. 자세히 뜯어 보면 그의 사역은 실패로 점철되었고, 그 삶은 고뇌로 가득 찼으며, 서신의 효과도 미미했다. 그러나 하나님께서는 그를 지상 최고의 신학자요 전도자요 목회자로 세우시고, 신앙의 틀을 새로 짜며 종교의 주춧돌을 다시 놓았다.

2003년 8월, 제주도 주택의 등기상 소유자와 그 주인인 양 행세한 노숙인, 사실상 소유자인 빌라 업자, 하수를 교묘히 이용한 중개인 고수와 그 중개회사를 상대로 계약조건을 이행하라는 내용증명을 보냈다. 하지만 효과가 없었다. 그들에게 그런 일은 다반사였고, 전담 변호사까지 두고 있었다. 그래서 다들 대수롭지 않다는 반응이었다. 더 이상 기댈 언덕이 없었다. 하지만 나는 여전히 그 공릉동 지하 식당의 서원 기도를 기억하지 못하고 있었다.

"오, 주 예수 그리스도! 저를 불쌍히 여겨 주소서."(마가 10:47)

그즈음 응암동 카페를 인수한 빌라 업자가 가게를 건물주에게 반납하고 보증금을 찾아갔다. 영업허가도 승계하지 않고, 카드단말기 명의도 변경하지 않은 채, 그동안의 임대료까지 연체시켜 놓았다. 서류상 명의자인 그 자매에게 신용불량자로 등록하겠다고 통신사가 압박했다. 부득이 하수가 대신 갚을 수밖에 없었다. 돈이 참 편리하고 좋았지만, 고수들에 의해 죄 없는 하수의 돈만 계속 죽어 나갔다.

그리고 무거운 발걸음으로 난생처음 비행기를 탔다. 제주공항에서 버스를 타고 법원 앞에 가서 내렸다. 두 손을 꽉 잡고 길거리에서 간절히 기도했다. 더 이상 버틸 믿음의 힘도, 정신적 여력도 없었는바, 나도 모르게 기도밖에 할 것이 없었다.

"오, 주 예수여! 이번 한 번만 더 굽어살펴 주십시오. 대환대출로 이전등기만은 할 수 있도록 도와주십시오."

그때 가슴이 화끈거리며 뜨거워졌다. 실낱같은 희망을 품고 발걸음을 옮겼다. 버스정류장을 지나 우측 골목길 안으로 쑥 들어갔다. 1층에 여러 법무사가 있었으나 성령이 이끄시는 대로 좁은 계단을 통해 2층까지 올라갔다. 문을 열고 들어섰다. 사람들이 분주히 오가고 있었다. 책상이 사방으로 빙 둘러 놓인바, 그 한가운데 들어가 서성거렸다. 모퉁이에 앉아 신문을 보던 사람이 나를 힐끗 쳐다보며 무슨 일이냐고 물었다. 사정을 얘기하자 그런 문제라면 중개사를 찾아가라고 했다.

"죄송합니다만 제주도가 초행이니 아는 곳이 있으시면 좀 소개해 주십시오."

그가 잠시 골똘히 생각하더니 고개를 들어 한 직원을 불렀다.

"어이, 김 대리! 이분에게 대출 좀 알아봐 줘."

"예, 소장님!"

몸매가 홀쭉하고 까무잡잡한 사람이 활기차게 다가왔다. 그리고 자기 지프차로 운전하고 가다가 조심스레 물었다.

"소장님과 잘 아시는 사이인가 봐요?"

"아, 예, 예!"

얼떨결에 대답했더니 그는 정말 그렇게 믿고 나를 깍듯이 대했다. 어제도 60억을 대출해 주었으며, 지금 가고 있는 새마을금고와 그들 사무소가 서로 협력하는 관계이고, 법무사 소장과 금고 이사장이 막역한 사이라고 친절하게 설명했다.

잠시 후 새마을금고에 도착하여 차를 마시며 대기실 소파에 앉아 있었다. 김 대리가 담당 과장에게 가서 얘기하자 그가 와서 서류를 보자고 했다. 서류를 건네주자 갑자기 얼굴을 붉히며 말했다.

"이런 문제라면 우리한테 먼저 와서 물어보고 집을 사셔야죠?"

그리고 맨 뒤쪽에 앉은 사람(전무로 짐작)에게 가서 한참 상의한 후 그와 함께 다가왔다. 김 대리가 나를 소장님과 잘 아는 분이라고 그에게 다시 소개했다. 그가 잠시 생각하더니 과장에게 말했다.

"뭐, 어쩔 수 없잖아? 이미 사신 것을!"

"할렐루야! 내 영혼아, 여호와를 찬양하라!"(시편 146:1)

샐리의 법칙

'샐리Sally의 법칙'[96]은 '넘어지고 엎어져도 해피 엔딩'이고, '머피Murphy의 법칙'[97]은 '아무리 힘을 쓰고 애를 써도 새드 엔딩'이란 말이다. 이는 뭔가 아닌 것 같지만, 만사가 일사천리로 잘 풀리는 사람이 있는가 하면, 매사가 첩첩산중으로 뱅뱅 꼬이는 사람이 있다.

그래서 성경은, 하나님의 뜻대로 부르심을 입은 사람은 모든 일이 합력하여 선을 이루며, 굶주린 개처럼 먹고도 만족할 줄 모르는 자들은 분별력도 없이 지도자가 되어 자기 배만 채운다고 했다(이사야 56:11).

"사전에 우리한테 물어보고 사셔야죠. 우리가 그 집을 잘 압니다. 그 가격이면 바다가 보이는 곳에서도 얼마든지 살 수 있어요."

2003년 8월, 제주도 새마을금고 담당 과장이 전무의 지시를 받고도, 매우 언짢은 듯 계속 얼굴을 붉히며 거듭 말했다. 그리고 잠시 뜸을 들인 후, 오늘은 시간이 늦었으니 내일 아침에 다시 오라고 했다.

---

96 모든 일이 합력하여 선을 이룬다는 말이다(로마서 8:28).
97 아무리 노력해도 불행이 계속된다는 말이다. 뒤로 자빠져도 코가 깨진다는 말과 같다.

제주시장 근처에서 하룻밤을 자고 나서 다음 날, 그 새마을 금고를 다시 찾아갔다. 담당 직원이 나를 국민은행으로 데려가 전전 소유자의 융자금 3000만 원과 카드 대금 500만 원을 대신 갚고, 새로운 대출을 일으켜 근저당 설정 등기를 했다. 그때 비로소 공릉동 24시 해장국집의 그 서원 기도를 기억하고 가슴을 쓰다듬었다.

'아, 이 무슨 망각의 망조란 말인가? 그래서 주님이 아예 맹세하지 말라고 하셨거늘!'

그런데 저당권 문제만 해결되면 즉시 집을 팔아주겠다고 큰소리치던 고수가 연락을 끊고 말았다. 광고비를 요구하여 두 번에 걸쳐 보내 주었으나 그것도 헛방이었다. 샐리의 법칙이 아니라 머피의 법칙이 계속 나의 사지를 붙잡고 늘어진 것이다.

그때 불경기가 너무 심하여 집값이 크게 떨어진바, 여러 사람이 그 집을 답사하고 돌아왔으나 다 실망했다는 것이다. 고수도 나의 사정을 잘 알고 있었는바, 나중에는 나름대로 열심히 노력한 것으로 보였다.

결국은 내가 지역신문에 직접 광고를 냈다. 융자금 3500만 원에 분양가 8000만 원의 제주도 주택을 그냥 넘겨 주겠다고 했다. 다음 날인가 그다음 날, 강남의 한 귀부인이 멋쩍게 웃으며 나타났다. 얼마 전 교직에서 정년 퇴임한 자기 친정아버지한테 분양가대로 8000만 원을 받고 팔아 대출금을 갚고 월세를 놓았다.

이후 중국인들의 투자로 집값이 크게 올라 다시 팔았다고 들었다. 그래서 그에 따른 양심의 빚은 덜었으나, 나는 손해도 많이 보고 고생도 직사하게 하면서, 제멋대로 시작한 '찍새' 드라마를 슬픈 결말로 마칠 수밖에 없었다.

"너희를 핍박하는 자를 축복하라. 저주하지 말고 복을 빌라."(로마서 12:14)

언젠가 강남역에서 한 점쟁이 노인이 나를 보더니 다짜고짜 말했다.

"당신은 정말 선한 사람이구려. 하지만 사회생활 수업료를 너무 비싸게 치르는구려."

아, 이제 보니 그 거리의 철학자가 전능하신 분의 전령사로 잠시 쓰임을 받지 않았나 싶다.

'그래, 지난 일은 다 잊어라! 이제부터 그 낭패의 낭만을 누려라!'

2003년은 정말 힘들고 어려웠다. 밤잠도 제대로 못 자고, 아침 운동도 안 하고, 새벽예배도 드리지 못했다. 심한 스트레스로 입술이 부풀어 한 달 이상 끌었고, 온몸에 아토피성 피부병까지 생겨 좀처럼 낫지 않았다. 그때 주께서 위로의 말씀을 주셨다.

"내가 새 일을 보이겠다. 광야에 길을 내고 사막에 강을 만

들겠다."(이사야 43:19)

그리고 2004년 새해를 맞았다. 이집트의 파라오가 열 번의 심판을 받고 하나님의 백성을 보내 주었듯, 나도 열 번의 징계를 받고 나서야 비로소 내 잘못을 깨달았다.

> "내가 곧 길이요 진리요 생명이다. 나를 통하지 않고는 아무도 아버지께 올 수 없다."(요한 14:6)

"그래, 맞아! 예수밖에는 다른 길이 없다! 예수로 살다가 예수로 죽자. 옛사람이 무정비공無正非攻이요 도위부쟁道爲不爭이라 하지 않았는가? 세상에는 정답이 없다. 도는 다투지 않는다. 금강경金剛經의 불수불탐분不受不貪分이다. 받지도 않고 탐하지도 않는다. 그렇다, 오직 예수! 예수만이 나를 참으로 자유롭게 할 수 있다!"

> "너희에게 평화가 있을지어다. 내가 주는 평화는 세상이 주는 평화와 다르다. 너희는 마음에 근심하지 말고 두려워하지 말라."(요한 14:27)

예수 전 상서

 "야훼님, 한 사나이가 집으로 돌아왔습니다. 오랜 추위와 각고를 끝낸 사나이가 집으로 돌아왔습니다. 아주 멀리 떠난 줄 알았던 그, 이제는 다시 돌아올 수 없는 곳으로 가버린 줄 알았던 그 사나이는, 누더기를 걸치고 섬광 같은 눈빛을 간직한 채, 그의 기원을 묻어 둔 집으로 돌아왔습니다."[98]

 "하나님, 한 종자의 막장 드라마가 여기 있습니다. 1979년 10월 1일, 24세에 국가 공무원이 되더니 고생길이 뚫렸습니다. 그달 10·26사태가 일어나 서울의 봄이 오는가 싶더니 오히려 동토의 툰드라가 되었습니다. 서슬 퍼런 군사정권이 다시 들어서고, 공중 권세 잡은 자가 판을 쳤습니다.

 별 두 개가 세 개를 달고 으스대며 나타나더니 직무감사가 시작되었습니다. 감사자의 입장으로는 세간의 주목을 받을 만한 사건을 터뜨릴 필요가 있었는바, 기회주의자들이 동료의 일상을 쑥대밭으로 만들었습니다. 총무과 복지계 직원 네 명이 다 징계위원회에 넘겨져 변상이 떨어지고 대기발령이 났

---

[98] 고정희의 시 「야훼 전 상서」 서두에 나오는 말이다.

습니다.

그에게는 150만 원의 변상금이 부과되었습니다. 그의 초임이 6만 5000원, 2년분의 녹봉을 고스란히 반납하고 국가에 봉사하는 꼴이 되었습니다. 퇴로가 꽉 막힌 채 20년을 방황하며 살았습니다. 그 인생은 파탄이 났고, 빚도 덩달아 덩치를 키워 1억에서 3억을 오르내리는 골리앗이 되었습니다. 벌써 2025년, 돌아보니 어느새 45년이 지나 고희를 바라보게 되었지만, 아직도 여전히 그 악몽의 섬에 갇혀 있습니다.

직원 복지아파트에서 5년, 공무원아파트에서 5년을 살고, 신도시 아파트를 분양받아 이사했습니다. 빚더미를 갚아 치우려고 무리하게 대출을 받아 신도시 터미널 상가에 투자했다가 부도를 맞았으며, 그 손해를 만회시켜 주겠다는 영업사원의 사탕발림에 넘어가 스키장 부지에 투자한바, 아예 쫄딱 망했습니다. 살고 있는 아파트를 팔아 급한 빚을 갚고 비닐하우스로 이사했습니다.

그해 1998년 8월 7일, 경기 북부 집중 호우로 마지막 남은 자존심까지 완전히 무너졌습니다. 어느 날 손님이 주고 간 발바리 새끼가 우리 가족 네 명의 목숨을 건졌습니다. 그 강아지가 한밤중에 자꾸 짖어 뒷문을 열어 보니, 세상에! 비닐하우스를 지탱하던 아름드리 플라타너스 밑으로 황토물이 소용돌이쳤습니다. 수마가 안방 밑바닥을 뚫고 있었던 것입니다. 지옥을 보았습니다. 진땀이 솟구쳤습니다.

아이들을 깨워 급히 밖으로 나왔습니다. 새벽 3시 15분, 서울로 가려고 했으나 억수같이 쏟아지는 폭우를 뚫을 수 없었습니다. 길이 아니라 강이고, 사방 천지가 물바다였습니다. 길가에서 조마조마하게 기다릴 수밖에 없었습니다.

매몰차게 휘몰아치던 비바람이 5시쯤 그치고 날이 희끄무레 밝았습니다. 우리가 살던 곳을 보니 그야말로 상전벽해, 개울 옆으로 이어진 그 큰 아름드리나무들이 흔적도 없이 사라지고, 그 자리에 황톳물이 굉음을 내면서 파도쳤습니다. 개천이 강이 되고, 대로변의 양옥까지 강바닥에 거꾸로 처박혀 있었습니다.

여관방에서 두 달을 지내며 무상급식을 받았습니다. 우리 집은 무허가 건물이라 보상에서 제외되었습니다. 고양시에서 위로금 16만 원을 입금하여 주었습니다. 그날 밤, 임대인이 바람과 함께 사라졌습니다. 그의 가족도 우리와 같이 도로 옆 비닐하우스에 살면서 꽃나무 장사를 했으나 뒷감당이 어려워 야반도주한 것입니다. 이후 더 이상 그를 볼 수 없었습니다. 마지막 남은 전세금 2000만 원마저 안개와 같이 사라지고 말았습니다. 결국 우리는 황량한 화장터 길거리에 나앉았습니다. 아이들이 너무나 처량하게 보였습니다.

오, 주 예수여! 이제 보니 정말 주의 긍휼하심만이 우리의 살길입니다. 주께서 선히 여기시면 망조 든 이 망종도 깨끗하게 하실 수 있다고 봅니다."

'신도보다 잘사는 목회자를 용서하시고, 사회보다 잘사는 교회를 용서하시고, 제자보다 잘사는 학자를 용서하시고, 독자보다 배부른 시인을 용서하시고, 백성보다 살쪄 있는 지배자를 용서하소서!'

시인의 피맺힌 호소이다.

"피차 사랑의 빚 외에는 아무에게든지 아무 빚도 지지 말라."(로마서 13:8)

주님의 평화

1998년 수해 후, 직장에서 특별히 배려하여 추석을 지나 바로 공릉동 아파트로 입주했다. 마음을 추스르고 출근하자 봉급이 압류되어 있었다. 오래전 동료 여직원에게 보증을 서준 것이 기억났다. 그녀도 신용카드로 돌려막기를 하다가 IMF 사태로 결국 부도를 낸 것이다. 그 남편이 오랫동안 암으로 투병하다가 세상을 떠남으로써 많은 빚을 지게 되었으며, 죽은 남편의 친구인 3성 장군의 추천으로 특채되어 도서관에서 근무할 수 있었다고 한다. 공직 생활을 하면서 동료들의 연대 보증으로 저리의 은행 돈을 빌려 고리의 사채를 모두 갚았던 것, 그녀를 나에게 소개한 친구도 침착한 크리스천이고, 그녀 또한 차분한 신자였다.

'오, 주여! 어찌하여 이런 일이?'

그녀가 나를 안타깝게 여기며, 다른 사람은 몰라도 나에게 진 빚만은 꼭 갚겠다고 했다. 하지만 그녀가 퇴직한 후 다시 보지 못했다. 종암동 달동네 어디에서 딸과 함께 살고 있다는 소문만 들었다. 그렇게 그녀는 직장 동료 20여 명에게 피해를 주고 떠났지만, 그 사정을 다들 잘 알고 있었는바, 아무도 그녀를 나무라거나 추궁하지 않았다.

1979년 공직 임용 후, 변상과 부도, 수해와 압류 등의 변고가 연거푸 일어남으로써 어려움이 가중된바, 나의 인생은 그야말로 초토화되었다. 이게 뭐 판타지 영화도 아니고, 참 기가 막혔다. 궁여지책으로 아버지의 위토를 팔아 석계역 굴다리 밑에서 식당을 차렸다. 하지만 IMF 사태로 가게는 파리만 날렸다.

나의 부모는 이 잘난 자식 놈 덕분에 평생 무소유를 강제로 실천하게 되었다. 가게를 내놓았으나 인수할 사람이 없었다. 융자금을 안고 정릉동 북한산 기슭의 빈 가옥과 교환했다. 국립공원이라 개인 땅은 없고 건물 등기는 있었다. 게다가 집이 많이 낡아 더 이상 쓸 수가 없었다. 그래서 집값이 대출금에도 미치지 못한바, 결국은 가게만 날리고 빚만 늘어났다.

아, 1970년 1월 24일! 그 끔찍한 사고 후유증! 이것이 불신의 대가란 말인가? 머나먼 수도의 길인가? 이후에도 악마의 검은 손은 악몽의 섬을 계속 맴돌았다. 음부의 부자가 낙원의 거지를 시기라도 하는 양, 그렇게 나는 만신창이 크리스천 견본품이 되었다.

2000년 6월 30일, 20년 9개월간의 공직 생활을 마감하고 명예퇴직을 했다. 날마다 집에서 빈둥거리니 가족들이 공황에 빠졌다. 결국 집에서 쫓겨나 떠돌이 신세가 되었다. 강변역 고시원, 수유역 달방 등을 전전하다가 일산 오피스텔에서 월세로 3년간 살았다.

그러다 보니 2005년 말, 빚은 여전히 1억 3600만 원, 퇴직 후 5년이 눈 깜짝할 사이 지나갔으나 사정은 여전히 어렵기만 했다. 밤잠을 설치며 조선 팔도를 돌아다니고 애썼건만, 결국 혼자 입에 풀칠만 한 셈이다.

그때 IMF 여파로 대출이자가 세 배가량 올랐다. 세상은 부자들의 향연장이지 빈자들의 구호소가 아니었다. 빈곤의 악순환이 계속될 수밖에 없었다. 신용카드 열 개로 돌려막기를 계속한바, 빚을 한 푼도 줄이지 못한 것이다.

2005년 부활절을 앞두고 기도할 때, '이건 정말 아니다!'라는 강한 감동이 일어났다. 사순절을 맞아 40일 특별새벽기도회에 참석했다. 지천명의 세월을 헛되이 보냈다는 생각에 가슴이 아렸다.

부활주일이 지난 후에도 제정신이 아니었다. 마음속에서 무엇이 북받쳐 오르더니 눈물이 주르륵주르륵 흘러내렸다. 다음 날, 그다음 날도, 2주 동안 뜨거운 눈물이 계속 시야를 가렸다. 갈급한 마음에 파주 기도원으로 올라갔다. 무덤 벽에 석두石頭를 처박고 한없이 울고 또 울었다. 눈만 감으면 봇물 터지듯 혈루血淚가 펑펑 쏟아졌다. 사람들이 박수하며 노래하는 시간에도 한 맺힌 피눈물은 그칠 줄을 몰랐다. 마음을 추스르고 산에서 내려와 다시 새벽기도를 드렸다. 성령의 인도로 40일, 40일, 40일간 특별 새벽을 깨웠다. 허공에서 어떤 이의 소리가 귓가를 쩽하고 울렸다.

"여기서 슬퍼하는 자의 기도를 들어주소서!"(마태복음 5:4)

그 순간 다시 눈물이 왈칵 쏟아져 내렸다. 나는 평소 감정이 메마른 탓인지 눈물이 없었지만, 정말 실컷 울고 한없이 울었다. 눈두덩이 한껏 부풀어 올랐을 때, 비로소 그동안 맺힌 한이 풀어진 듯 홀가분함을 느꼈다. 살인적 압박이 스르르 물러가고 위로자의 평화가 사르르 임했다.

아, 눈물의 영성이여! 예수 평화여! 이는 부요한 자의 팍스가 아니라 빈한한 자의 샬롬이었다.

"이제 모든 눈물을 씻어주실 것이다. 다시는 죽음도, 슬픔도, 울부짖음도, 고통도 없을 것이다. 이전 것들이 다 지나갔기 때문이다."(요한계시록 21:4)

목사님 위로

2002년 6월부터 2005년 8월까지, 약 3년에 걸쳐 세 번 그 목사님과 주고받은 편지다. 소심하기 그지없는 내가 어디서 그런 용기가 나왔는지 지금 생각해 보아도 의아하다. 그는 지금 이 세상에 계시지 않는다.

"존경하는 목사님, 도리가 아닌 줄은 알지만 더 이상 어찌할 수가 없어 이 글을 올립니다. 부디 양해 바랍니다. 10·26과 IMF 사태로 변상과 부도, 봉급 압류 등을 당하고, 천재지변의 수해까지 겹쳐 어려움이 가중되었습니다. 직장을 그만두고 빚을 좀 정리했으나 다 갚지 못했습니다. 5년쯤 융통할 곳

만 있다면 재기할 수 있으리라 봅니다."(2002. 6. 19)

"주님의 은총이 함께하시기를 기원합니다. 우리 교회는 매년 초 당회 각 분과위원회에서 1년 예산을 편성 집행하고 있으나, 교회가 크면 사업도 많고, 요청도 많습니다. 우리 성도뿐 아니라 국내외적으로 도움 요청이 쇄도하며, 재정보다 일이 더 과하여 기도 중에 있는 형편입니다. 제게 메일을 보내신 성도님의 마음을 이해하며, 처한 형편을 보고 마음이 안타깝지만, 도와드리지 못해 너무 죄송합니다. 저도 마음을 두어 계속 기도하겠습니다. 하나님께서 자비와 은혜를 베풀어 주셔서 물질 문제가 해결되며, 구원하신 능력의 하나님, 야훼 닛시를 노래하는 복된 가정으로 든든히 세워 주시기를 간구합니다."(2002. 6. 22)

"감사합니다. 목사님께서는 여러 곳에서 많은 일을 하시는 줄로 압니다. 그저 감사할 따름입니다. 그 기도가 제게 응답되어 어려움에서 벗어나리라 믿습니다.

오늘 새벽, 제가 잠에서 깨어 잠시 환상을 보았습니다. 나지막하고 잘 가꾸어진 동산 기슭에 큰 구멍이 뚫려 있었습니다. 그 속은 시꺼멓고 끝이 없었습니다.

'저 구멍을 어떻게 메울 수 있을까?'

이렇게 고심할 때, U자를 거꾸로 엎어놓은 듯이 보이는 큰

철관 하나가 하늘에서 내려와 그 구멍을 메우고 우뚝 섰습니다. 이후 구멍은 보이지 않고, 동산 기슭에 세워진 아름다운 조형물만 보였습니다.

 이것이 무슨 뜻인지 자세히 모르지만, 목사님의 기도로 제가 어려움에서 벗어난다는 뜻이 아닐는지요? 언젠가 모든 짐을 벗고 감사의 서신을 올리도록 하겠습니다. 목사님의 기도는 그 어떤 것보다 더 큰 힘이 있다고 믿습니다."(2002. 6. 23)

 "주님의 은총이 함께하시기를 바랍니다. 잘 읽어 보았습니다. 성도님이 보신 그 동산은 성도님의 마음을 표시하는 것입니다. 성도님 마음속에 구멍이 뚫렸다는 것은, 염려 근심 불안 초조가 있었으나, 주님께서 그것을 돌이켜 다시 새롭게 만들어 주시겠다는 하나님의 약속을 말하는 것입니다. U자는 U턴으로 완전히 과거에서 돌아서 그리스도 안에서 새사람이 되고, 새로운 은총으로 모든 것이 다 채워지고, 아름다운 마음이 될 것을 표현하는 것으로, 좋은 축복의 언약입니다. 하나님께 영광을 돌리시고 기도하세요."(2002. 6. 29)

 그리고 아래의 글은 3년이 지나서 2005년 8월 25일 보게 되었다. 그사이 그 말씀대로 모든 일이 다 이루어진 사실을 깨닫고, 약속대로 서신을 올린 후 세 번째 답신을 받았다.

"주님의 평강과 은혜가 가정과 삶 속에 늘 임하시기를 원합니다. 성경 시편 91:14~15에 말씀하십니다.

'하나님이 가라사대, 저가 나를 사랑한즉 내가 저를 건지리라. 저가 내 이름으로 안즉 내가 저를 높이리라. 저가 내게 간구하리니 내가 응답하리라. 저희 환난 때에 내가 저와 함께 하여 저를 건지고 영화롭게 하리라.'

그러므로 하나님께서 하신 약속의 말씀을 믿고 기도하시는 성도님에게 좋으신 하나님께서 큰 어려움을 해결해 주시고, 감사로 영광을 돌리게 하신 것을 감사드리며, 저도 함께 기쁨을 나눕니다(예레미야 33:3).

제가 쓴 『하나님의 손에 상처 입은 사람』을 읽어 보세요. 온 가족이 늘 주님 안에서, 하나님을 기쁘시게 하는 믿음으로, 영혼이 잘됨같이 범사에 승리하는 복된 삶을 살도록 도와주시기를 기도드립니다."(2005. 8. 28)

이후 2005년 9월 6일, 다시 파주의 그 기도원으로 올라가 그분이 추천하신 책을 사서 읽고 가슴 뭉클한 감동을 얻었다.

"너희 하나님이 말씀하신다. 위로하라. 나의 백성을 위로하라."*(이사야 40:1)*

마카리오스

헬라어 '마카리오스μακάριος'는 복 있는blessing, 행복한happy 사람을 말한다. 영이 가난한 자, 애통한 자, 온유한 자, 의에 주리고 목마른 자, 자비를 베푸는 자, 마음이 깨끗한 자, 화평케 하는 자, 옳은 일로 핍박받는 자가 복이 있다. 이는 세속적 복이 아니라 신령한 복이다(마태 5:3~10).

그러므로 잔치를 베풀고 가난한 자를 초대한 사람이 행복하다. 부자는 되갚을 수 있지만 빈자는 그럴 수 없기 때문이다. 상부상조는 이기적 사랑을 주고받는 품앗이지 이타적 사랑을 베푸는 섬김이 아니다(누가 14:12~14).

'에우다이몬εὐδαιμον'은 선한 영혼good spirit이다. 이는 신령한 복이다. 하지만 자신이나 이익 집단을 위해 사용하면 불의의 삯이 된다. 선의를 배척하고 의인을 핍박하기 위한 수단으로 사용되는 사탄의 덫이다. 그 하수인도 사악하기 마련인바, 단지 자기편이 아니라는 이유로 상대편을 무자비하게 공격하고 매도한다. 그리고 그것을 합법으로 포장하고 공정이라 호도한다. 타락한 인간의 빗나간 인성이 빚어낸 오물이자 폐물이다.

히브리어 '바라크'(창세기 2:3)는 겸손히 무릎을 꿇을 때 주어지는 '하늘의 복'이고, '아쉬레'(시편 1:1)는 '땅의 복'이다. 공중 권세를 앞세우고 으스대며 나타나 이를 악용하는 자는 반드시 심판을 받되, 그 결국은 의외로 참혹할 것이다.

"주여, 여기 한 부덕한 종이 있습니다. 이제 모든 것을 내려놓고 좀 쉬었으면 합니다. 그동안 찔레의 저주에서 벗어나 보려고 부단히 노력했으나 결과는 허망했습니다. 해결의 실마리를 찾기는커녕 오히려 더 깊은 수렁으로 빠져들었습니다. 아무리 발버둥을 치고 애를 써봐도 헤어날 길이 없었습니다. 빛이 좀 비치는가 싶으면 더 큰 어둠이 밀려오고, 그렇게 좌절하고 낙망하기를 밥 먹듯 하며 무심한 세월만 보냈습니다.

이제 한 3개월쯤 더 기도하며 정리할 것은 정리하고 포기할 것은 포기하겠습니다. 그 절차와 과정도 다 주께 맡기겠지만, 개인회생이나 파산까지도 고려하고 있습니다. 하지만 마음에 썩 내키지 않는 것도 사실입니다. 양심의 빛이 또 파렴치한 종을 옥죄지 않을까 심히 두렵습니다.

그럼에도 이제는, 이 땅의 현실과 하늘의 원리가 다르다는 사실을 직시한바, 더 이상 지체할 이유가 없다고 봅니다. 천지가 개벽해도 오만과 편견이 겸손과 사랑을 이길 수는 없습니다."

이후 신용회복위원회를 방문하여 상담한 결과, 그 빚을 8년 동안 나눠 갚게 되었다. 하지만 그 과정에서 또 다른 빚이 생겨 어려움은 지속되었다.

바울이 아테네에서 복음을 전할 때, 스토아학파와 에피쿠로스학파의 도전을 받았다(사도 17:18). 인간의 고통이 육체의 쾌락에서 비롯된다는 스토아학파는 육신의 고행을 통해 '아파테이아Apatheia, 지성적 경건주의'를 추구했고, 육신의 고행이 정신적 고통을 초래하여 전인적 행복을 저해한다는 에피쿠로스학파는 '아타락시아Ataraxia, 감성적 자연주의'를 지향했다. 하지만 스토아학파는 금욕주의로, 에피쿠로스학파는 쾌락주의로 전락하여 행복은커녕 속박만 가중했다.

그때 바울은 예수 그리스도를 믿음으로 모든 사람이 구원을 얻으며, 보혜사 성령의 도움으로 행복을 누릴 수 있다고 했다. 예수 그리스도의 죽음과 부활로 영원한 생명(요한 3:15)이 확연히 드러난바, 이제는 누구나 마음으로 믿어 의에 이르고, 입으로 시인하여 구원을 받는다고 선포했다(로마 10:10).

사람이 만든 학문이나 종교로는 결코 그 숭고한 하나님의 뜻을 이룰 수 없다. 온 세상이 온통 찔레의 가시로 뒤덮였기 때문이다. 그래서 예수님이 소경이 소경을 이끌면 둘 다 구덩이에 빠진다고 했다(마태 15:14).

우리는 반드시 예수 그리스도에 의한 십자가의 은총을 받아야 한다. 그때 비로소 지구촌 순례자로서 참 행복을 찾아 누릴 수 있다. 지금 바로 이 카이로스καιρός 시간이, 우리에게 주어진 가장 좋은 구원의 기회임을 알아차려야 한다.

"주님은 성령입니다. 주님의 성령이 계신 곳에는 자유가 있습니다."(고린도후서 3:17)

애증의 물결

2000년 9월 14일, 추석 연휴 다음 날, 이날따라 비바람이 몹시도 휘몰아쳤다. 얇은 이불과 모포, 옷가지와 양말 등을 아무렇게 챙겨 무작정 집을 나왔다. 반강제적으로 자발적 퇴출을 당한 것이다. 해가 짧아 금방 어두워질 듯했다.

전봇대에 꽂힌 지역신문을 뽑아 여기저기 알아보다가 자양동에 있는 2층 상가 고시원을 찾아갔다. 세가 조금 비싸기는 했으나 샤워실과 화장실이 딸려 있었다. 거기서 2개월간 살았다. 처음에는 큰 불편이 없었으나 날이 갈수록 몸서리나게 추워졌다. 북측 창가로 2호선 전동차가 지나갔다. 소음보다 차가운 바람이 문제였다. 그놈이 지나갈 때마다 어디서 들어오는지 매서운 한기가 온몸을 치훑었다.

거기서 1개월가량 밤을 지새우다 수유역에 있는 5층 여관방으로 옮겼다. 옥탑 물탱크 옆에 꾸민 구석방이었다. 추위와 소음에 시달리다가 따뜻하고 조용한 방에서 푹 자고 나니 그야말로 천국이 따로 없었다.

"오, 주여! 감사합니다. 여기가 바로 천국입니다. 이제 더 이상 바랄 것이 없습니다."

그때 나는 우이동의 한 작은 교회에 다녔다. 하루도 빠짐없이 새벽예배를 드리고 나서 도봉산으로 올라갔다. 그 기도원 우측, 산기슭 너럭바위에 앉아 여명을 맞으며 신령한 기운을 마음껏 받아 마셨다.

그러던 어느 날, 동녘 하늘 끝 산마루를 바라보며 조용히 부르짖고 있었다. 그때 마른하늘에 무지개가 떠올랐다.

"오, 주여! 주께서 선히 여기시거든 저에게 맞는 여자를 보내 주소서."

내 마지막 희망은 나에게 맞는 여자를 만나 위로받는 일이라 믿었다. 나 혼자로서는 구제 불능이라 생각했다. 하지만 기도할 때마다 성령의 사인은 부정적이었다.

"결혼하지 않은 자들과 과부들에게 권하니, 나처럼 그냥 지내는 것이 좋습니다."(고전 7:8)

그러나 나는 그 부질없는 미련을 떨쳐 버릴 수 없었다. 모든 것이 너무나 힘들었기 때문이다. 하지만 막상 여자가 나타난다고 한들, 이 엄청난 빚을 진 장애인이 무슨 염치로 어떤 말을 하겠는가? 정말 쉽지 않다는 생각이 들었다. 하지만 그래도, '주님이 혹시 긍휼히 여기시면'하고 믿음의 끈을 완전히 놓진 않았다.

그러다가 한 기독 단체에 10만 원을 내고 회원이 되었다. 그런데 정작 나를 더욱 힘들고 어렵게 만든 여자는 그 상담자였다.

"선생님, 솔직히 말씀드려서요. 대단히 죄송합니다만, 그냥 혼자 사실 수밖에 없을 듯해요. 모든 여성이 한번 상처를 받고, 마지막 카드로 좋은 상대를 만나 편히 살려고 하거든요. 장애인을 모시고 빚더미에 시달리며 지지리 궁상을 떨기 원하는 여성은 세상에 하나도 없습니다."

틀린 말은 아니지만, '그래도 혹시 주님의 뜻이라면'하고 대상자 열 명을 선정하여 메일을 보냈다. 가급적 그 사정과 형편이 어려운 여자를 골랐다. 하지만 시간이 지날수록 희망은 점점 사라져 갔다.

이윽고 한 자매로부터 연락이 왔다. 그 메일은 내게 새 희망을 안겨 주었다. 그녀는 내게 항상 용기를 북돋아 주었고, 절망의 늪에서 건져 주었으며, 극한 외로움을 달래 주었다. 하지만 그 처음 메일을 받고, 나는 빠져나갈 구멍부터 찾았다.

"그런데 알고 보니, 그들도 다 주님의 이름을 빙자한 장사꾼이더군요. 어려운 사람을 도와줄 생각은 않고, 그저 회비만 받아 챙기는 듯했어요. 그래서 저도 실은 돈만 날렸습니다."

"아니에요, 아니에요! 그렇지 않을 수도 있어요!"

2001년 2월 1일, 천사 같은 그 자매를 만났다. 무작정 차를 타고 가면서 내 사정과 형편을 소상히 얘기했다. 자매가 약간 당황하며 떨리는 말투로 위로했다.

"그러게요, 그놈의 머니money! 머니가 뭔지 말이에요!"

그리고 자매도 자신의 아픈 과거와 슬픈 머니 문제를 털어놓았다. 어느새 우리는 양평에 가 있었다. 항공기 카페에 들어가 차를 한 잔 마시고 돌아오다가 미사리 한식집에서 늦은 저녁을 먹었다. 차는 자매가 사양하여 나만 마셨다.

이후 우리는 매년 그날, 그 집에서 그 밥을 먹으며 이런저런 이야기를 나누었다. 하지만 네 번이 마지막이었다. 지금 생각해도 그 자매는, 비록 나를 떠나 다른 사람과 재혼은 했지만, 참 좋은 사람이었고, 내가 기도한 대로 내게 딱 맞는 여성이었다. 하지만 그것은 한시적 위로의 만남이었다.

"그는 하나님의 사자가 되어 네게 선을 이루는 사람이니라."(로마서 13:4)

포옹과 포용

 2004년 9월 12일, 9시 인터넷 예배와 11시 대면 예배를 연이어 드리고 나서 지난 2년 동안 다닌 교회를 그만두었다. 그리고 2001년 2월부터 약 4년간 사귄 자매와도 헤어지기로 결심했다. 자매의 어릴 적 소망은 목회자의 사모였고, 나는 우여곡절을 거친 끝에 목사가 되었지만, 그녀와의 인연은 거기까지로 다소 얄궂었다.

 9월 7일, 자매의 전화가 왔다. 어머니 생신을 맞아 시골에 갔다가 가져온 반찬이 있어 퇴근하며 들리겠다고 했다. 하지만 오지 않았다. 밤늦게 자리에 누워 잠을 청하려고 했더니 그제야 연락이 왔다. 사정이 생겼다고 하면서, 내일 아침 6시 15분에 자기 집으로 와서 반찬도 가져가고, 사무실까지 데려다 달라고 했다. 자정이 가까웠다. 마음이 뒤숭숭해 자리에서 일어나 샤워하고, 이런저런 반찬을 만들며 밤을 지새웠다. 나도 그렇고 자매도 미련이 남은 듯했지만, 하나님께서 정하신 시간이 있었다.

 9월 8일, 새벽예배를 드리고 시간에 맞춰 자매의 집으로 갔다. 5분 늦게 부스스한 몸으로 쇼핑백을 들고 멋쩍게 나타났다. 화장은 평소보다 확연히 진했고, 얼굴은 새까맣게 보였다. 어젯밤 늦게 들어와 씻지도 않은 듯, 상당히 피곤한 기색이었다. 직장에 도착하기까지 책을 꺼내 보면서 특유의 명랑성을 보이려고 애썼으나 그것이 오히려 어색했다. 기분이 언짢아 시종일관 침묵했다.

영내에 도착하자 도서관 앞에 내려달라고 했다. 책도 반납하고 눈도 조금 붙이려는 듯싶었다. 차에서 내릴 때 모종의 결심이라도 한 듯, 이상야릇이 웃으며 악수를 청했다. 이별의 전조로 느껴졌다. 상기된 그 얼굴을 한참 쳐다보았다. 하늘의 표지이자 이별을 받아들인다는 뜻으로 손을 내밀었다.

얼마 전, 옆집에서 일어난 일이다. 신혼 초의 색시가 저녁밥을 차려놓고 신랑을 기다렸다. 신랑의 귀가가 늦어지자 다시 목욕했다. 무료함을 달래려고 이것저것 집안일을 찾아서 했다. 하지만 그날 밤, 신랑은 들어오지 않았다. 색시는 대문 밖에서 새벽을 깨웠다.

5시 40분쯤, 신랑이 꾸부정한 모습으로 나타났다. 평소와 달리 엉거주춤하게 걸으며 다리가 휘청거렸다. 간밤에 무슨 일이 있었는지 대충 짐작할 수 있었다. 그들이 어떻게 대하는지 유심히 지켜보았다. 신랑이 색시의 어깨를 툭툭 치며 무슨 말을 건넸으나 어색하기 그지없었다. 색시는 아무 말 없이 팔짱을 끼고 먼 하늘만 쳐다보았다.

9월 8일 저녁, 자매는 업무 관계로 시간이 없어 휴무 토요일인 11일 보자고 했다. 그러나 그날도 선생님이 와서 보내드린 후 늦게 들린다고 하고선 오지 않았다. 자매는 무슨 일로 누구를 만나면 그때마다 최선을 다했다. 그녀의 패턴이었다.

교제에 걸림이 될 만한 것은 아예 삼갔다. 핸드폰도 꺼 두었다. 하지만 나는 그렇게 하지 말라고 했다. 상대방의 배려도 좋지만, 사람이 살다가 보면 무슨 일이 생길지도 모른다고 했다. 하지만 그 말에는 상당한 질투심이 깔려 있었다.

 9월 12일, 마음의 준비를 단단히 하고 교회에서 돌아와 메일을 보았다. 자매는 딸과 함께 사무실에 있다고 했다. 날마다 하는 일이 너무 많아서 어제 그냥 잤다고 했다. 그리고 그동안 집안일을 하지 못해 냉장고도 텅텅 비었다고 깔깔대며 말했다. 그래서 오늘 들릴까 했는데, 그 선생님이 저녁을 같이 먹자고 하여 다음 주에 온다고 했다. 너무너무 보고 싶다는 말도 빠뜨리지 않았다.

 9월 14일, 자매가 다소 긴 메일을 보냈다. 그동안 주고받은 메일이 수백 통은 되리라 본다. 이후 자매에게 빌린 돈을 다 갚은 후 자연스레 연락이 끊겼다. 오피스텔 열쇠와 주차 카드를 받을 때 그녀의 마지막 포옹을 받았다. 요동치는 심장으로 그녀의 약혼을 기꺼이 받아들이며 축하한다고 했다.

"누가 누구에게 불평거리가 있더라도 서로 용납하고 용서해 주십시오."(골로새서 3:13)

음녀의 바람

기도하는 중에 실체 없는 바람이 온 세상을 헤집고 다녔다. 음녀의 바람잡이였다. 사탄이 큰 바벨론 성의 음녀를 부추겨 음행 문화를 확산시키려는 의도였다. 음란한 바람이 미국의 유명 여배우에게 들어갔다. 그녀는 즉시 바람이 났다. 누구든지 원하는 사람에게 자기 치맛자락을 날렸다. 그것을 아낌없는 사랑의 표본으로 여겼다. 자신의 미모가 하나님의 은혜이며, 그렇게 하는 것이 열성팬에 대한 도리라고 생각했다.

"나를 연모하는 사람을 외면하는 것은 주님의 뜻이 아니라고 봅니다."

그렇게 여배우는 음녀의 바람잡이가 부리는 바람의 도구가 되었다. 바람은 그녀의 미모와 고운 마음씨를 한껏 이용하여 유명 인사들과의 부도덕한 스캔들을 계속 만들었으며, 그녀의 인기는 하늘 높은 줄 모르고 치솟았다. 하지만 하나님의 조건 없는 사랑과는 거리가 멀었고, 이성 간의 애정이나 연정도 아니었다.

하루는 바람이 뉴욕을 떠나 서울까지 오게 되었다. 제기동에서 다방을 운영하는 마당발 마담에게 들어갔다. 그녀는 바로 의기양양하게 바람을 피웠다. 하지만 세월이 지나 그녀도 나이가 들었다. 바람이 자기 동료를 불러 그녀를 맡기고 빠져

나갔다. 그리고 우는 사자같이 온 세상을 두루 돌아다니며 다른 먹이 사슬을 찾았다.

어느 날 바람이 경상도 산골의 한 처녀에게 들어갔다. 그녀가 바람이 들었다는 소문이 났다. 바람에 홀려 무작정 서울로 올라갔다. 이놈 저놈 가리지 않고 마구 바람을 피우다가 먼저 상경하여 자수성가한 놈팡이를 만나 결혼했다. 그의 집이 재개발되어 엄청난 보상을 받았다. 돈놀이를 시작했다. 일가친척에게 다소 떼이기는 했으나 그것이 더욱 바람을 피우는 기회가 되었다. 그녀의 남편은 그 돈을 지키려고 고민하다가 피장파장의 오류에 빠졌다.

어느덧 세월이 흘러 그녀도 나이가 들었다. 모든 것이 예전 같지 않았다. 바람이 자기 친구를 불러 그녀를 맡기고 또다시 먹이 사슬을 찾아다녔다. 여기저기 떠돌다가 이번에는 한 이혼녀에게 들어갔다. 본의 아니게 남편이 가출하여 홀로된 여인이었다. 그녀를 시험하기 위해 유부남을 부추겨 유혹했다. 경제적 어려움과 이성적 외로움에 시달리다가 쉽게 넘어갔다.

그때부터 그녀는 자기를 원하는 사람을 기꺼이 받아들였다. 약간의 집안일과 소소한 비용까지 챙겨 주는 재미가 쏠쏠했다. 그것이 오히려 활기찬 삶의 기폭제가 되었다. 무슨 일이든 앞장서 열심히 했고, 신앙생활과 사회적 모임에도 적극적이었다. 그 열정을 이용하여 바람이 더욱 바람을 피우라고 부추겼다. 하지만 그것이 음녀의 농락임을 깨닫지 못했다.

이후 자매는 한 형제를 만나 알콩달콩 사귀게 되었다. 형제는 이래저래 어려움을 겪고 있었지만 믿음의 지조만은 지키려고 애썼다. 그 애틋한 사랑을 시기한 바람이 그들을 갈라놓으려고 했다. 아예 둘 다 바람의 먹이 사슬로 만들려고 했다.

그때 그들 사이에 영적 전쟁이 일어났다. 바람은 계속 바람을 피우라 충동질하고, 자매는 이런저런 갈등을 겪다가 결국 곁길을 걸었지만. 형제는 나름대로 열심히 기도하며 하늘의 표지를 따르려고 노력했다. 그러다가 형제는 하늘의 계시를 보았고, 사탄은 은근히 따지고 들었다.

"유부녀도 바람을 피우잖소? 독신녀가 무슨 대수겠소?"

그가 두 손을 번쩍 들고 소리쳤다.

"주 예수 그리스도의 이름으로 너에게 명한다! 더러운 바람아, 나를 떠나라! 내게는 주님의 흔적이 있다. 오, 주 예수여! 우리에게 영안을 열어 주소서! 음녀의 미혹에서 벗어날 수 있도록 도와주십시오!"

얼마 후 이 기도는 그 믿음대로 응했다.

> "그녀는 주홍과 진홍색 옷을 입고 금과 보석과 진주로 단장하고 있었으며, 자기 음행에서 비롯된 흉측하고 더러운 것들이 가득 담긴 금잔을 손에 들고 있었습니다."(요한계시록 17:4)

제2편 중년기   251

제3편

노년기

아토스 영성

'아토스Athos'는 그리스 북부 반도의 돌산으로 공식 명칭은 '그리스 성산 수도원 자치주'다. 정교회 세계 총대주교의 콘스탄티노폴리스 교구로서, 2011년 현재 스무 개 수도원과 열두 개 수도단지에 2000여 명의 수도사가 있다. 성모 마리아가 사도 요한과 함께 나사로를 만나기 위해 방문했다는 전승이 있으며, 이후 그 산은 마리아에게 바쳐졌다. 하지만 지금은 여성의 출입이 금지되고, 남성 위주의 수덕주의Asceticism 수도사 영성의 아이콘이 되었다.

어느 학교에서 자매와 함께 유치한 공부를 했다. 초등학교 저학년 때 배운 것으로 내용은 하찮았으나 인생살이에서 꼭 필요한 과정이었다. 나는 중간 줄 맨 뒤쪽에, 자매는 왼쪽 창가 중간에 앉아 있었다. 잠시 쉬는 시간에 자매가 다가와 무슨 말을 하려고 했으나 나는 애써 외면했다. 다시 와서 무엇을 해명하려고 했으나 화를 내며 매몰차게 물리쳐 버렸다. 자매가 무안하여 자기 자리로 돌아갔다. 내친김에 아주 끝장을 내려고 자매에게 다가갔다. 자매가 창가에 머리를 박고 흐느끼며 하소연했다.

"제발, 다음 주까지 이틀만 더 기다려 주세요!"

자매의 눈물을 보니 매우 안쓰러운 마음이 들었다. 여느 남자 못지않게 강인한 여자로서 단 한 번도 연약한 모습을 보이지 않았다. 스스로 감당하기 힘든 일을 만나면 이를 악물고 머리를 흔들며 물리치곤 했다. 가식이라곤 털끝만큼도 찾아볼 수 없었다. 흐르는 눈물이 양 뺨에 뒤범벅이 되었다. 무엇인가 간절히 회개하고 뉘우치는 듯했다. 하지만 내 마음은 이미 떠나 있었다. 돌이킬 수 없는 하나님의 뜻으로 받아들였다.

'자매를 이용한 사탄의 고차원적 수작일 수도 있어. 나까지 함정에 빠뜨려 죽이려는 속셈일 수도 있고. 그래! 이제는 무슨 일이 있어도, 그놈의 계략에 다시는 넘어가지 않을 거야!'

이렇게 다짐하며 마음을 다잡았다. 하지만 자매에 대한 연민의 정만은 정말 어쩔 수가 없었다. 그때 마리아를 위한 요셉의 의로움이 머리에 떠올랐다. 자매를 부끄럽게 만든 내가 너무나 부끄럽고 민망했다. 자매가 저리된 것도 어쩌면 모두 내 탓인 것을!

"아아, 아버지 하나님이시여! 우리를 불쌍히 여겨 주소서!"

"네 마음이 그 여자의 길로 기울지 않게 하고, 그 길로 빠져들지 않게 하라."(잠언 7:25)

그래서 결국은 자매와 영영 헤어지게 되었다. 알고 보면 내 부덕함이 더 컸으나 나도 어쩔 수가 없었다. 어쩌면 주께서 이미 마지막 수도자로 불러 세우셨고, 나는 그 머나먼 길을 걸어가고 있었는지도 모른다.

　이별의 아픔은 무거운 짐을 지고 살아가는 자에게 더 큰 부담으로 다가왔다. 마음을 추스르며 40일간 기도했다. 다시는 실족해서도, 성령을 근심시켜도 안 된다는 믿음이 다가왔다. 하지만 날이 갈수록 옥죄이는 죄책감과 쓸쓸함을 달랠 길이 없었다.

　'오! 주께서 선히 여기시거든, 제게 맞는 여자를 다시 보내 주소서!'

　그때 내 마음 깊은 곳에서 성령의 감동이 다시 일어났다.

　'과거도 묻지 말고, 외모도 보지 말고, 소유도 생각지 말라.'

　'주님, 무슨 뜻인가요?'

　'네 과거는 수치요, 네 외모는 상처요, 네 소유는 빚이다.'

　'아, 주여, 제가 어찌해야 합니까?'

　'오직 믿음, 믿음뿐이다!'

　이후 나는 정말 나와 같이 수치스럽고 보잘것없는 신용불량자 여인을 만나 평생 모시고 살게 되었으며, 코로나 사태 이후에는 더욱 심하여 고독과 침묵을 나의 벗으로 삼았다. 주의 교회를 위해 결혼이라는 의식도 없이 혼인신고를 했으며, 하나님에 의해 강제적으로 복음 삼덕[99]의 길을 걷게 되었다.

　'아, 여자여! 파산자의 혈기여! 나는 여자로 인해 망조가 들

---

[99] 예수님이 가르치고 직접 실천한 세 가지 수도 영성으로 청빈, 정결, 순종이다. 이는 모든 수도원의 강령이 되었다.

었으나 아직도 그 정체를 모른다. 종족 보존을 위한 연정을 쾌락의 도구로 변질시킨 호모 사피엔스여! 내가 어찌 그 믿음을 믿을 수 있겠는가?'

결국 나는 그 올무에 걸려 숱한 고난을 겪으며 일평생 고단한 길을 걸었다. 낭패당한 공직에, 무미건조한 목회에, 아! 이제 마지막 남은 겨자씨의 희망, 아토스 수도의 영성이여!

"오, 내 영혼을 지키시고 나를 구해 주소서. 내가 주를 믿고 있으니 내가 수치를 당하지 않게 하소서."(시편 25:20)

하늘의 소리

"세상에서 나온 사람은 세상에 속하여 세상일을 말하고, 하늘에서 오신 분은 모든 사람 위에 계신다."(요한복음 3:31)

땅에서 나는 소리는 현란하여 누구나 현혹되기 쉽지만, 하늘에서 오는 소리는 신령하여 아무나 수렴할 수 없다. 땅의 소리를 듣지 않을 때만 하늘의 소리를 들을 수 있다. 눈을 감고 귀를 막고 입을 닫아라. 때로는 양 손발까지 다 묶어야 한다.

1960년대 중반, 예수 믿고 처음으로 신비한 환상을 보았다. 교회에 나갔을 때는 열 살쯤으로 기억된다. 신작로 좌측은 수직에 가까운 절벽이, 우측은 불쑥 튀어나온 너럭바위가, 그 아래는 깊이 2미터, 폭이 20미터쯤 되는 강이 있었다.

수정같이 맑은 그 물속에서, 완전히 벗은 몸으로 어패류와 함께 즐거이 헤엄을 치다가 바닥에 반듯이 드러누웠다. 물 위로 펼쳐진 더없이 맑고 푸른 하늘이 시야에 들어왔다. 코로 숨을 쉴 수도, 눈을 뜨고 볼 수도 있었다. 모든 것이 만족스럽고, 더할 나위 없이 기분도 좋았다. 거기서 마냥 살고 싶었다. 모태 속의 양수가 연상되었다.

이제 돌아보면 볼수록, 생각하면 할수록 그곳이 너무 편하고 좋았다. 하지만 무엇인가 궁금하여 물 밖으로 나와 너럭바위에 올라갔다. 거기 깨끗이 빨아 정성껏 개켜놓은 옷이 있었다. 어머니가 갖다 놓은 것이 분명해 보였다. 의심의 여지가 없었다. 그 옷을 챙겨 입었다. 내 옷이 맞았다.

그리고 강줄기를 쭉 훑어보았다. 강 건너편에서 옹기종기 모여 앉아 빨래하는 아낙들이 열두 폭의 동양화를 연출했다. 창조주 하나님의 아포파시스Apophasis, 침묵의 언어가 고요히 흘렀다. 『필로칼리아』 순례자의 아파테이아Apatheia, 무정념가 가만히 이어졌다. 주 예수 그리스도의 헤시키아Hesychia, 완전한 평화가 조용히 임했다. 모든 것이 완벽했다.

너럭바위 좌측 위로 강을 따라 신작로가 쭉 이어져 있었다. 상쾌한 기분으로 걸어 올라가며 주변을 쭉 훑어보았다. 강가에는 크고 작은 몽돌들이 널려 있고, 물속에는 다양한 고기들이 헤엄치고 놀았다. 강변에는 휘휘 늘어진 수양버들을 비롯하여 온갖 나무들이 무성히 자라고, 그 그늘에 어미 소와 송아지가 한가로이 쉬며, 풀밭에는 염소들이 옹기종기 모여 앉아 있었다. 무리 지어 자라는 각종 들풀이 군데군데 원형을 이루고, 살랑살랑 불어오는 실바람에 산들산들 춤을 추었다.

강둑 건너 들판에는 벼들이 누렇게 익고, 메뚜기와 방아깨비 잡는 아이들이 클로즈업되었다. 그 뒤로 흰옷 입은 농부들이 조화를 이루며 한 치의 오차도 없이 수채화를 이루었다. 풍요와 여유, 자유와 평화, 기쁨과 행복이 사방에 가득했다. 근심 걱정이나 불평불만은 조금도 찾아볼 수 없었다. 하늘의 이상향이 내 고향 냇가에 그대로 펼쳐져 있었다.

얼마의 시간이 지났을까? 얼마쯤 올라가다가 발길을 돌려 다시 강을 따라 내려오고 있었다. 신령한 기운이 안개처럼 드리워지며 황홀한 기분에 휩싸였다. 나도 모르게 양손을 높이 치켜들고 하늘을 우러러 찬양하며 외쳤다.

"할렐루야!"

그 순간 놀라운 일들이 일어났다. 여기저기서 다정다감하게 터져 나오는 의미심장한 소리! 그 뜻은 한결같아 보였으나 저마다 색다른 소리! 우주의 장엄한 오케스트라가 만방에 울려 퍼지며 만물이 동시에 하나님을 찬양했다. 강변에 널린 돌들과 들풀, 지상의 수목과 수중의 어패류, 하늘의 새와 땅의 짐승들, 잔잔히 흐르는 시냇물과 시원하게 불어오는 강바람까지, 메뚜기 잡는 아이와 들판의 농부들, 황금 들판의 온갖 곡식들, 천상천하의 모든 피조물이 그 자리에서 벌떡 일어나 '할렐루야!'로 장단을 맞춰 화답했다.

  그러나 그 소리를 사람의 말이나 글로는 표현할 수 없었다. 현실로 돌아와 적어도 일주일 이상을, 그 어떠한 형태로든 기록에 좀 남기려고 애썼으나 도저히 불가능하다는 사실만 깨달았다. 다만 거룩하고 존귀하신 창조주 하나님께 무한한 감사와 영광을 돌리는, 우주 만물의 통일된 언어로서 '하늘의 신령한 소리'라는 사실만은 분명했다.

"시와 찬미와 신령한 노래로 서로 화답하며, 여러분의 마음으로 주님께 노래하며 찬송하십시오."*(에베소서 5:19)*

죽음의 천사

"새 새벽의 날에 죽음의 천사가 당신의 영혼을 데려갈 것이며, 당신이 어디로 가는지 아무도 모를 것이다."

시크교Sikhism[100] 찬송가에 나온다. '죽음의 천사Grim Reaper'[101]는 나라와 민족, 종교별로 그 색깔이 조금씩 다르긴 하지만, 죽은 사람의 영혼을 육체로부터 분리하여 이승에서 저승으로 데려간다는 역할은 별반 다르지 않다.

"우리 친구 나사로가 잠들었다. 내가 깨우러 간다."(요한 11:11)

예수님이 병들어 죽은 나사로를 잠들어 있다고 하셨다. 야이로의 죽은 딸을 잔다고 하여 사람들의 비웃음도 받으셨다. 하지만 그들은 잠에서 깨어났다. 새날을 위해 잠시 쉰 것이다. 우리 속담에 잠이 보배라는 말이 있다. 하룻밤 숙면이 한 날의 피로를 해소하고, 다음 날 생기를 북돋아 주듯이, 사람의 죽음은 좀 깊이 자면서 푹 쉬는 것이다.

---

[100] 이슬람 신앙에 힌두교가 가미된 인도 종교다. 유일신을 숭배하며 우상이나 신상을 만들지 않는다.
[101] 후드 달린 검은 망토를 걸치고, 낫을 든 해골의 모습을 한 죽음의 신이다.

바울은 날마다 죽는다고 했다. 낮의 일을 마치면 밤의 쉼이 필요하듯, 일생의 여정이 끝나면 재충전의 시간이 필요하다. 그래서 탕자의 비유에서 아버지는, 집을 떠났다가 돌아온 아들을 죽었다가 다시 살아났다고 했다.

2023년 4월 22일 토요일 밤 10시경, 교회당 보수 공사를 마치고 좀 늦게 자리에 들려고 했다. 그때 전화벨이 크게 울렸다. 섬뜩했다. 아버지의 임종이 가깝다는 간호사의 전화였다. 며칠간 병원을 오가며 긴장하고 있었다. 본가에 들러 어머니를 모시고 자정을 좀 넘겨 병원에 도착했다. 10시 40분에 아버지는 이미 운명하셨다. 평소의 불효자가 마지막 임종도 지키지 못했다.

홀로 쓸쓸히 돌아가신 아버지를 뵙자니 두려움이 앞섰다. 교회에서 집사의 직분은 받았지만 실제로 구원은 받았는지, 천사의 손에 이끌려 천국으로 제대로 가셨는지, 눈은 잘 감고 편안히 돌아가셨는지 등등이 매우 궁금했다. 하지만 기우였다. 어린아이가 엄마 품에 안겨 고이 잠든 것처럼 아주 평온한 모습으로 누워 계셨다. 하나님 아버지께 감사드렸다. 홀가분한 마음으로 장례를 치르며 조금도 피곤치 않았.

'그래, 아버지는 천사의 손에 이끌려 하나님의 품에 안겼어!'

23일 주일 새벽 3시, 아버지를 청송 장례식장에 모시고 일단 교회로 돌아와 새벽예배를 드렸다. 이어서 11시 정기예배만 드리고 오후 찬양 예배는 양해를 구했다. 20년 전 아버지가 처음 다닌 교회 담임목사님에게 연락하여 월요일 아침 7시 발인예배를 부탁했다. 그리고 그날 11시, 화장장으로 들어가는 아버지께 손을 얹어 마지막 인사를 드렸다.

"아버지, 그동안 고생 많이 하셨어요. 이제 모든 시름을 잊고 편히 쉬세요."

24일 오후 3시, 아버지의 유해를 봉분 없이 조모 산소 앞에 모셨다. 날수는 삼일장이나 40시간 만에 장례를 잘 마쳤다. 어머니와 우리 오 남매, 칠촌 조카와 팔촌 동생이 함께했다. 후손이 워낙 귀한 집안이라 다른 친척이 없었다.

에녹은 65세에 므두셀라를 낳고, 300년 동안 하나님과 동행했다. 그래서 그 믿음으로 죽음을 맛보지 않고 하늘로 직행했다. 엘리야도 회오리바람을 타고 승천함으로써 육신을 지상에 남기지 않았다. 이는 우리 모두의 소망이다.

"Hodie mihi, cras tibi!"

'오늘은 나에게, 내일은 너에게!'라는 뜻이다. 로마의 공동묘지 입구에 붙은 표어다. 우리가 천주교로 선종하든 개신교로 소천하든, 전도자로 순교하든 애국자로 순국하든, 공직으로 순직하든 전쟁으로 전사하든, 무슨 사정으로 부지중에 그 생이 끝나더라도, 죽음의 천사는 누구에게나 찾아올 것이다. 육의 일을 마치고 영의 쉼을 취하는 과정은 다 같을 것이며, 주님의 사랑이 죽음의 심판을 이길 것이다.

"주께서 뜻을 돌이켜 천사에게 명령하셨다. 이제 그만 하면 됐다. 네 손을 거두어라. 그때 천사는 여부스 사람 아라우나의 타작마당에 있었다."(사무엘하 24:16)

아파테이아

'아파테이아Apatheia'는 '무정념無情念'이란 뜻으로 스토아철학의 화룡점정이다. '없다A-'와 '욕구Pathos'의 합성어다. '필로칼리아Philokalia'의 순례자가 하루 1만 2000번씩 기도하고 깨달은 '완덕完德'의 단계요, '신인 합일神人合一'의 경지다.

창조주 하나님의 '아포파시스Apophasis', '침묵의 언어'로 시작하여 구세주의 '헤시키아Hesychia', '하늘의 평화'에 이르게 된다. 기도와 노동, 성독聖讀, 렉시오 디비나의 수행修行을 통해 수덕修德의 열매를 거둔다. 그리고 에피쿠로스학파는 '아타락시아Ataraxia', '평정심平靜心'을 구도자의 덕목으로 삼는다.

'주 예수 그리스도, 하나님의 아들이시여! 저를 불쌍히 여겨 주십시오!'

바울이 "쉬지 말고 기도하라"(데살로니가전서 5:17)라고 했다. 육신은 공기로 호흡하고 영혼은 기도로 숨을 쉰다. 우리의 영은 하나님의 영으로 채워져야 한다. 영은 영으로 연합하고 기도로 그 고리가 형성된다. 그래서 예수님이 포도나무와 가지의 비유를 들어 "내가 아버지 안에, 너희가 내 안에, 내가 너희 안에 있다"라고 하셨다(요한 14:20).

성모 마리아는 "잔칫집에 포도주가 떨어졌다"라고 아들 예수께 알려 맛 좋은 포도주를 얻었고, 사마리아 여인은 "다시는 목이 마르지 않는 생수를 달라"라고 요청하여 영생을 얻었고, 베드로의 장모는 그 이웃이 "부인을 고쳐 달라"라고 간구하여 열병에서 벗어났고, 갈릴리 나환자는 "주께서 원하시면 저를 깨끗하게 하실 수 있다"라고 고백하여 깨끗이 나았고, 베데스다 연못가의 38년 된 병자는 "네가 온전히 낫기를 원하느냐?"라는 물음에 그 사정을 솔직히 털어놓음으로써 자리를 걷어들고 걸어갔다.

회당 안에 데려다 놓은 조막손이는 "네 손을 내밀라"라는 말씀에 순종하여 회복되었고, 백부장의 종은 그 주인의 간청으로 거의 죽다가 살아났고, 나인성 과부의 독자는 그 어머니의 긍휼로 소생했고, 거라사 광인은 떼거리 귀신이 떠나감으로 바른 정신을 찾았고, 12년 동안 하혈한 여인은 주님의 옷자락을 만짐으로 그 피의 근원이 멎었고, 열두 살 된 야이로의 딸은 "소녀야, 일어나라!"라는 주님의 선포로 즉시 살아나게 되었다.

앞을 보지 못하는 사람은 예수님을 끈질기게 쫓아와 보았고, 말하지 못하는 사람은 억지로 끌려와 말했고, 페니키아 여인은 겸손히 엎드려 간청함으로 그 딸이 나왔고, 귀먹은 말더듬이는 친구들의 도움으로 치유를 받았고, 간질환자는 그 아버지의 눈물로 고질병에서 놓였고, 간음한 여인은 "너희 중에 죄 없는 자가 먼저 돌을 던지라"라는 주님의 명령으로 즉결 처형에서 벗어났다.

일찍이 모세는 이스라엘 백성에게 "두려워하지 말고 가만히 서서, 오늘 너희에게 보여 주실 주님의 구원을 보라!라고 했으며(출애굽기 14:13), 사무엘도 "가만히 서서, 주께서 너희 눈앞에서 행하실 이 큰 일을 보라!"라고 했다(사무엘상 12:16).

예수님은 절름발이를 낫게 하고, 앉은뱅이를 걷게 하고, 곰배팔이를 성하게 하고, 귀머거리를 듣게 하고, 벙어리를 말하게 하고, 소경을 보게 하여 지상 최고의 위대한 의사가 되었으며, 그들은 이스라엘의 하나님께 영광을 돌렸다.

4세기 광야의 수도사 에바그리우스Evagrius는 '기도의 훈련을 받을 때, 악마의 공격에 잘 대비하여 그 채찍을 확실히 이겨내라'고 했다. 마귀는 성도의 기도를 가장 싫어하여 수단과 방법을 가리지 않고 훼방을 놓는다. 기독基督교는 기도祈禱의 교다. 기도는 기독교의 모든 것이다. 우리는 금욕의 진가를 발견하고 쾌락의 올무에서 벗어나야 한다.

"오히려 내 마음은 평온하고 고요합니다. 젖 뗀 아이가
어머니의 품에 안겨 있듯이, 내 영혼도 그와 같습니다."

(시편 131:2)

역설의 진리

"하나님의 자비로 나는 설교를 망쳤고, 하나님께서는 내 동기를 깨끗이 하셨다."

스리랑카의 작가, 아지스 페르난도의 저서 『고난과 기쁨, 그 역설의 믿음』에 나온다. 하나님의 섭리는 역설의 진리에 익숙하고, 그에 따른 열매는 고난을 통해 맺는다. 우리는 땅의 영광을 구하나 하나님은 하늘의 영화를 드러내신다.

"붓다는 숱한 설법을 했으나 실제로는 한마디도 하지 않으셨다. 다만 자신의 거울을 비춰줬을 뿐이다."

정토회 지도 법사, 법륜최석호, 1953~ 스님의 말이다. 그는 자신의 삶으로 올바른 깨달음을 보여 주고 있다. 불교의 승려로서가 아니라 이 땅의 한 인간으로서 기후와 환경, 기근과 전염병, 남북통일과 세계 평화 등 지구촌의 당면 과제들을 인류

애로 실현하고 있다. 2002년 막사이사이상을, 2020년 니와노 평화상을 받았다.

"기무정 정복위기 선복위요其無正 正復爲奇 善復爲妖"[102]

노자의 『도덕경』 제58장의 말이다. 이것이 인생이요, 세상살이다. 세상에는 정답이 없다. 완벽한 종교도, 완전한 교리도 없다. 비우면 채워지고 채우면 비워진다.

"세상을 알면 시체를 발견하고, 시체를 알면 세상을 떠날 것이다."(도마복음 제56장)

예수님의 말씀이다. 마구간에서 태어나 길거리에서 살다가 십자가에 달려 돌아가셨으나 우리에게 참 인생길을 보여 주셨다. 유대인으로서 유대인에게 그 십자가 고난을 받으셨으나 온 인류의 구세주가 되셨다. 로마의 평화를 위협하는 인물로 지목되어 온갖 수모를 받으셨으나 세상의 평화가 아니라 하늘의 평화를 드러내셨다.

예수님과 함께 지낸 제자들은 스승을 배신하고 달아났으나 멀리서 지켜본 막달라 마리아는 그 무덤까지 따라가 지켜보

---

[102] 항상 옳은 것은 없다. 바른 것도 기이할 수 있고, 선한 것도 요사할 수 있다.

았다. 사람들은 부귀영화를 위해 쫓아다녔으나 예수님은 그 생명을 그들의 죗값으로 내어주셨다. 가해자는 까닭 없이 정죄하고 죽였으나 피해자는 그들의 죄까지 용서해 달라고 간구하셨다. 그리고 마지막으로 하나님께 부르짖었다.

"엘리 엘리 레마 사박타니?"[103]

그때 하늘의 해가 빛을 잃고 성소의 휘장이 반으로 찢어졌다. 십자가형을 집행한 로마의 백부장이 조용히 말했다.

"이분은 참으로 하나님의 아들이셨어!"

그리고 예수님은 3일 만에 죽음에서 부활하셨다. 목격자는 없으나 그 증인은 많다. 믿음은 논리가 아니라 창조적 사고를 요구한다. 자신의 인생을 선한 행실로 드러낼 뿐이다. 그래서 우리는 믿음으로 의롭게 되고, 그 믿음의 의로 구원을 받는다.

성경에 나오는 믿음의 거성이 3만 명쯤 된다. 그들 중에서 사도 바울은 신약의 거목이다. 하지만 그 몸에 가시를 달고 살았다. 아담의 범죄로 인한 것이다. 그 가시가 일평생 그를 콕콕 찔렀으나 하나님은 그 가시를 뽑아주지 않으셨다. 동족에게 39번의 매를 다섯 번이나 맞고, 태장을 세 번, 돌멩이로 한 번, 그리고 세 번의 파선으로 7일간 흑암에서 지냈다. 여행 중에 강과 바다의 위험, 유대인과 이방인의 위험, 시내와 광야의 위험, 강도와 거짓 형제의 위험에 처했으며, 먹지 못하

---

[103] 나의 하나님, 나의 하나님, 어찌하여 나를 버리셨나이까? (마가복음 15:34)

고, 자지 못하고, 헐벗고 추위에 떨었다(고린도후서 11).

그럼에도 하나님께서는 항상 그와 함께하셨다. 우리의 인생에는 정답이 없다. 주님 안에서 역설의 진리가 우리를 인도할 뿐이다.

"누구든지 자기 목숨을 구하려고 하면 잃을 것이요, 누구든지 나와 복음을 위해 자기 목숨을 버리면 구할 것이다."(마가 8:35)

고달픈 은혜

"내 인생에 여백이 있기를 원한다!"

19세기 생태주의자, 소로가 『월든』에서 한 말이다. 인생은 소소한 것들의 마지막 손익결산서다. 하버드대학을 졸업하고 공립학교 교사가 되지만 2주 만에 그만두었다. 체벌이 인신을 파괴하고 인격을 훼손하는 일이라 믿었다. 자연 예찬가요 자유 수호자인 그는 월든 호숫가에 오두막을 짓고 농사를 지으며 독신으로 지냈다. 45세에 폐결핵으로 생을 마감하며 말했다.

"참 좋은 여행이었어. 이제 더 멋진 여행이 시작되겠군!"

2023년 7월 28일, 긴 장마로 인해 과수원 긴급 방제가 필요했다. 33도를 오르내리는 무더운 날씨가 계속 이어졌다. 이른 새벽에 일어나 대충 기도하고 교회를 나왔다. 조금이라도 시원할 때 작업을 마칠 요량이었다. 500리터 고무 통에 물을 받아 농약을 개어 경운기 시동을 걸었다. 거기 분무기가 달려 있었다. 고무장갑을 끼고, 토시를 차고, 방제복을 입고, 장화를 신고, 보안경과 마스크를 하고, 밀짚모자를 쓰고, 우선 물 속에 가라앉은 가루약을 휘저었다.

그리고 눈을 들어 보니, 이게 어찌 된 일인가? 호스 중간이 터져 약물이 거품을 내며 분수처럼 솟구쳤다. 제초 작업 시 날에 걸려 찢어진 것이다. 시동을 끄고 물이 새는 부분을 잘랐다. 이음쇠를 찾았다. 호스 구멍이 작아서 들어가질 않았다. 전기 분무기를 전동 분무기로 교체하면서 호스의 크기가 달랐다. 라이터로 지져도 보고 토치로 달궈도 보았으나 구멍은 좀처럼 벌어지지 않았다. 땀을 뻘뻘 흘리며 가까스로 이음쇠를 조금 끼우고 죔쇠로 고정했다.

한숨 돌리고 다시 시동을 걸었다. 분사기를 걸어둔 곳으로 천천히 걸어갔다. 그때 또 그 자리가 펑 터졌다. 그렇게 세 번을 반복하자 젖 먹은 힘까지 다 빠져 그야말로 완전히 녹초가 되었다. 숨은 가쁘고 땀은 콩죽같이 흘렀다. 이미 죽은 줄 알았던 못된 성질이 다시 솟아 나왔다.

"아, 이건 아니다. 정말! 씨!"

하수구 침전물이 시궁창 냄새를 풍기며 마구 내 속에서 튀어나왔다. 평소 남에게는 인자했으나 나에게는 정말 잔인했다. 순간 나도 움찔하고 놀랐으나 그리 대수롭지 않았다. 그런 걸 신경 쓸 겨를도 없었고, 그 일이 크게 낯설지도 않았기 때문이다.

'오, 주 예수여! 이게 도대체 뭡니까? 그리고 보니, 아 ~ 정말 그렇군요! 이제까지 경험상 여기서도 주님의 뜻이 있었습니다. 선으로 합력시켜 주소서. 저는 아무것도 할 수 없지만 주님은 모든 것을 다 하실 수 있습니다. 이 환난에서 벗어나 근심이 없게 하소서.'

반신반의하고 미심쩍어하면서도 마음 깊음 속에서 우러나오는 대로 야베스의 기도를 드렸다. 그때 감사하다는 마음이 스르르 임했다. 고개를 들어 경운기 짐칸에 실린 호스를 바라보았다. 녹슨 굴레에 여분의 줄이 칭칭 감겨 있었다.

'아, 그래! 굳이 호스를 연결하지 않아도 되겠어.'

그리고 펜치를 들고 호스를 질질 끌고 가 나뭇가지에 걸린 분사기에 연결했다. 성령의 은혜로 1분 만에 상황이 끝났다. 그리고 남은 호스를 바라보았다. 아직도 한 바퀴 남아 있는 것을 보고 안도의 숨을 쉬었다.

"오, 주 예수여! 이 죄인을 불쌍히 여겨 주소서."

'아, 그리고 보니 오늘 내가 너무 서둘렀어. 새벽기도를 제대로 드리고 나서 여유 있게 나올 것을! 소인배의 미련함이 또다시 노출되었어. 그때 아침햇살이 나뭇가지를 줄줄이 쫙 비추었다. 그러자 금세 이슬방울이 사라지고 나뭇잎들은 잠에서 깨어난 듯 방긋방긋 웃으며 산들산들 춤을 추었다.

"오, 생동하는 저 생명을! 하나님께서 바로 그 시간, 이 카이로스를 강제로 맞춰 주었어!'

알고 보니, 병충해 방제는 이슬이 마르고 물기가 없을 때 하는 것이 효율적이었다. 그렇게 진땀을 다 빼고 비로소 작업을 시작했다. 숨이 너무 가빠 중간에 두어 번 쉬었으나 기분 좋게 일을 마쳤다. 한동안 목이 잠겨 목소리가 나오지 않았다. 정말 고달픈 방제의 은혜였다.

"야훼를 경외하는 것이 지식의 근본이나 어리석은 자는 지혜와 훈계를 멸시한다."(잠언 1:7)

고립의 시대

"고립된 생쥐가 친구 생쥐를 잔인하게 공격한다."

영국의 경제학자, 노리나 허츠Noreena Hertz가 『고립의 시대The Lonely Century』에서 외로움의 사회적 문제를 제기하며 말했다.

오늘날 노인의 고독과 청년의 고립은 정말 심각하다. 영국 노인의 40퍼센트가 TV로 소일하고, 미국 밀레니엄 세대의 20퍼센트가 친구 없이 지낸다고 한다. 한국인의 38퍼센트가 외로움에 시달리며, 60만 청년이 고립감에 노출되어 있다. 한국인의 자살률이 OECD 국가 중에서 최고이다. '빨리빨리' 문화가 물질 만능주의 시대와 맞물려 파생된 서글픈 자화상이다.

일상화한 스마트폰 세상, 비대면 온라인 시스템, 디지털 기기의 감시가 인간다움을 파괴한다. 산업화에 발맞춘 성과주의가 소외감을 더욱 부추긴다. 사고의 부재에 따른 창의성 박탈, 다정다감한 인간미 상실, 경제적 양극화로 빈익빈 부익부의 고착, 극단주의 정치로 온 세상이 무력감에 빠져 있다. 여유로운 저녁의 시간과 아름다운 낭만의 공간이 사라진 지 이미 오래다.

자본주의 무한경쟁 사회에서 신자유주의 이념이 소득과 부를 편중시키고 빈부격차를 더욱 심화시켰다. 나라와 민족의 갈등을 고조시키고, 인간성 말살을 초래했다. 사람의 양심과

도덕성까지 AI가 감시하고 통제하는 시대가 되었다. 종족 보존의 아름다운 선물로 주어진 성문화까지 인공지능 모조품이 대체하기에 이르렀다. 섹스를 대신할 로봇 산업은 무한정 발전할 것이며, 독신과 개인주의가 보금자리를 틀고, 원룸과 캠핑카의 문화가 이기주의를 더욱 부추길 것이며, 스마트폰 문화가 가족 간의 소소한 정담까지 잠식할 것이다.

　정서적 고립이 내면세계의 공허감을 초래하여 공인된 종교보다 무속 신앙을 의지하게 만든다. 히틀러와 독재자들이 모두 그랬듯, 한국의 정치판도 예외가 아니다. 선한 양심의 법이 아니라 조직이 만든 이기적 규정을 악용하여 독단과 독선을 일삼고, 인기 영합주의에 편승하여 온갖 횡포를 부리고 있다.

　그에게는 상전도 없고 동료도 없으며, 그저 졸개들만 줄을 서 있다. 선의의 경쟁자도 없고 오로지 자기주장만 옳다고 여긴다. 자신을 추종하지 않으면 모두 적이 되는 세상이다. 부질없는 허영심에 빠져 화해와 협력을 외면하고, 길거리 건달패의 세상을 조성하여 비인간적 사회를 만들고 있다. 이것이 오늘날 한국의 정치판 현실이다(이는 2025년 4월 4일, 헌법재판소의 탄핵 심판으로 일단락되었다).

　'고독은 죽음에 이르는 병이다.'

　내면의 공허가 온갖 스트레스와 암 등의 난치병을 유발한다. 남을 배려할 줄 모르는 인간은 5년 내 죽을 확률이 두 배 이상 높다고 한다. 히틀러의 나치주의 배경에는 정서적 고립이 있었다. 악한 생각이 선한 양심을 마비시켜 온 세상을 난장판으로 만든 것이다. 까닭 없이 유대인을 무차별적으로 죽인 원흉이다.

코로나 사태가 이 난세에 기름을 부었다. 비접촉 시대의 돌발적 위험성이 확연히 드러났다. 가뜩이나 개인주의가 팽배한 사회에서 소외된 자의 고립과 위기는 더 심화할 수밖에 없었고, 불신에 빠진 악인들의 악감정을 더욱 부채질했다. 지속적 고독은 사회적 문제를 유발한다. 2주 정도의 고립도 그 몸과 마음에 깊은 외상을 남긴다고 한다.

고독의 해독제는 소통과 접촉이다. 고립의 해소책은 동료 인간에 대한 연민과 연대다. 운명적 고립이라면 기꺼이 받아들여야 한다. 사막의 교부들처럼 외로움을 친구삼아 즐겨야 한다. 인간은 고독하게 태어나 고독하게 살다가 고독하게 죽는다. 유다에게 팔리고, 베드로에게 부인당하고, 아버지께 버림받고, 십자가에 달려 죽은 예수를 바라보라. 그분인들 어찌 외롭지 않았겠는가? 그런 고독이 있었기에 이런 자유가 주어지지 않았는가?

하나님의 형상에 따른 이마고 데이 인간성 회복, 나눔과 베풂으로 그 기회를 다시 찾아야 한다. 고립과 고독, 절망과 좌절, 나태와 무기력은 창조주의 불신과 구원자의 부재에서 나온다. 고립이 잉태하여 절망을 낳고, 절망이 장성하여 자살을 낳는다. 금욕과 자유의지의 시험대로 주어진 선악과를 따먹고 타락한 인간의 결과이다. 보라! 그 실낙원의 복락 복안이 우리의 양심에 있지 않은가!

"다윗의 자손이여! 우리를 불쌍히 여기소서."(마태 9:27)

도 우트 데스

"다른 말은 다 잊어도 '도 우트 데스Do ut Des'만은 기억하세요!"

한동일 교수가 『라틴어 수업』을 마무리하며 당부했다. '네가 주니 나도 준다'라는 말은 계약법 상 상호주의 용어로 사회생활의 대원칙이다. 세상에 공짜는 없다. 어떤 일에도 대가가 있기 마련이다. 콩 심으면 콩 나고 팥 심으면 팥 난다. 무엇을 심던지 그대로 거둔다. 이것이 인생의 이치이자 지혜다. 'Give and Take'요, '인과응보因果應報'요, '사필귀정事必歸正'이다. 논어의 '기소불욕 물시어인己所不欲 勿施於人'[104]이요, 성경의 황금률

---

104 욕을 먹기 싫거든 욕하지 말라는 말이다.

이다.

> "남에게 대접을 받고 싶은 대로 네가 먼저 남을 대접하라."(마태 7:12)

그는 아시아 최초의 바티칸 대법원 변호사로 가톨릭교회의 신부이다. 실로 언어학의 지향점은 지식의 위치를 잘 파악하여 유효적절하게 사용할 수 있는 책장을 만드는 것이다. 그래야 필요할 때 손쉽게 뽑아서 유익하게 쓸 수 있다.

오늘날 라틴어는 사용하지 않지만, 그 영향력은 여전히 대단하다. 영어를 비롯하여 산스크리트어, 히타이트어, 그리스어, 게르만어 등의 모체로서 서양인의 정신문화를 지배하고 있다. 그만큼 삶의 지혜가 풍부하다는 말이다. 언어는 자신의 의사를 표현하는 수단이지만, 그 인생을 드러내는 철학이자 인문학이다. 어린아이가 엄마의 언어를 통해 자신의 인생을 터득하고 다듬어가는 것과 같다.

라틴어의 체계는 수평적이다. 부부유별이나 장유유서 등 유교문화에 익숙한 한국인처럼 수직성 존대나 하대가 없다. 고정관념이나 자기 기준은 정말 나쁜 습관이다. 사람이 살다가 보면 강점이 약점이 되고 장점이 단점이 되기도 한다. 어느 때는 사회적 정의가 잔혹할 수도 있다. 세상에는 정말 정답이 없다. 그때그때 사정에 의해, 그 형편에 따라 하나님의 은혜가 다를 수 있다는 말이다. 그래서 진정한 완전은 완전한 상태가 아니라고 한다.

'아모르 파티'는 운명을 사랑하라는 말이고 '카르페 디엠'은 오늘을 잡으라는 뜻이다. 노자가 우울한 자는 과거에 살고, 불안한 자는 미래에 살고, 평안한 자는 오늘에 산다고 했다. 하늘의 순리에 따라 하루하루 성실히 살라는 것이다.

'메멘토 모리'는 죽음을 기억하라는 말이다. 로마의 공동묘지 입구에 '오늘은 나에게, 내일은 너에게'라는 경구가 있다. 참다운 삶을 위해 항상 죽음을 준비하라는 것이다. '베아티투도'는 자신의 태도나 마음가짐에 따라 행복할 수도 있고 불행할 수도 있다는 말이다. 그래서 솔로몬왕이 잘 말했다.

"무엇보다도 네 마음을 지켜라. 그것이 바로 복된 삶의 샘이다."(잠언 4:23)

"강을 건넜으면 배는 두고 가라."라는 격언도 있다. 소기의 목적이 달성되면 더 이상 욕심을 부리지 말라는 뜻이다. 자기 생각을 버리고 주님의 뜻에 따르라는 말이다. 자기와 소통하는 사람이 자신을 잘 다스리고 성숙할 수 있다.

내가 누구이며 어디서 와서 어디로 가는지 모르는 사람은 결코 하늘의 뜻을 따라갈 수 없다. '봄날의 아지랑이를 보러 운동장으로 나가라'고도 했다. 머리로 아는 지식이 아니라 몸으로 실천하는 행동이 중요하다는 말이다. 그래서 야고보 사도가 말했다.

"행함이 없는 믿음은 그 자체가 죽은 것이다."(야고보서 2:17)

오늘날 사회가 이처럼 각박하고 냉정한 것은 소위 많이 배웠다는 사람들의 철학이 빈곤하기 때문이다. 그들은 배워서 남에게 줄 만한 믿음도 없고 그럴만한 사랑도 없다. 그저 자기 혼자만 움켜쥐고 뭔가 더 큰 대가를 노리고 있다.

"너희가 거저 받았으니 거저 주어라."(마태복음 10:8)

우리는 주님의 훈계를 마음 깊이 새겨야 한다. 그래야 지금보다 좀 더 나은 세상으로 나아갈 수 있다. 우선, '나는 왜, 누구를 위해, 무엇 때문에 사는가?'를 항상 되뇌며 이렇게 물어봐야 한다.

"주님은 나를 위해 생명을 주셨다. 나는 이웃을 위해 무엇을 주는가?"

"아들아, 너는 잘 듣고 지혜를 얻어 네 마음을 바른길로 이끌어라."(잠언 23:19)

절망과 희망

"절망은 죽음에 이르는 병이다."

19세기 실존주의 철학자, 키르케고르Søren Kierkegaard, 1813~1855의 말이다. 그는 교회의 기만을 공격하고 사랑과 명예를 거절했다. 그리고 고독한 은둔자의 길을 걸었다. 절망은 희망의 상실에서 나오는 사치벽이다. 풍요 속의 빈곤이요, 군중 속의 고독이다. 정말 절망적인 사람에게는 절망이 없다. 인간은 자신과의 처절한 싸움 끝에 '신 앞에 홀로 선 외로운 이'가 될 수 있다.

자신을 너무 믿지 말라. 남보다 더 불량한 배신자가 된다. 베드로가 예수님을 3번이나 모른다고 부인했다. 주님과 함께 감옥은 물론, 사형장까지도 따라가겠다고 큰소리치며 다짐했다. 이는 진솔한 믿음의 표현이었다. 하지만 사정이 바뀌자 자기도 모르게 배반했다. 유다는 갈릴리 촌놈이 아니라 유대의 지식인으로 자부심을 가지고 있었다. 그도 사탄의 유혹에 넘어가 스승의 은혜를 저버리고 세상의 은전을 택했다.

'사람을 믿지 말라. 누구나 배신한다.'

염세주의 철학자, 쇼펜하우어의 말이다. 자기도 믿지 못하는 세상에서 누가 누구를 믿겠는가? 한 번 배신한 자는 다시 배신하게 된다. 배신이 판치는 배반자의 세상이 되었다. 유일한 해결책은 인간성을 회복하고 하나님의 형상을 되찾는 일이다.

이제 우리는 무속 신앙의 허구를 발견하고 참다운 믿음의 주체를 찾아야 한다. 날마다 술이나 마시고 큰소리 뻥뻥 치며 공허감을 달래봤자 그때뿐이지 다 공염불이다. 모순덩어리 몸뚱이에서 조폭적 의리가 벗겨지고 참 인간의 모습이 보일 때, 비로소 절망의 늪에서 벗어나 희망의 빛이 비칠 것이다.

사막의 교부 에바그리우스Evagrius, 346~399는 자신의 삶을 통해 8죄종[105]을 발견하고 수도의 길을 걸었다. 수행修行을 통한 정념情念과 정화淨化를 추구했다. 하지만 인간의 노력으로 죄 문제를 해결하려는 수덕주의 한계를 깨닫고 '예수 기도'를 통해 주님의 긍휼을 구했다.

그래서 바울은 오직 믿음으로 구원을 얻을 수 있다고 부르짖으며 '예수 복음'을 전했다. 자신의 양심에 예수의 믿음을 담아 하나님의 사랑으로 숙성해야 비로소 천국의 소망을 드러낼 수 있다.

'오, 주 예수여! 저를 불쌍히 여겨 주소서!'

죄 중의 죄는 불신不信이다. 모든 불의不義, 불법不法, 불행不行이 불신에서 나오기 때문이다. 아담과 이브는 금단의 열매를 따 먹고 죄의 종자를 낳았다. 노아는 벌거벗고 누웠다가

---

[105] 여덟 가지 죄의 씨앗, 곧 탐식, 음란, 소유욕, 분노, 슬픔, 나태(아케디아), 허영, 교만이다.

사리분별력을 잃었다. 롯은 근친상간 죄를 짓고 불행의 씨앗을 남겼다. 나발은 아예 패가망신하고 멸문지화를 당했다. 바로 그놈의 술, 사탄의 앞잡이가 놓은 치명적 낭패 때문이었다.

오늘날 우리는 영적 아케디아Acedia, 나태에 깊이 빠졌다. 정치, 경제, 사회, 문화, 군사 등, 모든 산의 난항이 오봉[106]의 피눈물로 얼룩져 있다. 하찮은 여자들은 100원짜리 고스톱으로 기나긴 밤을 지새우고, 변변찮은 남자들은 부질없는 토론으로 밤새 수염만 기른다.

새벽을 깨우며 기도하는 사람도 없잖아 있지만 매정한 메마름만 보고 실망할 것이다. 만신창이 병든 몸을 돌아보고, 그제야 자신이 신의칙에서 벗어난 사실을 깨달을 것이지만, 더 이상 아무 대책이 없음을 보고 한탄할 것이다. 우파의 고립이 좌파의 고독을 부추겨 온 나라와 민족이 골병들고 말았다. 그럼에도 욕망의 바다는 끝이 없고 희망의 등대는 기약이 없다.

이제라도 우리는 시대적 소명을 되찾아야 한다. 선한 양심에 따른 인간다움의 회복이 희망의 관건이다. 이스라엘 키부츠공동체의 벤구리온 정신이 우리 민족에게 절실하다. 한반도는 물론이고 세계 평화를 위한 깨달음이 정말 필요한 때다. 아인슈타인이 말했다.

"신은 주사위 놀이를 하지 않는다!"

---

106 금강산, 묘향산, 지리산, 백두산, 삼각산의 다섯 개 봉우리를 말한다.

"그는 손을 들어 자기와 화목한 자를 치고 그 언약을 배반했다."(시편 55:20)

일체유심조

신라의 고승, 원효대사617~686가 당나라 유학길에 올랐다. 도중에 어떤 동굴에서 하룻밤을 보내게 되었다. 그날 밤 심한 갈증을 느끼고 옆에 있는 바가지의 물을 달게 마신 후 푹 잤다. 아침에 일어나 보니 파묘 속의 해골바가지에 담긴 썩은 물이었다. 그때 크게 깨닫고 유학을 포기하고 돌아와 일체유심조一切唯心造라 했다. 세상의 모든 일들이 사람의 마음에 달렸다는 뜻이다.

"하나님은 자비로운 듯이 보일 때마다 실은 다음 고문을 준비하고 계셨다!"

20세기 최고의 사상가, C. S. 루이스가 죽은 아내를 그리워하며 쓴 『헤아려 본 슬픔』에서, 극한 감정에 사로잡혀 하나님을 원망하며 한 말이다.

"하나님은 어디에 있는가? 왜 그리 인색하신가? 그녀는 지금 이 세상 어디에도 없다. 신의 측면에서 잔인함이 선이라면, 거짓말도 선이 아니겠는가? 신의 천국이 우리의 지옥이고, 신의 지옥이 우리의 천국일 것이다."

봄이 가면 여름이 오듯이, 아무리 좋은 사람도 만나는 순간 헤어짐이 예고되어 있다. 이별의 슬픔은 아무도 피할 수 없다. 이때 최고의 지성이 무엇이며, '순전한 기독교'가 어디에 있겠는가? 신의 관점에서 보면 모든 인간이 이단이다. 하지만 인간의 관점에서 보면 그 모든 것이 자연스러운 일이다. 영혼의 좀이 육신의 세포를 갉아 먹을 때, 그 어떤 위로도 한낱 쓰레기처럼 느껴질 것이다. 그래서 『헤아려 본 슬픔』에서 해설자가 말했다.

"아무리 믿음이 확고한 사람도 격정적 생각과 감정의 회오리에 말려들면, 극한 슬픔과 고통 속에서 구원의 틈새를 찾아 어지럽게 헤매고 다닐 수밖에 없을 것이다."

하루살이 곤충에도 세월의 상처가 있다. 하물며 인간에게야 오죽하겠는가? 자세히 보면 모든 사람이 자기만의 크고 작은 상흔을 품고 산다. 아무리 건강한 사람도 미래의 장애인이다. 장애는 불편한 것이지 불행한 것이 아니다. 인간만사 새옹지마人間萬事 塞翁之馬[107]가 아닌가? 고통과 슬픔의 치료제는 그 어디에도 없다. 세월이 약이다. 어제의 고통이나 내일의 슬픔

---

107 인생살이에는 좋은 일과 나쁜 일이 자주 일어나므로 예측할 수 없다는 말이다.

은 어디에도 없다. 모든 일이 지금 바로 이 시간에 미어지는 마음의 문제일 뿐이다.

얼마 전까지 나는, 불평불만과 시기, 질투, 원망 등을 일삼는 사람에 대하여, 믿음이 없거나 배우지 못한 탓이라고 여겼다. 그런데 알고 보니, 심신이 고달플 때 누구에게나 일어나는 자연스러운 현상이었다.

2023년 8월 말, 코로나가 독감으로 바뀔 즈음, 그 지독한 놈이 나에게 덮쳐 생사의 징검다리를 넘나들었다. 환장할 환상통과 호흡곤란, 식욕상실, 허리 통증에다 영적 무기력(아케디아)까지 밀어닥쳤다, 거기에 장애 후유증과 약해까지 더해졌다. 맥이 빠지고 잠만 쏟아졌다.

'아, 시기와 질투와 미움이여! 네게는 자유의지라도 있잖은가?'

루이스가 임종을 앞둔 아내에게 조심스럽게 부탁했다.

"당신이 할 수만 있다면, 그것이 만일 허락된다면, 내가 죽을 때도 내 곁에 와 주시오."

아내가 진중하게 대답했다.

"'허락된다면'이라고요? 천국은 나를 붙잡지 않겠지요. 만일 지옥이 나를 잡는다면, 그 지옥을 박살 내 버리겠어요."

실로 사랑이 클수록 슬픔도 크고, 믿음이 깊을수록 사탄의 공격은 더 가혹하게 다가온다. 극한의 슬픔과 고통 앞에서 성인군자는 따로 없다. 노자가 '무위자연無爲自然'이라 했던가? 인위적 방법을 배제하고 자연적 순리에 따라야 한다. 인간의 생로병사는 사람이 분노할 일이 아니다. 그래서 고려의 고승, 나옹 왕사1320~1376가 잘 말했다.

"청산은 나를 보고 말없이 살라 하고, 창공은 나를 보고 티없이 살라 하네."

"이와 같이 성령도 우리의 연약함을 도우십니다, 우리는 어떻게 기도해야 할지도 모르지만, 이루 말할 수 없는 탄식으로 성령이 친히 우리를 위하여 간구하십니다."(로마서 8:26)

야고보의 길

'부엔 까미노Buen Camino!'

스페인어로 '좋은 길 되세요!'라는 순례자들의 인사말이다. '안녕하세요!'라는 우리의 인사보다 그 의미가 한층 더 깊다. 산티아고 순례의 길 가운데 가장 긴 프랑스 '야고보의 길'을 70퍼센트 이상의 순례자가 찾는다. 프랑스 쪽 피레네 산 밑에서 산티아고 대성당까지 약 800킬로미터의 거리다. 34개 루트

마다 순례자의 숙소(알베르게)가 있으며, 하루 20~40킬로미터씩 걸으면 34일이 소요된다. 매일 2만 5000명 이상이 그 길을 걷고 있으며, 한국인은 5000명쯤으로 스페인, 독일, 프랑스, 미국에 이어 다섯 번째라고 한다.

성 야고보는 사도 요한의 형이다. 헤롯 아그립바 1세에 의해 참수형을 당함으로써, 열두 제자 가운데 처음으로 순교했다. 그는 "땅끝까지 이르러 내 증인이 되라"(사도행전 1:8)라고 한 주님의 말씀에 따라 지중해 서쪽의 끝, 스페인까지 가서 복음을 전했다. 제자들이 그의 장례를 두고 고민하다가 그가 복음을 전한 그 땅에 시신을 안치하기로 했다.

그때 천사가 나타나 돌로 만든 배를 건네주었고, 제자들은 그 배를 타고 지중해를 건너 대서양까지 가게 되었으며, 일주일간의 항해 끝에 지금의 '산티아고 데 콤포스텔라'에 닿았다고 한다. 산티아고Santiago는 '성 야고보'라는 뜻이다.

그리고 820년경, 산티아고 성당 옆 숲속에서 야고보의 무덤이 발견되었으며, 이후 1200년간 온 세상 순례자들의 발길이 끊이지 않고 있다. 산티아고 길은 만나면 헤어지는 나그네의 길이요, 머나먼 수도의 길이요, 모든 사람이 걸어가는 인생 여정의 길이다. 그 어떤 사람도 그의 무덤까지는 함께할 수 없다. 만나면 헤어짐이 예약되어 마냥 아쉬울 뿐이다. 사람들은 그 길을 걸으며 마음을 비우고, 욕심을 떨쳐 버리며 모든 것을 수용하게 된다.

순례자의 최종 목적지는 야고보의 무덤이다. 표지판을 따라 얼마나 바른길을 걷느냐의 여부가 그나마 고생을 덜어주는 관건이다. 첫날 고도 1,400미터의 피레네 산을 넘어가는 26킬로미터가 가장 힘든 길이며, 다음은 200킬로미터 지점으로 800킬로미터 완주의 최대 고비라고 한다.

순례는 순교를 각오한 사람들의 길이다. 그 일생이 그대로 길 위에 펼쳐지기 때문이다. 각자의 인생 여정에 사탄의 방해가 있듯이 그 길에도 나름대로 훼방꾼이 있다. 좀도둑과 사기꾼, 성적 유혹과 자연재해가 다가온다. 불필요한 짐을 다 버리고 하나님의 전신 갑주로 무장해야 한다. 그렇게 성당 광장에 도착하면 배낭은 물론, 신발까지 다 벗어 던지고 바닥에 벌러덩 드러누워 하늘을 우러러보며 환성을 지른다. 하지만 그 성취감은 잠시 잠깐일 뿐이다.

등산가는 8882미터 에베레스트 정상을 밟기 위해 2년간의 혹독한 훈련을 받고, 2억 원 상당의 비용을 치른다고 한다. 그리고 2개월간의 사투를 벌이며 그 산에 오른다. 하지만 등정의 기쁨은 10분이면 끝나고 다시 하산해야 한다. 우리의 인생도 그와 마찬가지다.

모든 순례자가 산티아고 길을 따라 야고보 무덤에 이르듯, 우리도 우리의 길을 따라 자기 무덤에 이르게 된다. 그때 소유는 물론, 육신까지 다 버리고 입성함으로써 여행을 위한 가방이나 지팡이는 더 이상 필요치 않게 된다.

까미노 순례를 마치고 무시아 해변으로 간다. 그곳에 '0'이 새겨진 기념비가 세워져 있다. '끝의 끝'이라는 의미이다. 우리의 인생, 나그네의 여정 끝에도 그 숫자 '0'이 우리를 맞을 것이다. "이제 다 이루었다"(요한복음 19:30)라는 말이다. 순례자가 그 무덤에서 걸음을 멈추듯, 우리도 각자의 무덤에서 그 발길을 멈추기 마련이다. 그래서 토머스 아 켐피스Thomas A Kempis가 『천로역정』에서 말했다.

'날마다 죽음을 예비하는 사람이 행복하다.'

충주봉쇄수도원 수도학교 강문호1948~ 원장도 소책자『산티아고 영성』에서, 그 길을 걸으며 받은 영감을 이렇게 전한다.

'풀을 베는 사람은 들판의 끝을 보지 않는다. 오늘은 오늘이 승리하리라!'

우리는 하루하루 살아가는 '오늘 살이' 순례자다. 어제는 어제의 발자국일 뿐이고, 내일은 내일의 발걸음이다.

"너는 네 식물을 물 위에 던지라. 여러 날 후에 도로 찾으리라."(전도서 11:1)

영혼 연금술

"만물의 정기는 사람의 행복을 먹고 자란다!"

파울로 코엘료Paulo Coelho, 1947~의 소설 『연금술사』에서, 멜기세덱 노인이 산티아고 청년에게 한 말이다. 저자는 어릴 때부터 연금술과 불로장생의 묘약에 빠져 욕망과 절망의 나락을 헤매다가 산티아고 순례의 길을 걸었다. 그때 쇠로 금을 만드는 연금술이나 파라오의 피라미드가 추구한 영생의 허구성을 발견한바, 그 길에서 영감을 받아 『연금술사』를 쓰게 되었으며, 170개국 88개 언어로 번역되어 3억 부가 팔렸다고 한다.

소설에서 스페인 청년 산티아고는 아버지의 뜻에 따라 신학교를 졸업하지만, 목회자의 길을 외면하고 양치기 생활을 시작한다. 2년간 무작정 들판을 떠돌다가 버려진 교회의 무화과나무 아래에서 잠을 잔다. 보물을 찾는 꿈을 두 번 연달아 꾼다.

꿈에서 양들과 초원에 있었다. 어린아이가 나타나 그의 손을 잡고 이집트 피라미드로 데려가 보물이 묻힌 장소를 알려주려고 한다. 그때 꿈에서 깨어나고 만다. 해몽을 잘한다고 소문난 점쟁이 노파를 찾아간다. 복채는 앞으로 찾게 될 보물의 십일조로 흥정하고 예수 신상 앞에서 맹세한다.

"꿈은 신의 말씀이다. 세상 언어면 해몽이 가능하고 영혼

언어면 자기만 이해할 수 있다!"

평화의 왕 멜기세덱을 만나 '자아의 신화'에 대한 이야기를 듣고 우림과 둠밈(출애굽기 28:30)[108]을 선물로 받는다. 양 여섯 마리를 십일조 예물로 바치고, 나머지 양을 팔아 여행 경비를 마련한다.

'인생의 모든 일에는 치러야 할 대가가 있다!'

그리고 피라미드 보물을 찾아 아프리카 여행을 시작한다. 양들과 안달루시아 평원을 버리고 사랑하는 양털 가게 주인의 딸까지 포기한다.

'은혜의 섭리는 초심자의 행운이다. 신의 표지를 따라야 보물을 발견할 수 있다. 페르시아 양탄자는 고의로 홈을 남긴다!'

아프리카 현지 청년을 가이드로 고용하고 돈을 맡겼다가 사기를 당한다.

'나는 보물을 찾아 나선 모험가다. 이제부터 나도 영악하게 행동하겠어!'

신의 표지를 따라 수정 그릇 가게에 취업하고, 초심자의 행운으로 진열대를 바꿔 톡톡히 재미를 본다. 수정 찻집을 개업하여 대박을 터뜨림으로써 다시 여행 비용을 마련한다.

'마크툽Maktub![109] 인생길은 신의 손에 모두 기록되어 있다.

---

108 흰색과 검은색 보석으로 빛과 완전을 의미한다.
109 아랍어로 '모든 것이 신의 뜻에 따라 정해져 있다'라는 철학적 개념이다.

인생의 강물을 거스르기 어려울 때가 있다. 자아의 신화는 진정한 자유인으로 사는 것이다!'

길에서 영국인 연금 학자를 만나 연금술에 대하여 조언을 들으며 이집트 연금술사를 찾아 사하라 사막을 동행한다. 오아시스를 공격하는 군대의 환상을 본다. 부족 간의 전쟁에서 적군 사망 열 명당 금화 한 개씩 받기로 계약하고 다시 큰돈을 번다. 우물가의 처녀 파티마를 만나 사랑을 고백한다. 그녀가 말한다.

"내가 만일 당신의 신화 중 일부라면, 언젠가 당신은 내게로 돌아올 거예요!"

이윽고 피라미드 연금술사를 만난다. 사막의 사령관에게 붙잡혀 가진 돈을 다 주고 목숨만 겨우 부지한다. 빈털터리 신세로 '만물의 언어'를 터득하고, 물질이 아니라 '영혼 연금술'이 본질임을 깨닫는다. 안달루시아로 돌아가 버려진 그 교회를 다시 찾는다.

'마음은 만물의 정기에서 태어나 언젠가 그곳으로 다시 돌아간다. 행복은 마음속에 신을 담는 것이다. 모래알 하나에서 천지창조를 본다!'

그리고 아무 말 없이, 그 어떤 간구도 없이, 침묵으로 기도한다. 버림받은 광야의 그 교회에서 다시 꿈을 꾸고, 그 무화과나무 아래에서 스페인 금화 궤짝을 발견한다.

'파티마, 기다려요! 이제 그대에게 달려가겠소!'

결론적으로 황금과 영생의 보물은 연금술사의 묘법이나 파라오의 무덤에 있지 않았다. 비록 세상에서 외면은 당했지만, 바로 그 교회, 그 무화과나무 아래 고이 숨겨져 있었다.

"하늘나라는 마치 밭에 숨겨진 보물과 같다."(마태복음 13:44)

필로칼리아

그리스어 '필로칼리아Φιλοκαλια'는 '사랑'과 '아름다움'의 합성어다. 콘스탄티노플의 에바그리우스346~399로부터 그레고리오스1296~1359에 이르기까지, 동방 정교회 영성 대가들의 글을 모아 집대성한 책이다. 아토스의 니코디모스1749~1809와 고린도의 마카리오스1731~1805가 편집하여 1782년 베네치아에서 출판했다. 이는 '사막의 보고寶庫'로서 진리의 원천이요, 수도사의 지침서이자 순례자의 나침반이다.

필로칼리아의 핵심은 '예수 기도'에 있다. 그리스도를 본받아 외면적 순종과 고행은 물론, 내면적 금욕과 절제까지 도모

한다. 일생을 하루 같이 죽음과 심판을 기억하며 쉬지 않고 기도한다. 그때 비로소 '하나님의 아들을 믿는 것과 그를 아는 지식에 하나가 되며, 그리스도의 충만한 경지에 이르러 온전한 사람이 된다.'(에베소서 4:13)

'예수 기도'의 목표는 '헤시키아Hesychia'[110]다. 경건하고 거룩하며, 조용하고 평화롭게 살아가는 것이다(디모데전서 2:2). 고독을 즐기며 침묵을 지키고, 질서정연한 주님의 평화를 추구한다. 고독은 외면당한 외로움이 아니라 하나님과의 풍성한 교제를 위해 스스로 격리된 자유다. 하나님께서 온전하시니 우리도 온전해야 한다(신명기 18:13).

'헤도니즘Hedonism'의 쾌락주의는 허무와 허탈만 낳을 뿐이다. 육은 사탄의 놀이터가 되기 일쑤지만, 영은 성령의 일터이다. 삶과 죽음을 하나로 만드는 사람만이 '죽음 없는 죽음'을 맛볼 수 있다. 이별의 아픔에서 벗어나기 때문이다.

따라서 경건한 사람은 조용한 질서를 유지하며 주님의 평화를 누리게 된다. 눈물로 씨를 뿌리는 자는 기쁨으로 단을 거두기 마련이다. 다윗은 눈물로 침상을 적셨고, 바울은 눈물로 장로들을 훈계했다. 주님도 심한 통곡과 눈물로 간구와 소원을 아버지께 아뢰었다(히브리서 5:7).

제자들은 주님을 따르며 받는 핍박과 고난을 오히려 기쁨

---

[110] 고요와 평화를 의미하며, '예수 기도'를 통해 얻게 된다.

으로 여겼다. 베드로가 스스로 그 많은 고기를 잡았다면 주님의 말씀을 의지하지 않았을 것이다. 스데반이 신성모독이란 이유로 그 큰 고난을 받지 않았다면 하늘이 열리고 주님이 일어선 모습을 보지 못했을 것이다. 바울이 다메섹 도상에서 거꾸러져 육의 눈이 멀지 않았다면 영의 눈을 뜨지 못했을 것이다.

'헤시카즘Hesychasm'의 경건주의는 '예수 기도' 안에 모든 사람의 필요와 간구가 다 들어 있다. 하나님께서는 우리가 구하기도 전에 이미 그 소원을 다 알고 계신다. 우리는 그리스도 안에서 하나님의 뜻에 따라 묵묵히 기도하며 그 길을 따라가면 된다.

'주 예수 그리스도, 하나님의 아들이시여! 저는 죄인입니다. 불쌍히 여겨 주소서. 주의 긍휼하심만이 종의 살길입니다.'

여기서 우리는 더욱 낮아진 겸손을 배우고 하나님의 절대적 주권과 능력을 의지하게 된다. 몸을 굽히고 영을 낮추며 '예수 기도'를 반복할 때, 세상의 모든 것이 무가치하게 여겨진다. 이로써 사탄의 아성은 무너지고 주님의 평화가 찾아오며, 하나님의 뜻에 따라 마귀의 꾀는 여지없이 드러나게 된다.

이때 비로소 '하나님의 형상Imago Dei'을 가진 인간으로서 헤시키아를 누리며, 신인神人 합일合一의 경지에 이르러 성인의 신화神化, Deification에 동참하게 된다. 하나님께서는 우리의 거룩한 성호를 기쁘게 받으신다.

이스라엘 백성이 이집트에서 나와 광야를 지날 때 금송아지 (배금주의) 우상을 만들었다. 그때 모세는 산으로 올라가 40일간 기도했다. 하나님의 긍휼을 구한 것이다. 이는 광야에서 40일간 금식하며 기도하신 예수 그리스도의 모형이다.

'예수 기도'는 큰일을 이루기 위한 준비절차가 아니라 그 기도로서 이미 큰일을 이루는 것이다. 그래서 예수님은 새벽에 일어나 한적한 곳을 찾아가 기도하셨다(마가복음 1:35).

> "그리스도와 합하여 세례를 받은 자는 그리스도로 옷 입은 것입니다."(갈라디아서 3:27)

편견과 왜곡

"역사는 사실에 기초하되, 철학과 논리가 요구되며 분명한 주관이 있어야 한다."

성공회대학교 심용환 교수가 『혐오와 왜곡, 감정싸움 없이 한국사를 이야기하는 법』에서 한 말이다. 우리는 한 많은 민족이다. 노하지 않고 근현대사를 논하기란 쉽지 않다. 하지만 한민족은 위대하다. 용서는 하되 용납하지 말고, 준엄한 역사적 교훈만은 반드시 남겨야 한다.

고조선은 만주와 시베리아를 지배하고, 삼국시대는 동아시아를 호령했다고 하지만, 그에 따른 역사적 고증은 만만치 않다. 신라는 1000년 동안 한반도를 통치하며 황금 문화를 이루고, 고려는 470년간 불교문화를, 조선은 500년간 유교문화의 꽃을 피웠다고 하지만, 1910년부터 1945년까지 36년간 일제강점기를 거치며 심한 침탈을 당한바, 정치 경제 사회 문화 교육 등 국가 전반에 걸쳐 편견과 왜곡을 낳았다.

1900년대 개화 정책에 따라 친일파가 득세함으로써 1905년 을사늑약, 1910년 국권 피탈을 당했다. 이때 매국노들은 나라와 민족을 팔아먹은 대가로 온갖 호사를 누렸지만, 애국자들은 조국 독립을 위해 머나먼 고난의 길을 걸었다.

1937년 중일전쟁에 이어 세계 제2차 대전을 일으킨 일본은 중국과 동남아시아, 태평양까지 전선을 확대하고, 우리 민족을 속여 징용과 징병, 위안부까지 강제 동원했다. 그때 박정희, 정일권, 백선엽 등의 매국노는 자발적으로 일본군이 되어 우리 독립군을 토벌했으며, 반민족 행위로 정치적 권세와 경제적 이득을 도모했다. 반면에 윤동주, 장준하, 문익환 등의 애국자는 조국 광복과 민주화, 통일운동에 투신함으로써 모든 희생을 감수했다.

1945년 해방 후, 미군정에 의해 사대주의 군인들과 경찰들이 일제강점기의 지위를 그대로 유지하여 민족주의 인사들과 감정의 골은 더욱 깊어졌다. 이때 이승만은 자신의 정치적 야욕을 채우기 위해 기회주의자들을 대거 등용하고, 반공 방첩을 핑계로 친일파 처단을 무산시켰다. 1951년 한국전쟁 시에는 양민 학살까지 감행했다. 장기 집권을 위해 1952년 발췌개헌, 1954년 사사오입 개헌도 마다치 않았다. 간첩 사건 조작, 진보당 해산, 보안법 강화, 신문사까지 압력을 가하여 폐간시켰다. 1960년 네 번째 대통령 선거에서 대규모 부정선거를 획책한바, 민심이 크게 동요하자 13년간 집권을 마감하고 하와이로 망명했다. 미혼 여성 추문, 이중 결혼, 교비 횡령 등 부끄러운 이력도 많이 남겼다.

1960년 4·19 학생운동으로 부정부패 정권은 무너지고 이승만은 축출되었지만, 1961년 5·16 군사쿠데타로 박정희가 집권함으로써 1979년 10·26 사건까지 18년간 군사 독재정권이 이어졌다. 반공 방첩을 주창하며 경제발전을 추구했지만, 전태일과 YH 사건 등 약자를 경시하며 인권을 유린하고 철권통치를 강화했다.

1965년 한일 협정으로 적대관계를 정리하지만, 굴욕적 협상으로 국민적 저항을 자초했다. 독도문제, 동포 지위, 원폭 피해자, 문화재 반환 등에 대한 해결의 실마리는커녕, 식민 지배에 따른 사과조차 제대로 받아내지 못했다.

1969년 3선 개헌, 1972년 유신체제 선포 등으로 국민의 사생활까지 감시하고 통제했다. 그러다가 결국은 1979년 부하의 총에 맞아 최후를 맞았다. 간도 특설 대원, 남로당 가입 등 숱한 배신의 이력과 장준하 타살 의혹, 김대중 납치 사건, 그리고 육영재단, 어린이회관, MBC, 영남대학교 문제 등 정경유착의 고리도 많이 만들었다.

1979년 전두환은 12·12 군사 반란으로 1988년까지 8년간 정권을 강탈함으로써 이른바 '서울의 봄'을 무산시켰다. 5.18 무력 진압, 국보위 조직, 삼청교육대 등으로 양민을 학살하고 인권을 짓밟았다. 이후 정권이 바뀌어 백담사로 들어가 은거하다가 1995년 구속되어 1심에서 사형을 선고받았다.

그럼에도 위안부를 매춘부라 매도하고, 이승만을 국부라 부추기며, 박정희를 조국 근대화의 아버지라 칭송하고, 전두환의 정권 찬탈을 미화하는 등, 확증편향에 깊이 빠진 불통과 꼴통들이 아직도 많다. 하지만 그들의 죄과는 너무 크고, 그 하수들의 추종은 매우 우려스럽다.

"아, 이를 어쩌나? 애가 애를 연거푸 낳고 또 임신했으니!"(이는 기도하는 가운데 본 환상이었고, 내란 사건으로 불의한 권세가 조기에 막을 내림으로써 유산했다.)

"내가 역사에서 교훈을 뽑아내어 그 숨은 뜻을 밝혀 주리라."(시편 78:2)

기도와 노동

　1984년 8월 15일, 기독교 100주년을 맞아 여의도 광장에 150만 명이 운집했다. 예수원의 대천덕Reuben Archer Torrey Ⅲ, 1918~2002 신부가 외쳤다.
　"한국인은 동양의 유대인입니다. 하나님께서 귀하게 사용하실 것입니다!"
　그의 조부, 토리 1세1856~1928 목사는 미국 복음주의 대각성 운동의 선구자, D. L. 무디1837~1899 목사의 동역자로서 이렇게 부르짖었다.
　"하나님의 뜻Will을 자신의 의지will로 이루십시오!"
　토리 2세1887~1980 목사도 중국 선교사로 파송되어 장개석 총통을 도왔으나 교통사고로 오른팔을 잃고 소리쳤다.
　"하나님께서 지금까지 두 팔을 주셔서 열심히 잘 살았습니다. 이제 한 팔을 가져가시니 감사합니다!"
　지금 당장은 힘들고 어렵지만, 뭔가 하나님의 뜻이 있는 줄 믿고 먼저 감사기도를 드렸다. 불행한 사건을 불평하지 않고 감사로 승화시킨 것이다. 사람들이 고개를 갸우뚱하며 이상히 여겼다.
　"저 사람이 실성하지 않고서야 어찌 팔을 잃고 감사하겠는가?"

이후 중국이 공산화되면서 미국으로 돌아갔다가 1952년 6·25 전쟁 때 한국 선교사로 들어왔다. 그때 비로소 7년 전에 당한 사고의 이유를 알게 되었다. 팔다리를 잃은 사람들이 거리에 즐비한 모습을 보고 소리쳤다.

"아, 하나님께서 저들을 돌보라고 나의 팔을 먼저 가져가셨구나!"

그리고 대전과 대구, 청주에 한국 최초로 장애인 재활센터를 세우고 보조기구를 만들어 지원하기 시작했다. 그는 중국에서 큰 사고를 당한 후 미국으로 돌아가 의수족 센터에서 기술을 익힌바, 한국의 장애인들을 섬길 수 있었다.

이어서 그의 아들 토리 3세, 대천덕 신부가 한국 선교사로 들어왔다. 그는 중국 산동에서 태어나 어린 시절을 중국과 조선에서 보냈다. 북중국 미국인 학교와 평양 외국인학교 등에서 수학한바, 한문과 한국어를 알고 있었다. 그가 성공회대학교 총장으로 재직하던 어느 날 하나님의 음성을 들었다.

"선교사로 와서 지금 뭘 하고 있느냐?"

그래서 안식년을 핑계로 총장직에서 사임하고, 1965년 강원도 태백에 예수원을 설립했다. 그리고 빈부격차를 해소하기 위해 사회활동을 시작했다. 그가 서울에서 사역하고 돌아올 때 예수원 창고에 불이 났다. 모든 물자가 부족한 때에 그동안 애써 모아놓은 후원 물품이 모두 잿더미가 되었다. 당시 부원장 조병옥 목사가 그의 부재중에 화재를 당하고 안절부절못하며 보고하자 그가 소리를 질렀다.

"그래도, 할렐루야!"

아, 누가 부전자전이라 했던가? 그 조부에 그 부친, 그리고 그 아들이 아닌가! 이후 조병옥 목사가 대천덕 신부에 대하여 간증했다.

"그는 항상 웃으며 사람들을 대했다. 그에게서 예수님의 모습을 보았다!"

대천덕 신부는 예수 닮은 사람의 표상이었다. 그가 병석에서 유언을 남겼다.

"땅은 하나님의 것입니다. 지붕 위에 올라가 크게 외치십시오!"

그리고 지금은 토리 4세, 대영복 신부가 예수원을 섬기고 있다. 그는 부친이 돌아가시자 한국에 들어와 기도와 노동을 통한 수도 활동을 이어가며, 북한선교를 위한 '삼수령 센터'와 대안학교 '생명의 강'을 운영하고 있다. 실로 기도는 노동이다. 아주 신성한 것이다.

"기도하고 일하라!" (데살로니가전서 5:17)

홈런 순례자

"선수는 홈home을 밟을 때까지 감독의 사인을 잘 보고 달려야run 한다."

야구와 『천로역정』[111] 순례자를 접목하여 엮은 열한 편의 설교, 『홈런』에서 이성희 목사의 말이다. 우리는 천상의 홈을 향해 달려가는 지상의 크리스천 선수다. 어떤 이는 홈런을 치고 천국으로 직행하는가 하면, 어떤 이는 병살타를 쳐서 지옥으로 떨어지기도 한다.

하나님은 우리의 유일한 감독이시다. 감독에 의해 선수는 선발로 뛰기도 하고 후발로 남기도 한다. 1군으로 올라가기도 하고 2군으로 밀려나기도 한다. 기회chance는 감독에 의해 주어지는 것이고, 선수는 달리며 변화change하는 것이다.

'사슴이 지휘하는 사자의 군대보다 사자가 통솔하는 사슴의 군대가 낫다.'

좋은 감독을 만나는 것이 선수에게는 무엇보다도 중요하다는 말이다. 꺼칠꺼칠한 실밥이 야구공의 속도를 높이고 회전도 원활하게 만든다. 울퉁불퉁한 골프공도 마찬가지다. 순례자는 빛과 같이 쏟아지는 하늘의 기회를 잘 포착하여 순간순

---

[111] 영국의 작가 존 번연이 1678년 쓴 우화 소설로 크리스천의 천국 여정을 드러낸다.

간 변화를 거듭하며 앞으로 나아가야 한다. 순례는 머나먼 경기이자 치열한 전쟁이다. 경기는 승리해야 하고 주자는 홈을 밟아야 한다.

"예수 그리스도의 죽음은 마침표가 아니라 전환표다."
— 필립 얀시

"죽음은 집을 떠나는 것이 아니라 진짜 집으로 들어가는 것이다." — 릭 워렌

"오늘의 문제는 싸우는 것, 내일의 문제는 이기는 것, 모든 날의 문제는 죽는 것이다." — 빅토르 위고

오늘날 우리는 마지막 시대를 살아가고 있다. 어쩌면 주님의 재림을 직접 목격할 수도 있다. 그렇다면 이제 어떻게 살아야 하는가? 정말 심각하고 중대한 문제다. 일찍이 홍수 사건으로 노아의 여덟 식구만 남았다. 야벳은 바다로, 함은 들로, 셈은 산으로 갔다. 야벳의 후손은 상업을 발달시키고, 함의 후손은 농경문화를 이루었으며, 셈의 후손은 마지막 때를 준비하는 영성 민족이 되었다.

셈의 현손 벨렉은 유대인의 조상이고, 벨렉의 아우 욕단은 한국인의 조상이다. 아브라함의 믿음을 이어받은 유대인과

산을 넘어 동녘으로 이동한 한국인은 여러 가지 공통점을 갖게 되었다. 그래서 어떤 유대인 학자가 말했다.

"한국인 속에는 유대인의 피가 흐르고 있어요. 한 형제니까요!"

어떤 한국인 목사도 말했다.

"'아리랑'의 어원은 '알이랑'으로 '하나님과 함께'라는 뜻입니다. 그래서 '아리랑, 아리랑, 아라리요, 아리랑 고개를 넘어간다'라는 말은 '하나님과 함께, 하나님과 함께, 하나님이 우리의 하나님이요, 하나님과 함께 산을 넘어간다'라는 뜻입니다."

이를 객관적으로 증명할 방법은 없지만, 딱히 아니라고 부정할 증거도 없다. 4300년 전 원시시대의 일을 우리가 어찌 알겠는가? 하지만 욕단의 성경적 연대기를 보면 단군신화가 발생한 주전 2333년과 비슷한바, 단군檀君이 욕단의 이름을 계승했을 수도 있다는 말이다. 정말 그렇다고 본다면, 우리 민족의 고유 민요 '아리랑'은 인류 최초의 찬송가인 셈이다.

"또 '무궁화'는 한국의 국화國花이자 이스라엘의 국화, 샤론입니다. 건국일도 '개천절開天節'로 하늘이 열린 날이며, 건국이념도 '인류애'를 표방한 '홍익인간'이며, 두 민족의 지능지수IQ도 비슷하고, 국가國歌에 들어간 '하느님'과 '보호'라는 단어도 같습니다. 그리고 그때 세워진 고인돌은 원시인의 무덤이 아니라 하나님께 제사를 드린 제단입니다."

"동해 물과 백두산이 마르고 닳도록 하느님이 보호하사 우리나라 만세"

우리의 '애국가'는 19세기 한국 찬송가 제16장 가운데 제15장이었다. 우리 조상들이 즐겨 부른 최초의 공식적 찬송가이다.

"내가 너를 구속했고, 내가 너를 지명하여 불렀나니, 너는 내 것이라."*(이사야 43:1)*

켈트인 영성

"나무로 타락한 사람이 나무로 구원을 받았다."

영국의 역사학자, 에스더 드발Esther de Waal의 『켈트, 기도의 길』에 나온다. 선악과나무 열매를 따 먹고 죄를 지은 사람이 십자가 나무로 속죄를 받았다는 말이다. 이 책은 고대 잉글랜드 켈트인들의 시와 찬미와 노래를 엮어 편집한 영성 기도 해설집이다. 항상 옆에 두고 묵상하며 읊조릴만한 가치가 있다.

'아, 아기사자我旣死者! 이미 죽은 자! 이제 보니 너는 여전히

살아서 고달픈 바벨탑을 쌓고 있었네. 이 기도가 영혼의 등불이 되기를!'

켈트족은 주전 4세기부터 밀라노와 아드리아 해안지대 등에서 농사를 지으며 살던 갈리아Gauls인이다. 이들이 독일로 이주하여 라틴문화를 일으켰으나 가톨릭교회와 갈등을 빚으며 사방으로 흩어지게 되었다.

성 패트릭Saint Patrick, 387~461에 의해 아일랜드로 이주한 켈트인은, 십자가에 둥근 원을 만들어 넣고 창조주의 사랑과 그리스도의 은혜를 기리며 그들만의 독특한 상징symbol을 남겼다. A.D. 6세기까지 전원에서 농사를 지으며, 교회가 아니라 수도원을 세우고 신령한 삶을 이어간 '고독한 증인들'이다. 하나님의 섭리 가운데 조용히 다가오는 영적 어둠과 육신의 고통까지 순순히 받아들이며, 신성한 노동과 신령한 기도로 신인 합일을 추구했다.

인간은 그 조상의 죄로 타락한 게 아니라 자신의 불순종으로 인해 죄의 바이러스에 감염된 것이며, 여전히 회복할 여지가 있는 하나님의 생기가 그 안에 존재한다고 믿은바, 회개와 용서를 통해 전인적 치유가 가능하다고 여겼다. 그래서 오염되지 않은 대자연 속에서 하나님의 은총을 구하며 즐겁게 살아갔다.

어미 연어가 자기 몸을 새끼의 먹이로 주고 자연으로 돌아가듯이, 십자가에 달리신 그리스도의 희생도 죄인들을 위해 스스로 자기 몸을 내어주신바, 우리를 향하신 하나님의 사랑이 확증되었다. 만물은 하나님의 섭리 가운데 선하게 창조되었으며, 그 지으신 것이 하나님께서 보시기에 참 좋았다.

사람을 비롯하여 모든 생물체가 자연 속에서 조화를 이루며 살아가도록 지어졌으며, 그리스도의 십자가도 하나님의 그 사랑에서 비롯된바, 단지 죄인을 용서하기 위해 처참하게 죽을 수밖에 없는 대가적 희생만이 아니다. 이는 오늘날 교회의 가르침과 사뭇 다른 결이 있지만, 그 모든 것을 포용하고도 남을 만큼의 큰 가치가 있다. 그래서 배덕만 교수가 그들의 신앙에 대하여 이렇게 말했다.

"갈치구이는 정말 맛있는 생선입니다. 가시만 잘 발라내면 최고의 반찬이 됩니다."

실로 켈트인의 믿음과 영성은 오늘날 그리스도인에게 많은 용기와 희망을 주고 삶의 활력을 제공한다. 16세기 종교개혁의 정신을 폄훼할 생각은 없지만, 보이는 것에 사로잡혀 보이지 않는 것까지 놓친 것은 아닌지? 어거스틴이 천주교를, 루터가 개신교를, 칼뱅이 장로교를 연못가의 개구리로 만들지 않았나 모르겠다. 오늘날 오만과 독선에 빠진 종파들이 교회를 축소, 왜곡, 변질시킨바, 결국은 숱한 이단아와 사생아를 낳고 말았다.

이는 참으로 안타까운 일이다. 누군들 이런 말을 할 자격이 있겠는가마는 어쩌겠는가? 우리마저 입을 꾹 다물고 있으면 산천초목이 통탄할 일을! 인간이 만든 종파나 교리는 은혜의 배역이요, 복음의 이단이다. 하나님의 사랑과 그리스도의 십자가 외에는 그 어떠한 조건이나 단서나 제약도 붙일 수 없다. 그래서 주님이 그들의 위선을 보시고, 모기에는 긴장하고 낙타는 삼킨다고 하셨지 않았을까?(마태 23:24)

우리의 사전에는 세상 법은 없고 하늘 원리만 있다. 주 예수 그리스도의 파레시아(정의) 앞에서. 그리고 바르고 정직한 말 앞에서.

> "그들이 하나님의 영광을 썩어질 사람과 금수와 버러지의 우상으로 바꾸었다."(로마서 1:23)

일상의 기도

'베네디시테Benedicite!'

라틴어로 '찬미하라!'는 뜻이다. 고대 잉글랜드 켈트기독교 수도사들이 식사 기도를 비롯하여 성무일과聖務日課를 수행하며 자연스럽게 나눈 인사말이다. 사람은 자연에서 창조주의 심장 소리를 들을 수 있고, 동물이나 식물과도 대화할 수 있다. 우리는 이 생태계를 보호하고 가꿀 무한한 책임이 있다.

"켈트인의 세계는 보편적이나 독특하고, 세속적이나 신비하다."

에스더 드발의 『켈트, 기도의 길』에 실린 서평이다. 그들의 믿음과 영성은 하나님께 감사, 자연에서의 누림, 이웃과의 나눔에서 시작되었다.

'이 아침에 불꽃을 피우소서. 이웃을 향한 사랑의 불꽃을!'

'피로 얼룩진 십자가를 통해 구원이 오네.'

'외딴곳 은밀한 오두막으로 나의 거처를 삼게 하소서'

'흉갑 기도loraca'는 고대로부터 이어진 보호 기도요, 인생 여정을 위한 방패 기도다. 성무 일과는 '하나님의 일(opus dei)'을 위한 기도의 실천이다. 그들은 "하나님의 축복이 그 노동 위에Bail O Dhia!"라는 인사도 빠뜨리지 않았다.

기도와 노동에 따른 수도자의 생활은 따로 분리되지 않는다. 그리스도가 함께하지 않으면 그 인생 여정 끝에서도 그를 만날 수 없다. 신자의 최종 목표는 행복이 아니라 거룩한 영성이다. 모든 땅에는 하늘나라로 가는 길이 열려 있다.

"하늘에 계신 너희 아버지의 온전하심과 같이 너희도 온전하여라."(마태 5:48)

켈트 은수자들은 땅을 일구거나 물고기를 잡거나 과일을 따면서도 허황한 망상이나 동경, 환상에 빠지는 위험에서 자신을 지켜나갔다. 날짐승과 길짐승, 산짐승과 집짐승 등과 교제하며, 자연과 대화하고 그 삶을 함께 나누었다. 소젖을 짜면서도 기도했다.

"젖꼭지마다 하나님의 복이 임하소서."

식사하면서도 기도했다.

"굶주리고 목마른 나그네와 함께 좋은 것을 나누게 하소서."

그들은 먹고 자고 일하며 쉬는 일상의 모든 시간을 기도로 채웠다. 자연과 함께, 만물과 더불어 소통하며, 연합과 일치를 추구했다. 시와 찬미와 노래를 통한 일상적 삶이야말로 오늘날 우리가 본받을 참 신앙인의 길이라 할 수 있다.

'어둠을 저주하기보다 촛불을 밝히는 게 낫네.'

성 콜롬바Saint Columba, 521~597의 동료 모추아는 외딴 독방에서 은수사로 지냈다. 그의 벗은 오직 수탉과 쥐, 파리뿐이었다. 수탉은 그를 위해 아침기도를 읊조렸고, 쥐는 그의 귀를 물어 단잠을 깨웠으며, 파리는 시편의 행을 따라 걸으며 거룩한 독서를 도와주었다.

'정원에는 가시가 있어.'

그들의 일상은 새벽을 깨우며 성무 일과를 수행하고 잠자리 기도로 마무리했다. 무슨 법이나 틀에 얽매이지 않고, 날마다 하나님의 보호하심을 바라고 일하며, 노래하고 기도했다. 작은 소리로 시를 읊고 낭송하듯 삼위일체 하나님을 찬미하고 고백했다. 하나님께 이것저것을 달라고 애걸하지 않았다. 이미 주어진 것으로 만족하며 누리기를 원했다.

마리온 맥닐 농부가 사과 농사를 지으며 기도하고 찬미했다.

'사과나무여! 하나님께서 그대와 함께하기를! 저 달과 해가 그대와 함께하기를! 동풍과 서풍이 그대와 함께하기를! 나와 함께하는 모든 것과 내가, 그대와 함께하기를!'

"할렐루야, 영원히 그분을 찬양하라Ho halovichall O!"

"눈이 있어도 보지 못하고, 귀가 있어도 듣지 못하는 이 백성을 불러 모아라."(이사야 43:8)

다석의 신앙

다석多夕 유영모1890~1981는 한국 기독교 최고의 기인으로 꼽힌다. 160센티미터 단구短軀에, 종로 구기동에서 농사를 지으며 전기 없이 호롱불로 살았다. 52세에 해혼解婚[112]하고 나

---

112   부부 합의로 부부 관계를 해소하고, 독신으로 돌아가 자유롭게 살아가는 것이다. 협의 이혼과 달리 호적상 부부 관계는 유지한다.

이를 일자로 계산하며 항상 무릎을 꿇고 앉았다. 하루에 한 끼만 먹고 널빤지 위에서 잠을 잤다. 어려서 서당에 다니며 공자와 맹자의 가르침을 받고, 교회에 나갔을 때는 열다섯 살이었다. 중학교 2학년밖에 다니지 않았으나 세상의 이치를 통찰하는 데 천재적 재능을 가지고 있었다. 오산학교에서 20세부터 2년간 교사를 했으며, 10년 뒤 남강 이승훈의 추천으로 교장이 되었다.

다석의 부임 전까지 오산학교는 기독교와 아무 관련이 없었다. 그 불모지에 복음의 씨앗을 뿌린 사람이 바로 그였다. 약관의 다석이 기독교를 강론할 때 불혹의 남강이 경청하면서 마침내 오산학교를 기독교 사학으로 바꾸었다. 이때까지 그는 예수의 십자가 보혈로 속죄를 받는다는 구속 신앙에 충실했지만, 도쿄에서 1년간 유학하며 김교신과 함께 우찌무라 간조內村, 1861~1930의 모임에 참석하는 등, 다양한 학문 세계를 접하고 강의를 들으면서 신앙적 관점이 바뀌었다.

단재 신채호의 권유로 노자와 불경을 섭렵하고, 춘원 이광수가 전해준 톨스토이를 읽으며 동서양을 넘나드는 진리의 세계에 눈을 뜨기 시작했다. 당시 '조선의 3대 천재'로 꼽히던 그는 2000년간 형성된 일반적 교의 신학은 물론, 기독교라는 종교의 틀까지 벗은 눈으로 바라보았다. 그때부터 사도신경에 입각한 신앙고백에서 벗어나 순수한 예수 가르침의 정수로 돌아가려고 했다.

동서양의 경전을 꿰뚫어 보며 학문을 연마한 다석은, 52세에 육체와 욕망에 사로잡혀 살아온 '제나'(몸과 마음을 나로 믿는 개체)가 아니라, 우주공간에 가득 찬 하나님의 '참 얼'이 바로 자신임을 깨달았다. 이후 예수를 '참하나님'이 아니라 '참사람'으로 보았으며, 예수만 하나님의 아들이 아니라 하나님이 주신 참 얼의 씨를 키운 사람, 곧 로고스의 영으로 '참 나'라는 사실을 알게 된 사람은 누구나 하나님의 아들이라고 했다. 사람이 이를 깨달으면 이 세상이 바로 하늘나라이며, 몸이 죽고 안 죽고를 떠나서 그에 상관없이 영생한다고 믿었다.

다석은 불교도보다 불경에 통달하고, 도교 인보다 노자, 장자에 도통을 했지만 개종하지 않았다. 동서양 종교를 모두 회통하고도 예수를 자신이 본받을 가장 큰 스승으로 여겼다. 그는 세속적 성공을 실현하려고 야망을 부추기며 야합하는 기독교인이 아니라, 죽은 영을 일깨워 참사람으로 거듭나게 한 인물이었다. 그가 3·1운동을 주도한 남강과 오산학교를 일깨우지 않았다면, 당시 한국 인구의 1퍼센트에 불과한 기독교인이 단기간에 기독교를 한국의 대표 종교로 승화시키기는 어려웠을 것이다.

상당수 기독교인이 일제강점기를 거치며 신사참배와 친일로 민족을 배신하고, 광복 후에도 친독재로 나라를 배반했지만, 그가 길러낸 '민주화의 대부' 함석헌 등의 걸출한 인물이 있었기에, 그나마 한국 기독교는 시대적 사명과 역사적 소명에 부응할 수 있었다. 광주 '맨발의 성자' 이현필과 동광수도원 신자들은 매년 다석을 초청하여 그의 강의를 들었으며, 그때 동광원은 잃어버린 한국 기독교의 영성을 회복시킬 등불로 주목받았다.

다석 유영모는 한국인과 한국 기독교를 일깨운 최고의 숨은 공로자였다. 그는 지도자가 아니라 그 지도자들의 스승으로 영성은 기이했으나 신앙심은 깊었다. 정통 교리에서 다소 벗어나긴 했지만 본받을 점이 많다. 그의 무교회주의는 현세적 교회를 부정하지 않으면서 전통적 교회를 추구했다. 서양의 제도와 의식, 교파와 교권주의에서 벗어나 우리 민족의 참 교회를 세우려고 몸부림친 것이다.

"오직 우리 주 예수 그리스도의 은혜와 그를 아는 지식에서 자라 가라."(베드로후서 3:18)

부활의 소망

"절망의 산에서 희망의 돌을 떠낸다."
미국의 마틴 루터 킹Martin Luther King Jr, 1929~1968 목사의 말

이다. 『부활을 입다』에서 팀 켈러1950~2023 목사가 인용했다. 원제는 '두려운 시대의 희망Hope in times of fear'이다. 그는 코로나가 유행할 때 암과 사투를 다투며 이 글을 썼다. 그의 신학은 오직 '예수 복음'이었다.

예수 부활은 역사적 사건이며, 지금도 우리의 삶에 큰 영향을 미친다. 미래에 대한 보증으로 첫 열매이다. 미래를 위한 for the future 소망이요, 미래로부터 오는from the future 소망이다. 부활하신 예수를 인격적으로 만나면 그와 연합할 수 있고, 그와 같은 삶을 누릴 수 있다. 그때 비로소 자신의 인생이 통째로 바뀌었다는 사실을 발견할 것이다.

생명체의 죽음은 치명적이며 그 회복이 불가능하다. 부활은 일시적 목숨 연장이 아니라 영원히 죽지 않는 생명이다. 죽음과 부활은 양극단으로 서로 조화될 수 없다. 하지만 어느 한쪽의 원칙이 무너지면 가능하다. 죽음이 범죄로 인한 심판이면 부활은 속죄에 따른 구원이다. 예수 부활은 미래를 현재로, 천국을 이 땅으로 가져온다.

성경은, 죄가 생명을 파괴하고 사망을 낳았는바, 예수의 피로 다시 회복할 수 있다고 한다. 하지만 인간의 사고로는 여전히 의문이 남는다. 예수 이후 실제로 부활한 사람이 하나도 없기 때문이다. 그 어떤 학문이나 과학으로도 논증할 수 없다. 그럼에도 뭔가 분명히 있다. 숱한 사람이 자신의 목숨을 바쳐 증언하고, 변화된 삶으로 그 증거를 드러내기 때문이다.

한 알의 밀이 땅에 떨어져 죽을 때 새로운 생명이 움트듯, 우리도 세상에서 죽고 썩어질 때 새 생명의 산출을 가져온다. 우리가 세상의 빛과 소금으로 살아가려면 반드시 그 변화의 주인공이 되어야 한다. 이로써 우리는 부활의 증인이 된다.

부활은 개개인의 사건이지만 그 주변의 물질세계까지 새롭게 한다. 고난과 역경을 통해 성장하고 밝은 시각을 갖게 되며, 마침내 그 실체를 드러나게 만든다. 십자가와 부활 사건은 예수와 함께할 때 가능한바, 예수는 새로운 피조물의 기본이자 틀이다.

물고기가 물에서 살도록 창조되었듯 우리는 하나님과 함께 살도록 창조되었지만, 전력을 다해도 완덕의 경지에 이를 수 없는바, 먼저 극한의 연약함과 무력함을 인정해야 하며, 기독교 신앙은 역사적 사실과 진리에 입각하지만, 그리스도의 부활을 통한 영적 연합이기도 하며, 우리의 목표는 마음속 구석구석의 모든 우상을 예수 그리스도로 대체하는 것이며, 부활의 소망은 불안하고 불확실한 바람이 아닌바, 그만이 믿을만한 분이시고 그 외는 다 실망할 수밖에 없으며, 그의 계획이 무한히 지혜롭고 선하다는 사실을 깨닫고 고백해야 한다(우리는 이 말이 전적으로 이치에 맞는다고 본다).

우리는 예수 부활을 지식이 아니라 인격적인 삶으로, 사회적인 조화로 받아들여야 한다. 두려운 시대에 희망을 품을 수 있는 이유도, 예수가 죽음을 이기고 부활하셨기 때문이다. 예수 부활은 미래의 소망이자 장차 이루어질 미래의 현존인바, 하나님의 나라가 이미 시작되었음을 의미한다. 예수 부활의 힘을 입고 사는 것보다 더 크고 강한 희망은 없다. 가장 깊은 흑암을 통과하고 승리하신 예수님께 마음의 닻을 내리자.

우리가 하나님을 평생 믿을지라도 그는 우리가 바라고 원하는 신이 아니다. 하나님은 오직 하나님이실 뿐이다. 우리가 받아들이기 어려운, 정말 두렵고 무서운 분이시다. 이 사실을 인정할 때 완전한 믿음의 길로 들어서게 된다. 순종은 내 힘으로 구원을 이루어가는 수단이 아니라, 십자가와 부활을 통해 구원을 완성하신 그리스도와 함께 즐거워하고, 마냥 기뻐하는 것이다. 부활로 치료받지 못할 병은 세상에 없다고 본다.

> "나는 부활이요 생명이니, 나를 믿는 사람은 죽어도 살 것이다."(요한복음 11:25)

바보 장기려

"노년이 불행한 것이 아니라 어리석은 노인이 불행한 것이다."

철학자 마르쿠스 키케로B.C. 106~46가 『노년에 대하여』에서 한 말이다. 그는 자신의 노년에 크게 깨닫고 이 글을 쓴바, 섬김과 베풂의 미덕으로 노년을 행복하게 만들 수 있다고 했다.

성산 장기려1911~1995 박사는 1950년 한국전쟁 때 남쪽으로 피난 온 의사다. 육군병원에 들어가 환자들을 돌보며 부산 삼일교회에 다녔다. 평양 산정현교회 주기철 목사의 후임인 한상동 목사가 거기 시무하고 있었다. 빨갱이로 의심을 받아 모진 고문을 받기도 했다. 김일성대학교 출신의 엘리트 의사로서 북에서 큰 상을 받았기 때문이다.

한상동 목사와 함께 복음병원을 설립했다. 상이군경과 부상자들이 물밀듯이 밀어닥쳤다. 처음에는 치료비를 받지 않다가 나중에 헌금함을 두고 자발적으로 모금했다.

1953년 휴전이 되었다. 복음병원은 부산의 명소로 성장했지만, 유엔의 원조가 끊겨 무상 운영이 어려워졌다. 입원비를 조금씩 받기 시작했다. 1959년 태풍 사라가 남해안을 휩쓸고 지나갔다. 병원은 다시 초만원이 되었다. 의과대학 수준의 간호학교를 세웠다. 수업 시작 전 30분간 예배를 드렸다.

1968년 한국 최초로 의료보험 조합을 설립하고 함석헌 선생과 함께 가입했다. 부산에 있는 23개 교회가 동참하여 723명이 되었다. 당시 짜장면값이 50원, 매달 그 정도의 돈만 내면 병원비 절반을 깎아주는 상부상조 제도였다.

1976년 65세로 은퇴했다. 퇴직금으로 작은 병원을 세우려고 했으나 한 푼도 받지 못했다. 병원이 항상 적자였기 때문이다. 1979년 막사이사이상을 받았다. 상금 1만 달러를 고스란히 병원에 바쳤다. 이후 그 어떤 상도 받지 않았다.

1985년 한국 정부가 유명 인사 30명을 선발하여 방북 기회를 주었지만 거절했다.

"이산가족이 다 만난다면 나도 가겠습니다. 내가 어찌 그런 특권을 누리겠으며, 다른 사람들을 부끄럽게 만들 수 있겠습니까? 나는 그럴 수 없습니다."

고위 관료가 찾아와 설득하자 솔직히 대답했다.

"좋소, 가겠소! 하지만 다시 돌아오지 않을 것이오. 나는 내 가족과 함께 살고 싶소. 하나님을 섬기는 사람으로서 어찌 거짓말을 하겠소."

그래서 끝내 가족을 만나지 못했다. 평생 집 한 채 없이, 변변한 옷 한 벌 없이 검소하게 살았다. 노년에 거처할 곳이 없어 복음병원 옥상에 가설 건물을 지어 살았다. 환자가 병원비가 없어 찾아오면 대신 내어주었다. 그래서 월급 없이 받는 쥐꼬리만 한 수당마저도 늘 가지급금이 많았다. 어느 날 지인들이 찾아와 권했다.

"적당한 사람이 있으니 이제 재혼하게."

"내 부모를 위해 스스로 북에 남은 아내가 있는데 어찌 재혼하겠는가?"

병상에 있을 때 사진사가 찾아와 말했다.

"박사님, 흉상을 만들려면 사진 네 장이 필요합니다."

"내 흉상을 만드는 자는 저주를 받아라."

1995년 임종이 가까웠다. 아들과 양아들에게 말했다.

"나를 화장하여 부산 앞바다에 뿌려다오."

그는 춘원 이광수의 소설 『사랑』에서, 주인공 '안빈'의 모델이 되었다. 춘원이 말했다.

"당신은 성자聖者 아니면 바보요!"

"허허, 바보는 아무나 하나?"

"주는 것이 받는 것보다 복이 있다고 하신 주의 말씀을 기억해야 합니다."(사도행전 20:35)

사소한 것들

'안락과 몰락의 경계는 더없이 연약하다.'

소설가 클레어 키건Claire Keegan, 1968~의 『이처럼 사소한 것들』에서 출판사의 서평이다.

주인공 빌 펄롱은 1946년 4월 1일 만우절에 태어났다. 그의 어머니는 부잣집에서 일하는 가정부로 열여섯 살에 그를 잉태했다. 주인 윌슨 부인의 배려로 그 집에서 계속 일할 수 있었다. 그는 아비 없는 자식이라 놀림을 받으며 자라났다.

그가 열두 살 때 어머니는 사과 수레를 밀다가 돌길에 미끄러져 뇌출혈로 사망했다. 이후 윌슨 부인도 뇌졸중으로 쓰러져 그의 아버지가 누구인지 물어볼 사람이 없었다. 윌슨 부인이 펄롱에게 석탄 가게를 인수하여 주었는바, 그의 아버지가 그 부인의 아들이라는 소문이 있었다.

어느덧 그가 다섯 명의 딸을 둔 30대 가장이 되었다. 아내 아일린과 함께 딸들을 잘 키우겠다고 다짐했다. 크리스마스 점등식이 있었다. 딸들의 손 편지를 보고 그는 아버지에 대한 궁금증이 다시 일어났지만, 그 생각을 접기로 했다. 선한 목자 수녀회가 미혼모와 사생아 등을 위한 직업학교를 운영하고 있었다. 거기 석탄 배달을 나갔다가 어린 여자애를 만났다.

"제발, 저를 밖으로 좀 데려 나가 주세요!"

그가 머뭇거리니 여자애가 소리쳤다.

"씨발, 우리에게 그것도 못 해줘요?"

아일린에게 그 일을 얘기하자 말했다.

"세상에는 사고뭉치 여자들이 많이 있어!"

그는 자기 어머니 생각에 충격을 받았으나 감정을 드러내지 않았다. 아일린이 눈치를 채고 더 이상 말하지 않았다. 성탄절 새벽에 다시 수녀원으로 배달을 나갔다. 석탄광 안에 갇힌 다른 여자애를 보았다. 이름을 묻자 세라라고 했다.

"저런, 내 어머니 이름과 같구나!"

그곳에 아동학대 등 사회적으로 문제가 많다는 사실을 들어서 알고 있었으나 막상 그 현장을 목격하니 갈등이 생겼다. 자기 보호 본능으로 못 본 체하느냐, 아니면 사회적 정의를 드러내기 위해 용기를 내느냐의 갈림길에 섰다. 아이가 발각되었다는 소식을 듣고 수녀원 원장이 직접 나와 이런저런 말로 펄롱을 위로하며 크리스마스 선물을 주었다. 그리고 원장이 수녀에게 말했다.

"가서 아이를 깨끗이 씻기고 식당으로 데려가 먹을 것을 주어라. 아이들 숨바꼭질 놀이도 유분수지 거기 숨은 줄을 누가 알겠는가?"

윌슨 부인의 집에 농장을 관리하는 머슴이 있었다. 그가 병들었다는 소식을 듣고 펄롱이 찾아갔다. 가정부가 나오더니 대뜸 말했다.

"그는 입원했어요. 그가 삼촌이신가요? 그와 많이 닮았어요."

이런저런 생각에 거울을 보니 정말 그와 닮은 것 같기도 하고 아닌 것 같기도 했다. 자신이 어릴 때 그가 각별하게 돌봐준 일, 농장에서 일할 때 그가 어머니와 함께 밤늦게까지 같이 있었던 일, 미사와 식사 때, 노새와 건초더미, 수레와 돌길, 어머니가 죽었을 때 그가 가장 힘들어한 일 등이 주마등처럼 뇌리를 스치며 지나갔다. 언제가 그가 자기에게 진지하게 한 말도 생각났다.

"오히려 잘 되었지 않은가? 부잣집에서 편히 공부하고 가게까지 얻었으니."

어딘가 훌쩍 떠나고 싶었으나 세라 생각에 수녀원 돌담길을 걸었다.

"세라! 내가 너를 구하러 왔다!"

아이를 업고 어둠 속 강변길을 마냥 걸었다. 오랜만에 행복하다는 감정이 일어났다.

"모든 율법은 네 이웃을 네 몸과 같이 사랑하라고 하신 한마디 말씀 속에 다 들어 있습니다."(갈라디아서 5:14)

창조와 과학

"모든 정보는 의식 있는 인격체의 창조물이다."

장로회신학대학교 총장을 역임한 김명용 조직신학 교수가 『진화인가 창조인가?』에서 말했다. 그는 학계의 진화론이 어디서 어떻게 잘못되었는지, 천체물리학, 분자생물학, 양자역학, 고생대 캄브리아기 화석 등을 들어 논증하고, 하나님의 태초 창조와 계속적 창조, 종말 창조를 강조하며, 무신론적 진화론과 창조과학회의 젊은 지구론 사이에서 줄타기한 유신진화론의 오류를 지적했다.

138억 년의 우주와 46억 년의 지구 나이는 과학적으로 그 가능성이 크다. 빅뱅론의 에너지 근원을 하나님 외에는 찾기 어렵기 때문이다. 캘리포니아 천문대의 로라 랜디는, 빅뱅 이후 200경분의 1의 오차만 생겼어도 우주는 붕괴했을 것이라고 한다. 우주는 하나님의 정교한 설계도에 의해 생긴 것이지 우연의 일치로 생길 수가 없다.

우리은하와 안드로메다은하 등을 포함한 우주 외에 또 다른 우주가 있다는 다중우주론이 사실일지라도 그 역시 하나님의 창조 안에 있을 것이며, 지구의 인간 외에 다른 행성의 외계인이 있다고 하더라도 그 또한 하나님의 피조물일 것이다. 어쩌면 우리가 미처 생각지 못한 세상, 현세와 전혀 다른 고차원적 세계일 수도 있다. 정교하게 조율된 우주의 무한 질서 속에서, 시속 1670킬로미터의 지구 자전과 10만 7226킬로미터의 공전만 보더라도, 아주 미세한 편차만 생겨도 지구촌의 생명체는 일순간 사라질 것이다.

세포 속의 정밀한 정보도 하나님의 우주 창조를 뒷받침한다. 하나의 세포가 형성되려면 DNA, RNA, 단백질, 아미노산 등의 정확한 배열이 필요하다. 프린스턴신학교의 찰스 하지는, 독수리의 눈알만 봐도 하나님의 창조를 엿볼 수 있다고 한다. 첨단 사진기보다 수백만 배나 더 정교하고 복잡하게 만들어진 그 눈알이 어떻게 자연적으로 생기겠는가?

미국 디스커버리 연구소가 2009년 발간한 『세포 속의 시그니처』에서, 한 세포 속에 뉴욕시보다 더 크고 정밀한 인프라스트럭처 Hyper Converged Infrastructure[113]가 들어 있다고 했다. 뉴욕의 모든 도로와 건물, 전기와 통신, 학교와 병원 등이 어찌어찌하다가 저절로 생겼다고 하면 누가 믿겠는가? 그 세포 속에 들어 있는 10의 790억 승이라는 천문학적 정보를 하나님 외에 어떻게 설명하겠는가?

양자역학의 세계를 연구하는 물리학자들은, 오늘날 우주를 구성하는 단위로 열세 개의 소립자와 중력, 전자기력, 열일곱

---

113 기존 하드웨어 시스템의 모든 요소를 가상화하는 소프트웨어 IT 인프라 접근방식이다.

개의 핵력이 서로 연결되어 있다고 한다. 그 양자 파동이 어떤 정보에 의해 붕괴하기도 하고, 새 입자가 생겨나기도 한다. 그 많은 물질에 제각기 정보가 들어 있어 신적 창조를 드러내고 있다.

모어랜드J. P. Moreland[114] 교수의 저서 『영혼』에서, '의식으로부터 신의 논증'을 제시한바, 우주의 근원이 되는 정보를 신적 존재로부터 찾을 수밖에 없다고 한다. 슈워츠Delmore Schwartz, 1913~1966[115]의 『정신과 뇌』에서도, 사람의 생각과 의식이 뇌를 바꾼다고 했는바, 뇌의 전기적 반응으로 사람의 정신과 믿음 등이 생긴다는 신다윈주의의 주장을 무력화시켰다.

꽃 피는 식물 하나에도 1000억 개 이상의 게놈이 있다. 138억 년 전부터 현재까지의 모든 시간을 다 합쳐도 그것이 자연적으로 만들어질 가능성이 없다. 그래서 칼 바르트1886~1968는 '꽃 한 송이만 봐도 하나님을 알 수 있다'라고 했다.

창세기 1장의 창조와 오늘날 과학을 완전히 조화시킬 수는 없다. 성경에는 고대인의 세계관과 우주관이 기록된바, 문자대로 접목할 수 없다는 것이다. 성경은 과학을 증명하는 책이 아니라 예수 그리스도를 통해 구원을 선포하고 있다. 따라서 성경은 과학의 걸림돌이 아니라 디딤돌이다. 과학이 창조주

---

[114] 기독교 철학자이자 변증가로서 과학주의가 가져온 오류와 폐단을 지적했다.
[115] 미국의 작가이자 비평가로 명료하고 날카로운 지적을 했다.

의 지혜를 덧붙여 드러내기 때문이다.

"세상이 창조된 이후 하나님의 보이지 않는 것들, 곧 그의 영원하신 능력과 신성이 그가 만드신 만물을 통해 분명히 보여 알게 되었는바, 사람들은 변명할 수 없습니다."

(로마서 1:20)

십자가 사명

'빡빡머리 중 목사, 검은 두루마기에 흰 고무신, 똥지게 농사꾼.'

한국 개신교의 1세대 지도자, 김현봉1884~1965 목사의 캐릭터다. 일제강점기와 한국전쟁, 한해와 기근을 거치며, 가장 어려운 시기에 겸손한 자세로 검소한 생활을 실천한 주님의 종이다.

1910년 한일 강제 병합 후, 나라와 민족을 위해 무엇을 할까 하며 고민했다. 당시 YMCA 총무인 월남 이상재1980~1927 선생의 소개장을 받아 들고, 1912년 중국 서간도로 가서 한국인 2세에게 조국의 역사를 가르쳤다. 서울역에서 체포되어 서대문형무소에 투옥되었다. 보석으로 풀려나 1923년 평양신학교에 들어갔다. 1927년, 세브란스병원 간호사 28세 박천선과 결혼했다. 1928년 목사 안수를 받고 마포 공덕동 교회에 부임했다.

1932년 일곱 명이 아현동 교회를 개척했다. 소나무가 빽빽한 공동묘지에 닭장을 개조하여 예배당을 만들었다. 오갈 데 없는 사람들이 몰려들었다. 자연스럽게 빈민촌이 형성되었다. 교회 간판이나 종탑, 십자가, 강대상, 의자 등 성구는 물론이고 성가대와 장로도 없었다. 무릎 위에 성경책을 올려놓고 파리채로 파리를 잡으며 예배드렸다.

1938년 장로회 총회가 신사참배를 결정했다. 기도하는 중에 십자가 신학을 발견했다. 그때부터 십자가 사명이 절실하여 누더기를 걸치고 궂은 음식을 먹었다. 머리를 밀고 고무신을 신었다. 낮은 자세로 청빈한 생활을 했다. 여자들도 머리를 땋고 사치스러운 옷을 입지 않았다. 기계를 가지고 다니며 직접 머리를 깎았다. 똥지게를 지고 농사를 지었다.

마하트마 간디1869~1948처럼 채식 위주의 식단을 즐기며, 팥밥과 김치, 된장국 외에는 밥상에 올리지 말라고 했다. 매일 냉수마찰을 하고, 때를 밀 때도 남의 손을 빌리지 않았다. 교인들에게 소금 장사를 시켜 경제적 자립을 이끌었다. 철저한 주일성수와 십일조 생활, 성미와 구제를 강조했다. 장안에서 소금 장수 하면 아현동 교회 신자로 알려지게 되었다. 당시 영락교회 다음으로 신자들이 많았다.

1945년 해방 후에도 계속 검은 두루마기를 입었다. 비가 오면 검은색 우산을 쓰고 길거리를 누비며 전도했다. 교인이 200명 넘어 부엌을 헐어내고 마루와 방을 터서 예배당을 만들었다. 비탈진 언덕에 기둥을 세우고 예배당을 늘린바, '기둥교회' 또는 '누더기교회'라는 별명을 얻었다. 비가 오면 양푼을 바쳐놓고 빗물을 받았다.

1950년 전쟁이 일어나 삼각산 동굴에서 39일간 금식하며 기도했다. 그때 열다섯 가지 죄를 자복하고 큰 은혜를 받은바, 새로운 사역의 장이 활짝 열리게 되었다. 성령의 영감으로 교회가 부흥하면서 원고 없이 설교했다.

한국전쟁이 끝난 후 봉사와 구제 사업을 더욱 활발히 펼쳐 나갔다. 토요일에는 쌀밥과 고깃국을 끓여 걸인들을 대접했다. 장안의 거지들이 다 모여들었다. 돈을 100원씩 주기도 했다. 교인 수가 500명을 넘어섰다.

어린이가 죽으면 자전거에 싣고 가서 장사하고, 어른이 죽으면 손수레에 싣고 가서 화장했다. 결혼식은 예배 중 잠시 쉬는 시간에 신랑 신부를 불러 앞에 세우고, '잘 살겠소?'하고 한마디 물은 후 기도함으로 끝냈다.

저녁 5시 잠자리에 들어 밤 12시 일어나 묵상했다. 새벽 4시 통행금지가 해제되면 뒷산으로 올라가 나무에 기대앉아

기도하고 내려와 바로 교인들을 방문했다. 1965년 81세로 소천을 하자 그 정신을 살려 교인들이 손수레에 싣고 가서 화장했다. 1200여 명의 누더기 교인들이 슬피 울며 그의 뒤를 따랐다.

'개관사정蓋棺事定'이란 말이 있다. 관 뚜껑을 덮기 전까지 그의 일을 정하지 말라는 뜻이다. 당나라 시인 두보712~770의 말이다. 그리스 정치인 솔론B.C. 638~558도 '그가 죽기 전까지 어떤 사람인지 논하지 말라'고 했다. 러시아의 문호 도스토예프스키1821~1881는 '교회가 복음을 버리고 부흥을 샀다'라고 한탄했다. 지금은 십자가 정신이 너무나 절실한 때이다.

"하나님께서는 교만한 자를 물리치시고 겸손한 자에게 은혜를 주십니다."(베드로전서 5:5)

사람과 동물

"동물은 먹이를 먹고 살지만 사람은 사랑을 먹고 삽니다."
전주 기전여학교 성녀, 방애인1909~1933 선생의 말이다. 사람은 잘 먹고 잘사는 데 인생의 의미를 두지 않는다. 오히려 자기를 죽이고 남을 살리는 일로 보람을 느낀다. 사랑은 예수와 함께 하늘에 소망을 두고 이웃을 구원하는 일이다. 원효대사는 자기상自己像을 버리기 위해 스스로 파계하고, 빈민굴을 찾아 들어가 그들과 함께했다.

노년을 행복하게 만들려면 우선 돈과 자식을 버려야 한다. 자식에 집착하면 그가 하나님이 되고, 돈에 얽매이면 그것이 우상이 된다. 무엇이든 하고 싶은 일은 하되, 매사에 초연하고 양심에 거리낌이 없어야 한다. 사사로운 욕심을 버리고 모든 집착에서 벗어나야 한다. 토머스 아 켐피스는 "날마다 죽음을 예비하는 자가 행복하다."라고 했다.

서방교회 성인들은 죽음을 친밀하게 생각한바, 사랑하는 사람의 해골을 옆에 두고 살았다. 사람은 태어나는 순간 이미 죽음이 예고되어 있다. 생로병사는 모든 피조물의 자연현상이다. 노인은 깨끗하게 살다가 시원하게 죽어야 한다. 그러자면 빈털터리로 단순하게 사는 것이 좋다. 자신의 장례비 정도만 유산으로 남기면 된다. 아시시의 성 프란치스코는 죽음을 '아담의 딸'이라 부르며 인생의 동반자로 여겼다.

죽음의 공포에서 벗어나는 길은 이미 죽은 자가 되는 것이다. 죽음은 언제 어디서 누구에게나 느닷없이 찾아오는 백년 손님이다. 원수같이 여기지 말고 귀한 손님처럼 늘 맞을 준비를 해야 한다. 죽음은 가장 엄숙한 순간의 지혜이자 스승이다.

우리의 인생길에서 걸림돌은 치워야 한다. 우리는 지구촌으로 소풍 나온 상춘객이다. 오늘 신나게 놀다가 내일 돌아가야 한다. 감사함으로 살다가 감사함으로 들림을 받아야 한다. 하지만 그 여정은 여전히 만만치 않다. 이 세상 모든 학문과 철학을 다 동원한다고 해도, 죽음을 불사하는 신앙심을 발휘한다고 해도, 인생사에 대한 '완전한 해답'은 여전히 찾기 어렵다. 특히 돈과 자식에 대한 미련만은 정말 끊기가 쉽지 않다. 그럼에도 그마저 버리지 않고는 결코 '주님의 평화'를 누릴 수 없다. 인생이 곧 고난의 길이요, 고통의 강이요, 험난한 산이기 때문이다.

'목강즉절木强卽切'이란 말이 있다. '살아 있는 가지는 부드럽지만 이미 죽은 가지는 딱딱하다'라는 뜻이다. 우리의 인생도 마찬가지다. 고난과 고통의 아이콘, 예수 그리스도의 십자가를 지고, 그 발길을 따라가야 한다. 이것이 인생의 참다운 길이요 궁극적인 행복이다.

볼테르Voltaire, 1694~1778[116]는 선행을 알고도 이행하지 않는 것이 죄라고 단정했다. 배가 고파서 음식을 훔치는 것보다 배가 불러도 나누지 않는 것이 더욱 큰 죄라는 것이다. '헤밍웨이 법칙'이란 '남의 행복을 찾아주면 자기 행복은 저절로 찾

---

116 프랑스 계몽기의 대표적인 작가이자 철학자다.

아온다'라는 것이다. 혜민1973~[117] 스님이 "이해할 순 없어도 사랑할 순 있다."라고 했다. 나와 남이 다르다는 사실만 인정해도 얼마든지 상대방을 이해할 수 있다.

'인생에서 가장 중요한 것은 풍요로운 물질이 아니라 누릴 수 있는 시간이다.'

세상에서 가장 가난하게 살았다는 우루과이 대통령, 호세 무이카의 말이다. 나는 나일 뿐이다. 나 외에 다른 나는 없다. 남과 비교하지 마라. 비교는 바보들의 놀이다. 높은 자와 비교하면 비천해지고, 낮은 자와 비교하면 오만해진다. 이것이 인간의 한계이다.

인간은 자기들 나름대로 평화를 추구하며 살아간다는 보노보의 사촌이 아니다. 교미를 위해 새끼까지 죽이고 그 어미를 차지한다는 침팬지의 사촌은 더욱 아니다. 하지만 짝짓기에 인생의 목적을 두고 살아가는 호모 사피엔스가 많다. 인생의 목적이 무엇이며, 그 목표를 어디에 두어야 하는지를 모르기 때문이다.

> "사람이 온 세상을 얻고도 자기 목숨을 잃으면 무엇이 유익하리오?"(마가 8:36)

---

[117] 대한불교조계종의 한국계 미국인 승려이자 작가이다.

그래서 성경은 엄히 경고하고 밝히 선포한다.

"여러분은 오직 주 예수 그리스도로 옷 입고, 육신의 정욕을 채우기 위해 육신의 일을 도모하지 마십시오."(로마서 13:14)

죄수와 판사

"법法아, 너와 나는 참 부자연스러운 관계였다!"

'사형수의 대부' 또는 '사도법관'이라 불린 김홍섭1915~1965 판사가 한 말이다. 가난한 농부의 외아들로 태어났다. 소학교를 우수한 성적으로 졸업했으나 중학교에 들어가지 못하고 서당에 갔다. 열여섯 살부터 아버지의 일을 도우며 틈틈이 책을 읽었다. 링컨의 전기를 읽고 법률가가 되기로 결심했다. 스무 살에 변호사사무소의 사환으로 들어갔다. 스물네 살에 일본으로 건너가 법률 공부를 했다. 스물다섯 살에 조선 변호사시험에 합격했다. 서울지검 검사, 서울지법 판사, 서울고법 부장판사, 전주지방법원장을 거쳐 1963년 서울고등법원장이 되었다.

1944년, 낭산 김준연1895~1971의 딸 김자선과 결혼했다. 낭산은 법무부 장관을 지낸 5선 의원이다. 결혼 후 자신이 판결한 죄수들을 돌보느라 늘 쪼들리는 생활을 했다. 점심은 무짠지 하나가 반찬인 도시락이었다. 남대문시장에서 헌 옷을 사 입었다. 장인의 옷을 줄여 입기도 했다. 상의와 하의가 맞는 옷이 없었다.

어느 날 강원도에서 버스를 타고 서울로 돌아오는 길이었다. 검문소에서 경찰이 그의 초라한 행색을 보고 물었다.

"뭘 하는 사람이야?"

"판사입니다."

"판사는 무슨, 신분증 내놔!"

"여기 있습니다. 판사를 판사라 하지 뭐라고 합니까?"

1945년 광복 후 서울지검 검사가 되었다. 이듬해 조선정판사 위조지폐 사건을 수사하면서 정치권력의 압력을 받았다. 소신껏 수사하여 '대쪽 검사'라는 별명을 얻었다. 관용차를 청사에 세워두고 걸어서 출근했다. 향응과 접대를 일체 거절했다. 편지봉투 하나도 사적으로 사용하지 않았다. 그의 책상 위에는 정약용丁若鏞, 1762~1836[118]의 『목민심서』가 늘 놓여 있었다. 그는 매사에 공사가 뚜렷한 사람이었다.

하루는 몸이 아파서 병원에 가게 되었다. 관용차를 타고 떠

---

[118] 조선 후기 실학의 대표 작가이자 유학자다.

날 때 부인이 허겁지겁 달려와 그 차에 올라탔다. 그가 호통을 쳐서 부인은 결국 택시를 타고 뒤따라갔다. 그는 법조인에게 세상과 타협하려는 더러운 속성이 있다고 하면서 법조계를 떠났다.

뚝섬에서 가축을 키우며 채소를 가꾸고 자연인으로 살았다. 가인 김병로1887~1964, 대법원장의 권유로 1946년 소년부 법원장으로 다시 돌아갔다. 아이들을 법의 잣대가 아니라 신앙심에 따라 교화하려고 애썼다. 판사를 그만두고 보육원에 들어가 아이들을 돌보고 싶다고 했다.

1961년 고등법원장으로 부임하여 경주호 납북기도 사건의 항소심 재판을 맡게 되었다. 피고인 세 명에게 사형을 선고하고 5분간 침묵을 지키다 떨리는 목소리로 말했다.

"하나님께서 보실 때 재판장인 내가 피고인 여러분보다 더 큰 죄인일지 모릅니다."

그리고 교도소로 찾아가 그들에게 용서를 빌었다.

"현행법상 어쩔 수 없이 판결을 내렸습니다만 정말 죄송합니다. 예수님을 영접하십시오."

이렇게 옥중의 사형수들을 찾아다니며 위로하고 전도했다. 그들이 보낸 편지가 지금도 190통가량 남아 있다.

'영감님의 따뜻한 손길에 감화를 받아 얼마 남지 않은 인생이라도 사람답게 살도록 노력하겠습니다. 감사합니다.'

그는 평소 사형 제도를 폐지하라고 외쳤다.

"생명의 주관자는 하나님이십니다. 죄인이 어찌 죄인을 판결하고 죽일 수 있습니까?"

1964년 서울고등법원장일 때 간암 진단을 받았다. 1965년 3월, 진눈깨비가 펄펄 내리는 어느 봄날, 그의 아내와 딸이 지켜보는 가운데 조용히 한마디 하고 눈을 감았다.

"행복한 삶이었다."

그의 아내가 회고했다.

"그는 퇴임 후 수도원 종지기가 되기를 원했어요."

"너는 흙이니 흙으로 돌아갈 것이다."(창세기 3:19)

교회와 재정

"돈은 돈豚이다!"

필자의 졸저 『예수 재정』에 나온다. 삼겹살은 누구나 좋아하지만 돼지는 더러워 혐오한다. 교회와 재정의 함수관계는 아주 복잡하다. 어쩌면 이 세상에서 가장 풀기 힘든 난제일 수도 있다. 하지만 우리의 마음만 비우면 너무나 쉽고 간단한 문제다.

"돈은 돌亐이다!"

돈은 사정에 따라서 걸림돌도 되지만 마음먹기에 따라서 디딤돌도 된다. 교회의 책임은 걸림돌을 디딤돌로 바꾸는 것이다. 아무리 거치는 돌멩이라도 사람이 다루기에 따라서 요긴한 돌덩이가 된다. 걸림이 문제이지 디딤은 문제가 아니다.

신약성경에서 믿음이나 구원에 대한 말보다 돈이나 재정에 대한 말이 열 배 정도 많이 나온다고 한다. 그것은 돈이 그만큼 중요해서가 아니라 문제의 소지가 많다는 뜻이다. 사탄은 재정을 미끼로 항상 교회를 노리고 있다. 세상을 지배하고 사람의 영혼까지 사로잡아 더러운 수하로 만들려는 수작이다.

'재물 부자는 걱정이 한 짐이요, 마음 부자는 행복이 한 짐이다.'

김수환1922~2009 추기경의 말이다. 물질은 낡아지고 사람은 늙어간다. 낡고 늙음에 대한 예외는 없다. 스토아 철학자 에픽테토스50~135가 말했다.

'매일매일 필요한 일을 찾아 즐기는 것이 행복이다.'

행복은 자기만이 만들 수 있는 고유의 발명품이다. 무지개를 보러 떠날 필요도 없고 파랑새를 찾아 돌아다닐 필요도 없다. 자기 마음속에 있기 때문이다. 사랑이 있는 곳에 행복이 있다. 육신의 휴식보다 정신의 휴양이, 정신의 휴양보다 영혼의 안식이 더 중요하다.

얼마냐가 아니라 어떠냐로 참 평화가 주어진다. 인생에도 바닥짐Ballast a ship이 필요하다. 그래야 풍랑을 만나도 안전하게 항해할 수 있다. 십자가의 정신은 일방적 희생타가 아니라 상호 간의 보완재이다. 돈은 매사에 유익하나 항상 필요한 것은 아니다.

> "섬김과 베풂의 미덕으로 노년을 행복하게 만들 수 있다." — 키케로

> "우리는 텔레비전이 아니라 하늘 비전을 봅니다." — 아토스 수도사

현자는 재물을 모으지 않고 성자는 돈을 바라보지 않는다. 공자의 군자불기君子不器, 노자의 도위부쟁道爲不爭, 묵자의 무정비공無正非攻은 예수의 헤시키아hesychia, 고요와 평안을 추구한다.

우선 돈과 자식에 대한 정념情念을 버려야 한다. 자식을 버리면 하나님이 보이고, 돈을 버리면 평화가 보인다. 어리석은 자는 자식에 집착하고 미련한 자는 돈을 사랑한다. 돈과 자식에 대한 의식이 바뀔 때 노인은 행복하게 된다. 미련한 자는 사탄이 처 놓은 위장막의 올무는 보이지 않고, 그 위에 뿌려놓은 거짓 사랑만 눈에 띄기 마련이다.

모든 죄의 뿌리는 탐식과 음란과 물욕에서 비롯되었다. 선악과는 먹음직도 하고 보암직도 하고 탐스럽기도 했다. 물욕의 올가미에 탐심이 걸렸고, 음란의 함정에 쾌락이 빠졌으며, 탐식의 차꼬에 입맛이 걸렸는바, 지옥의 지름길이 뻥 뚫린 것이다.

"주님은 환난의 도리깨로 알곡과 쭉정이를 분리한다."
— 존 번연

일터를 쉼터로, 쉼터를 놀이터로 바꾸는 사람이 행복하다. 수고와 안식을 하나로 만들기 때문이다. 하지만 오늘날 교회와 재정의 고차원적 방정식은 더욱 복잡하게 꼬이게 되었다. 이 세상의 지혜를 다 동원해도, 우리의 믿음을 다 발휘해도, 그리 만만치가 않다. 맘몬이 화폐의 기능을 무너뜨리고 우상의 자리로 만들었기 때문이다.

"돈을 위해 살지 말고 지금 가진 것으로 만족하십시오. 주께서 이르시기를, 나는 결코 너를 떠나지도 않고 버리지도 않겠다고 하셨습니다."(히브리서 13:5)

의사와 판사

"의료는 돌봄이다."

외과의사 이기병이 『연결된 고통』에서, 외국인 노동자 전용 의원 공중보건의로 복무할 때 겪은 일곱 가지 일화를 소개했다. 갑상샘암을 앓는 여인의 고통을 현대의학 체계에 따라 진료하다가 큰코다칠 뻔한 이야기로 시작한다. 사람의 기억은 불완전하여 왜곡되기 십상이다. 환자는 자신의 고통을 의사에게 호소할 권리가 있고, 의사는 자신의 학문과 경험으로 환자를 치료할 의무가 있다. 부산 복음병원의 장기려 박사가 말했다.

"치유는 의사와 약사의 도움이 10퍼센트이고, 90퍼센트는 하나님의 손에 의해 이루어진다."

아프리카 가나의 30대 청년은 HIV 바이러스에 감염된 사실을 알고도 하나님께서 고쳐 주실 것이라는 믿음으로 치료를 거절했다. 환자는 자기 뜻에 따라 치료를 거절할 수도 있지만, 의사는 양심상 끝까지 치료를 권유할 수밖에 없다.

알코올 중독으로 인한 심부전증 환자는 치료의 필요성을 받아들이고 정신과 치료와 함께 금주를 실천했다. 하지만 자신의 방에서 술병과 함께 싸늘한 시체로 발견되었다. 50대 후반의 중국인 폐암 3기 환자는 현대의학으로 치료가 어렵다는 사실을 알고 고향으로 돌아가 조용히 죽음을 준비했다.

오늘날 사회적 관심사인 연명치료나 안락사 문제 등을 우리는 어떻게 받아들여야 할까? 사람의 심적, 육체적 고통은 자기도 모르게 겹겹이 연결되어 있다. 그의 생활 습관이나 자라난 배경, 현대적 문명과도 깊은 관련이 있다. 그에 따른 치료 설명서나 의료법상 규정은 물론이고 의사의 경험칙도 불완전하기는 마찬가지다. 그래서 그는 사람의 모든 고통이 복합적으로 연결되어 있다고 했다.

"우리는 이분법적 이원론 사고에서 벗어나 누군가 그 경계선에 서 있어야 합니다."

누가복음 18장에서, 억울한 과부가 불의한 재판관을 찾아와 호소했다.

"억울합니다. 제 원한을 풀어주세요!"

그러나 재판관은 그 청을 들어주지 않았다. 나중에 마지못해 중얼거렸다.

"나는 하나님도 모르고 사람도 무시하지만, 이 끈질긴 과부가 이렇듯 나를 귀찮게 하니 그 청을 들어줄 수밖에 없구나."

이는 항상 기도하며 낙심하지 말라는 뜻으로 하신 예수님의 비유이긴 하지만, 오늘날 불완전하고 오염된 시대상을 미리 내다보시고 경고하신 말씀이기도 하다.

이찬형1988~1966 판사는 수안 이씨 집안의 신동으로 태어났다. 그가 어릴 때 할아버지가 사서삼경을 가르쳐 주었다. 열

세 살 때 인절미를 먹고 숨이 멎었다. 수단과 방법을 다 동원했으나 효과가 없었다. 시신을 담요에 말아 헛간에 두었다. 손자의 죽음에 큰 충격을 받고 할아버지까지 죽어 집안에 줄초상이 났다. 그의 삼촌이 마지막으로 조카를 한번 보고 싶다는 생각에 담요를 펼치고 시신을 살펴보았다. 그때 아이의 맥박이 뛰기 시작했다.

이렇게 살아난 이찬형은 1914년 일본 사법 시험에 합격하여 최초의 조선인 판사가 되었다. 10년 후 함흥지방법원에 부임하여 살인자에게 사형을 선고했다. 형이 집행되고 나서 진범이 잡혔다. 양심상 집으로 돌아갈 수 없었다. 입은 옷을 팔고 대신 누더기를 걸쳤다. 엿장수로 3년간 조선팔도를 누비며 참회하고 살았다.

이후 금강산 도인, 석두 스님을 찾아가 그 제자가 되었다. 절구통처럼 앉아 묵묵히 수행하며 참회했다. 1962년 한국불교 통합종단의 초대 종정이 되었다. 그가 바로 효봉 1888~1966[119] 큰스님이다. '무소유'의 법정 스님과 고은 시인 등 걸쭉한 제자를 낳았다. 그의 동료 판사에 의해 그 신분이 드러났다. 이렇듯 의료인의 오진이나 법조인의 오판은 치명적 오류를 남긴다.

---

[119] 한국의 불교 승려로 치열한 참선과 수행으로 '절구통 수좌'라는 별명을 얻었다.

"똑바로 걸으십시오. 저는 다리가 삐지 않고 오히려 낫게 하십시오."(히브리서 12:13)

나의 나 된 것

그 기억은 없지만, 나는 하늘 아버지의 나라에서 아무런 걱정 없이 평안히 살았다. 하루는 아버지가 불러 지구촌 여행을 떠나라고 하셨다. 가기 싫다고 했으나 거기서 할 일이 있다고 하셨다. 그래서 이 땅의 나그네로 오게 되었다.

자세히는 모르지만, 나는 내 아버지의 몸속에서 아주 작은 미생물로 살아가고 있었다. 형제가 3억 마리 이상이나 되었다. 어느 날 내 몸이 뜨거워지더니 어딘가 모르게 나가떨어지게 되었다. 정신을 차리고 보니 형제들이 저마다 기를 쓰며 달리고 있었다. 나도 달렸다. 15센티미터가량의 주름진 동굴을 지나는 데 무려 몇 시간이 걸렸다. 우리 앞에 난공불락의 요새 같은 둥근 별이 나타났다. 날카로운 창이 빼곡히 박혀 있었다. 하늘 아버지의 음성이 들렸다.

"거기 머리를 박고 죽어라."

"싫어요, 나는 살고 싶어요."

"그래, 너는 죽어야 산다."

그때 에스더의 고백이 생각났다.

'내가 죽으면 죽으리다.'

그래서 두 눈을 꼭 감고 죽기 살기로 달려가 그 성에 머리를 박고 죽었다. 순간 내 몸은 산산이 부서져 우주의 원소로 돌아가고, 나의 얼은 요새를 파고들어 새로운 생명체로 자리를 잡았다.

미루어 짐작하기는, 나는 어머니의 자궁에서 280일간 수중 생물로 아무 걱정 없이 지냈다. 그러던 어느 날 갑자기, 내 몸을 감싸고 있던 양수가 쑥 빠지며 숨통이 막혀 죽을 지경이 되었다. 부득이 그 안락한 궁을 박차고 현관문 밖으로 빠져나오게 되었다.

"으앙! 으앙! 으앙…!"

천지 내력도 모른 채, 마냥 소리를 지르며 울 수밖에 없었다. 그것이 호모 사피엔스로 살아가는 방편이었다. 손발을 조금씩 움직일 수는 있었지만 자연 발생적이었다. 배꼽에 달린 탯줄마저 잘려 고립무원이 되었다. 그때부터 먹고 자고 싸며 동물적 본능으로 살아가게 되었다. 정말 고달프고 불편한 인생 여정이 시작된 것이다. 크게 슬퍼하니 아버지가 위로하셨다.

그렇게 성장하여, 나도 종족 보존의 의무까지 부담했다. 잠시나마 육신의 쾌락에 빠져 존재의 정체성을 상실하기도 했다. 식욕과 성욕과 소유욕이 쉬지 않고 나를 붙잡고 늘어졌다. 양심적 고통이 마구 밀어닥쳤다. 숨쉬기 운동마저 거추장스러울 때가 많았다. 그런데 알고 보니, 그것이 사탄이라는 원수가 파놓은 죄악의 함정이었다.

이래저래 지구촌 나그네로 순례의 길이 이어져 어느덧 70년이 되었다. 이제 저만큼 어딘가에서 다시 하늘나라로 돌아갈 날이 성큼성큼 다가오고 있다. 그래서 내 뒤안길을 쭉 돌아보니, 그 모든 일들이 하늘 아버지의 전적인 은혜였다. 니체의 말대로 나를 죽이지 못한 고통은 고통이 아니라 나를 강하게 만든 수단이었다.

나는 아버지의 몸에서 나온 0.005밀리미터의 작은 미생물로서 길어야 3일 살다가 죽을 운명이었다. 하지만 하늘 아버지의 뜻에 따라 죽기까지 순종했더니, 어머니의 몸에서 약 300일간 수중 생물로 편히 살게 되었다.

그리고 3만 일을 사는 인간으로 거듭나 이 땅을 마음껏 순례했다. 하지만 때가 되면 이 육신의 장막을 벗고 다시 하늘나라로 돌아갈 것이며, 거기서 주님과 함께 영원히 살 것이다. 그래서 예수님이 약속하셨다.

"나는 부활이요 생명이다. 나를 믿는 사람은 죽어도 살겠고, 살아서 믿는 사람은 영원히 죽지 않을 것이다."(요한복음 11:25~26)

하지만 어떤 이는 이렇게 토로한다. '정말 험한 인생이었어.'

그러나 어떤 이는 이렇게 고백한다. '정말 멋진 여행이었어.' 그럼에도 나는 분명히 말한다. "아버지의 은혜로 지구촌 여행을 했으니 감사합니다."

"하나님께서 세상을 이처럼 사랑하여 독생자를 주셨으니, 이는 그를 믿는 사람마다 멸망하지 않고 영생을 얻게 하려는 것이다."(요한복음 3:16)

목적과 목표

'일일一日 삼성三省이면 성인聖人이다.'
하루 세 번 반성하면 성인이 된다는 말이다. 수도자는 하루에 1000번 이상 주님의 긍휼을 구하며 기도한다. 회개 없는 신앙은 가짜이고 고행 없는 수도는 허구다.
'주 예수 그리스도, 하나님의 아들이시여! 저는 죄인입니다. 불쌍히 여기소서 Lord Jesus Christ, The Son of GOD! I am a sinner. Have mercy upon me!'
일찍이 수도자는 예수 기도로 성무 일과를 수행했다. 어느 때는 6000번, 심지어 1만 2000번까지 주님의 자비를 구하며 기도했다.

"마음이 가난한 사람은 복이 있다. 하늘나라가 그들의 것이다."(마태 5:3)

4세기 이집트 사막의 사부 모세가 묻고, 서방의 교부 요한 카시아누스가 대답했다.
"신앙고백의 목적이 무엇입니까?"
"하나님의 나라를 구현하는 것입니다."
"당면한 목표가 무엇입니까?"
"깨끗한 마음입니다."

"마음이 깨끗한 사람은 복이 있다. 그들이 하나님을 볼 것이다."(마태 5:8)

신앙의 목적Telos은 하나님의 나라에 들어가 영생을 누리는 것이고, 그에 따른 목표Scopos는 깨끗한 마음을 회복하여 하나님과 연합하는 것이다.
이집트 사막의 교부가 알렉산드리아에 가서 길거리에 앉아 구걸하는 거지를 보았다.
'내가 돕지 않아 이 그리스도께서 죽으면 나는 살인자가 되겠지.'

그리고 수도복을 벗어 그에게 주고 길을 떠났다. 조금 더 가다가 보니, 이번에는 빚을 갚지 못해 감옥으로 끌려가는 사람이 있었다. 그에게 복음서를 건네주며 말했다.

"이분을 팔아서 빚을 갚으세요."

그리고 수도원에 돌아가니 제자들이 나와 맞으며 물었다.

"어찌하여 벌거벗은 몸으로 오십니까?"

"나보다 옷이 더 필요한 분에게 주었네."

"복음서는 어찌했습니까?"

"네 소유를 팔아 가난한 자들에게 주라고 하신 그분에게 팔았네."

그리고 벗은 몸으로 수실에 들어갔다. 그는 모든 사람에게 깃들어 있는 하나님의 아름다운 사랑을 본 것이다. 이것이 '필로칼리아Philokalia'의 정신이요, 자애慈愛의 마음이다.

> "누구든지 주의 이름을 부르는 자는 구원을 얻을 것이다."(로마서 10:13)

덕德은 사악한 정념情念을 몰아내고 선한 마음을 제자리로 옮겨놓는 일이다. 거룩한 신의 성품에 참여하는 길이다.

> "시험에 들지 않게 깨어 있어 기도하라."(마가 14:38)

수도자의 목표는 부귀영화가 아니라 청빈, 퇴폐문화가 아니라 정결, 우상숭배가 아니라 순종을 통해 신화神化를 이루는 것이다. 신화는 인간이 신이 된다는 말이 아니라, 비록 인간의 노력으로는 불가능하지만, 성령의 인도로 신적 성성聖性에 참여한다는 뜻이다. 수도자는 복음 삼덕福音 三德[120]을 통해 마음의 고요와 평화를 이루고, 성령의 조명을 받아 하나님을 관상함으로써 신인 합일의 경지에 이르게 된다.

무정념無情念은 수덕생활修德生活의 꽃이다. 더러운 생각을 몰아낸 순수한 마음의 결정체로서 '성한 눈'이라 한다. 식욕과 성욕, 소유욕은 하나님이 허락하신 인간의 본능이지만, 타락한 사람들이 오남용함으로써 인류 최대의 적, 곧 사탄의 가장 사악한 도구가 되었다.

> "하나님을 따라 의와 진리의 거룩함으로 지으심을 받은 새사람을 입어라."(에베소서 4:24)

---

120 예수님이 실천하신 세 가지 덕, 청빈과 정결과 순종을 말한다.

쉼 없는 기도

"쉬지 않는 기도는 어떻게 하는가요?"

러시아의 저자 미상의 작품 『순례자의 길』에서, 주인공이 예배드리다가 갑자기 생긴 의문이다. 그가 자신을 소개한다.

"하나님의 은혜로는 그리스도인이요, 행위로는 죄인입니다. 집도 없이 정처 없이 여기저기를 떠돌아다니는 비천한 출생의 방랑자입니다. 나의 재산은 마른 빵 몇 조각이 들어 있는 배낭과 그 앞주머니에 끼어 있는 성경책 한 권이 전부입니다."

그는 "쉬지 말고 기도하라"(데살로니가전서 15:17)라는 말씀에 사로잡혀 어떻게 해야 좋은지를 배우고 실천하기 위해 스승을 찾아 순례의 길을 시작한다. 먼저 경건하고 경험이 많은 지도자를 만나 그 답변을 듣는다.

"쉬지 않는 내면의 기도는 하나님을 향한 인간 영혼의 지속적인 갈망입니다. 더 많이, 더 열심히 기도하십시오. 기도만이 그 해답을 줄 수 있습니다."

다음으로 이론에 충실한 수도원 원장을 만나 묻는다.

"저에게 쉬지 않고 기도하는 법을 가르쳐 주십시오."

"사랑하는 형제여, 여기 이 책에 기록된 내용을 보십시오."

그리고 자세히 설명한다.

"'쉬지 말고 기도하라'라는 바울의 말씀은 창조적인 기도를 일컫는 것입니다. 우리는 이해를 통해 하나님께 가까이 나아갈 수 있으며, 쉬지 않고 기도할 수 있습니다."

"그러나 무슨 수로 우리의 이해가 아무런 방해를 받지 않고 하나님께만 향하며 쉬지 않고 기도할 수 있습니까?"

"하나님으로부터 그러한 은사를 받은 사람이라도 사실은 어려운 일이지요."

마지막으로 '필로칼리아'의 교훈에 따라 수도 생활을 실천하는 은둔 수도사를 만나 묻고 답변을 듣는다.

"사랑하는 형제여, 쉬지 않고 드리는 내면의 기도에 대해 지속적인 갈망을 주신 하나님께 먼저 감사하십시오. 그 안에서 하나님의 부르심을 깨닫고 안심하십시오. 그 기도의 거룩한 빛은 세상의 지혜로 획득할 수 없으며, 외면적 지식욕에 의해서도 획득되지 않습니다. 가난한 마음과 단순한 생각 속에서 이루어지는 적극적 경험 가운데서 획득됩니다."

"존경하는 아버지여, 쉬지 않고 드리는 기도가 무엇을 의미하며 어떻게 해야 배울 수 있는지를 알려 주십시오."

"쉬지 않고 마음으로 드리는 '예수 기도'는 아무런 방해도 받지 않고 계속해서 입술로, 영으로, 마음으로, 거룩한 예수의 이름을 부르는 것입니다.

'주 예수 그리스도, 하나님의 아들이시여! 저는 죄인입니다. 불쌍히 여겨 주소서.'

이 마음의 기도, 심장의 기도가 몸에 밴 사람은, 깊은 위로와 아울러 항상 기도할 필요성을 느끼므로 기도 없이는 살 수 없게 되고, 저절로 마음에서 기도가 흘러나오게 됩니다."

그러고 보니 쉬지 않고 기도한다는 것은 이론이 아니라 실천이었다. '예수 기도'는 기도하는 용기가 아니라 하나님과 함께 흘리는 땀방울인 셈이었다.

이후 그는 외딴 오두막에서 하루에 3000번, 6000번을 기도했으며, 나중에는 1만 2000번을 기도하게 되었다. 그러자 고요한 주님의 평화가 그 마음속에 임하면서 하나님의 나라가 구현됨을 느낄 수 있었다.

"하나님의 나라는 볼 수 있게 임하는 것이 아니라, 또 여기 있다, 저기 있다고도 못하리니, 하나님의 나라는 너희 안에 있다."(누가복음 17:20~21)

기독인의 삶

"기독인에게는 평범하고, 특별하고, 비범하고, 완전한 삶이 있습니다."

『무지의 구름』은 14세기 영국의 무명작가가 쓴 책으로, 하나님을 간절히 사모하는 기독인의 삶을 기록했다. 4세기 기독교 전통에서는 기독인의 중요한 삶의 요소로 실천Praktike과 신비Mystike를 강조했다. 실천은 수도 생활을 통해 깨끗한 삶을 이루는 것이고, 신비는 관상 생활을 통한 하나님의 성품을 드러내는 것이다.

기독인의 목표Skopos는 깨끗한 마음을 이루는 것이며, 목적Telos은 천국에 입성하여 영생을 누리는 것, 이 땅에서 하나님의 나라를 이루는 것, 하나님의 성품을 자신의 내면에 안착시키는 것이다. 이는 하나님을 아는 지식을 넘어 직관하는 것으로 자기 생각은 물론, 경험칙까지 다 비우고 버려야 가능하다.

예수님의 평범한 삶은 부모의 슬하에서 교육을 받으며 자라난 것, 특별한 삶은 요한의 세례를 받은 후 광야에서 마귀의 시험을 받고 공생애를 시작한 것, 비범한 삶은 병든 자와 약한 자를 고치고 귀신을 쫓아내며, 천국 복음을 전파하고 기적과 표적을 드러내며, 하나님의 말씀을 가르치고 사람을 구원으로 인도하며, 하나님의 정의를 만방에 선포한 것이다. 이를 예수 그리스도의 5대 과업Mission, 5대 사명이라 한다. 그리고 완전한 삶은 산상 변모와 십자가 죽음, 부활과 승천, 생명을 주는 영으로 강림한 것이다.

우리는 신자, 지도자, 목회자, 수도자, 은수자 등의 삶을 통해 관상 생활을 이어간다. 우리의 최종 목적지는 깨끗한 마음으로 받는 하나님의 선물이 아니라, 하나님의 나라 곧 하나님의 성성聖性에 참여하는 것이다. 우선 우리 앞에 놓인 무지의 구름에서 벗어나 망각의 강을 건너야 한다. 이를 위해 수도생활이 필요하며, 그 마지막 과정이 수도자의 관상기도다.

'사악에 물든 정념들을 망각의 구름 속에 던져 넣어라!'

관상기도는 지적 탐구나 사고력으로 주어지는 것이 아니다. 묵상은 우리의 지식이나 지혜, 또는 이성과 정신을 이용하여 하나님을 생각하지만, 관상은 그 모든 것을 멈추게 하고 마음을 비움으로써 백지상태에서 하나님을 보고 친지親知하는 것이다. 이 묵상과 관상 사이에 들어 있는 공유지가 바로 무정념無情念, Apatheia이다.

베다니 마르다와 마리아 자매의 사례를 통해 그 실체를 엿볼 수 있다. 마르다는 활동가로서 잠시 육신의 만족을 안겨주지만, 마리아는 관상가로서 주님의 성품에 참여하여 영원한 기쁨을 맛본다. 마르다는 묵상 가운데 분주히 살아가며 불평불만을 쏟아내지만, 마리아는 관상 가운데 안연히 앉아 주님만 바라본다. 지금도 여전히 활동가는 관상가를 보고 불평하지만, 그것이 무지의 구름에서 나온다는 사실을 모른다. 하지만 관상가는 활동가의 불평에 개의치 않는다.

주님은 마르다의 봉사도 선하고 좋은 일이지만, 마리아는 더 좋은 편을 택하여 그 기쁨을 빼앗기지 않을 것이라고 했다. 관상 생활은 환상이나 몰아沒我의 상태를 넘어 하나님과의 연합과 일치, 합일까지의 사다리를 오르게 한다.

이로써 하나님의 거룩한 성품에 참여하게 되고, 그분의 성성聖性 안에서 안식하며 즐거워한다. 참으로 사랑하는 사람은 연인을 자기보다 더 사랑하여 자신의 목숨까지도 내어준다. 이렇듯 완전한 사랑에 이른 사람은 육체적이고 감각적인 기쁨에 사로잡히지 않으며, 오직 하나님 한 분만으로 만족하게 된다.

우리는 그 어떤 생각이나 노력으로도 하나님을 직접 보거나 만날 수 없다. 하나님의 친지는 인간의 지식이나 학문에 의존하지 않는다. 지고지순한 사랑의 화살로서만 그 사람 앞을 가로막고 있는 무지의 구름과 망각의 강에서 벗어나 하나님의 앞으로 나아갈 수 있다.

여기서 무명의 저자는 사악한 정념들을 몰아내는 비결은 오직 하나님만 바라보고 사랑하는 것이라고 한다. 기독인은 누구나 정화淨化와 조명照明, 합일슴一에 이르는 사다리를 올라가야 한다.

"세월을 아끼십시오. 때가 악합니다."(에베소서 5:16)

오푸스 데이

"기도하고 일하라Ora et Labora!"

5세기 베네딕트 규칙 제48장의 교훈이다. 우리는 '하나님의 일Opus Dei'에 충실히 임해야 한다. 3세기 오리게네스는 하나님의 나라를 위한 지상의 순례자로서, 육신의 정욕에서 벗어난 윤리 단계와 세상을 초월하는 자연 관상의 단계를 넘어서, 영혼이 육신에서 자유롭게 되는 신화神化의 단계까지 들어가야 한다고 가르쳤다.

7세기 수도자 요한 클리마쿠스는 『거룩한 등정의 사다리』에서 30계단의 신앙 여정을 제시했으며, 12세기 귀고 2세는 『성독聖讀, Lectio Divina』에서 독서讀書와 묵상默想, 기도祈禱와 관상觀想의 4단계를 거쳐야 한다고 강조했다.

거룩한 독서와 신령한 묵상을 위해서는 먼저 마음의 정화가 필요하다. 그러자면 기도해야 하며 기도는 반드시 성령의 조명을 받아야 한다. 그 조명이 없으면 기도의 의미가 무색하게 된다. 오직 기도를 통해서만 하나님을 관상할 수 있고, 하나님의 일에 동참하는 활동가로서 신인 합일의 경지에 이르게 된다. 이는 기독교 모든 종파의 전통이다. 가장 늦게 분리된 개신교도 요절 암송이나 시편 낭독 등으로 자연스럽게 받아들인다.

독서는 새 신자로서 하나님의 말씀을 받아 입에 넣는 것이요, 묵상은 지도자로서 그 말씀을 잘근잘근 씹어 맛을 감지하는 것이요, 기도는 헌신자로서 말씀을 위胃 속에 삼키는 것이요, 관상은 수도자로서 자신의 영성을 찾아 하나님을 섬기는 것이다. 이른바 로고스의 말씀을 입에 넣고 잘 씹어 뱃속으로 삼켜 반추하며 즐기는 것이다. 이것이 우리의 하나님을 제대로 알고 올바로 믿어 마음껏 누리는 과정이다.

성경을 읽지 않으면 묵상의 결실을 기대할 수 없고, 성무일도 없이는 관상의 달콤함을 맛볼 수 없다. 묵상 없는 독서는 망상에 빠지기 쉽고, 기도 없는 관상은 허상을 보기 십상이다. 하나님을 보거나 만나지 못하면 신앙적으로 실패자가 된다. 우리의 소유를 다 팔아 그 보물이 묻힌 밭을 사야 한다. 인간의 본성은 약하고 악하여 하나님을 알고도 만나지 못하면 구원에 이르기 어렵다.

"시험이 없으면 구원도 없다."

3세기 수도사 안토니오의 말이다. 예수님이 광야에서 세 가지 사탄의 시험을 받았다. 이후 오늘날까지 단 한 번도 그 시험이 면제된 적이 없다. 어느 나라나 민족, 어떤 종교, 누구에게나 늘 그 시험이 따랐다. 시험이 없다는 말은 시험하는 자와 한패라는 증거이다. 인생의 잡초를 제거하는 방법에는 두 가지가 있다. 눈에 보이는 풀들을 모조리 뽑아내는 것, 그 뿌리를 아예 제거하는 것이다. 땅 밖에 드러난 것은 죄악罪惡,

sins이요, 땅속에 감춰진 것은 죄종罪宗, Sin이다.

에바그리우스가 4세기 드러낸 8죄 종宗은 탐식, 음란, 욕심, 분노, 슬픔, 아케디아(나태), 허영, 교만이다. 죄악은 죄종이 낳은 악한 열매이고, 죄종은 그 죄악의 근원이다. 인간의 노력으로 아무리 애쓰고 발버둥을 쳐봐도 그 뿌리를 제거하지 않는 한 다시 움이 트고 싹이 자라날 수밖에 없다. 이제 우리는 무지와 구름과 망각의 안개에서 벗어나야 한다. 우선 겸손의 덕을 쌓아야 한다. 겸손이 없으면 일만 가지 덕을 쌓아도 그 결실을 기대할 수 없다.

라틴어로 인간human의 어원은 humus이며, humus에 흙이라는 humilis의 뜻이 있다. 여기서 겸손humility이 나왔다. 우리는 먼지로 지어진 존재이며, 결국은 다시 그 티끌로 돌아갈 수밖에 없다. 이 사실을 깨달아 아는 것이 자신의 영혼을 보존하는 데 가장 중요하다.

"오, 주 예수 그리스도! 하나님의 아들이시여! 저는 죄인입니다. 불쌍히 여겨 주소서. 주의 긍휼만이 종의 살길입니다."

'아버지 하나님이시여, 이윽고 오늘 큰 돼지가 잡혔습니다. 차진 돔이 맛있게 쪄졌습니다. 그래서 돌아보니, 제 몸이 착 가라앉았습니다. 이제 죽었습니다. 모든 것이 완성되었습니다. 겸손은 덕의 종착점입니다. 감사합니다. 아멘. 아멘.'

"누구든지 일하기 싫어하는 사람은 먹지도 말라고 했습니다."(데살로니가후서 3:10)

후기

여러 가지 색깔의 고무신이 있었다. 그중에 검정 고무신이 가장 먼저 눈에 띄었다. 그런데 사람들이 다 외면했다. 그때 어떤 사람이 다가와 조용히 일러 주었다.

"검정 고무신에 정화의 기능이 있어. 그 속에서 하나를 뽑아 비상금으로 보관해!"

그리고 만 원짜리 신권 한 장을 건네주었다. 그래서 살펴보니 검정 고무신 안쪽에 필터가 달려 있었고, 그 안에 만 원짜리 신권이 쭉 꽂혀 있었다. 겉만 보고 사람들이 외면해서 그런지 모두 새것으로 나란히 정돈되어 있었다. 그중에 하나를 뽑자 다른 것이 밀려 들어와 그 자리를 채웠다.

그러나 흰 고무신을 포함하여 보기에 좋고 반반한 것들은 이미 여러 사람들이 여러 번 사용한 듯, 그 가치가 별로 없어 보였다. 그럼에도 사람들은 여전히 검정 고무신을 외면하고 다른 고무신에만 관심이 있었다.

그때 옆에서 한 준수한 사람이 갑자기 나타났다. 나는 그 검정 고무신 옆에서 눈을 감고 가만히 서 있었다. 그동안 나는 그 검정 고무신을 애물단지로 여기면서도 한편으로는 연민의 정 때문에 그냥 그렇게 살아가고 있었다. 그런데 겉보기와 달리 흰 고무신보다 속이 더 깨끗하다는 사실에 안도의 숨을 내쉬며 약간의 위로를 받았다.

2025년 1월까지 한 기독 신문사에 연재한 99회 칼럼을 정리하여 『머나먼 수도의 길, 삼층천』을 발간하게 되었다. 그리고 하나님께서 허락하신다면, 2025년 12월까지 조각난 예수나라 옴니버스의 글들을 모아 『고달픈 은자의 삶, 오봉산』을 마지막으로 출간하려고 한다. 이로써 주의 손에 들린 몽당연필로서의 사명을 마치려고 한다.

그리고 혹시 주께서 선히 여기신다면, 나의 모든 것을 버리고 이 자리에서 온전히 벗어나고 싶다. 오로지 고독과 고요만이 하염없이 흐르는 곳, 그 수실에 들어가 조용히 기도하며 쉬기를 원한다. 내 인생의 여분이 얼마나 남았는지 모르지만, 그 시간을 주님과 함께하다가 그 나라로 돌아가고 싶다.

이 책에는, 충주봉쇄수도원 수도학교의 여러 교재가 인용되었으며, 영덕 목회자독서회에서 토론한 자료도 많이 반영되었음을 밝힌다.

후시

오, 주 예수 그리스도!
이제 저를 놓으시니 감사합니다
머나먼 수도의 길을 걷게 하시고
고달픈 은자의 삶을 살게 하소서

오, 하나님의 아들이시여!
이제 이 모든 것을 버렸습니다
그 맑고 푸른 하늘로 인도하시고
그 나라에서 영원히 살게 하소서